Aurelia Louise Jones

Telos

Buch 2

R. Lippert-Verlag

Aurelia Louise Jones

Telos

Buch 2

R. Lippert-Verlag

Übersetzung: Evelyn Kümmerle
Überarbeitung: Renate Lippert
Titelbild: Rudolf Lippert
Gestaltung: Renate und Rudolf Lippert

Deutsche Erstausgabe Oktober 2007

Tel.: 07578-2229, Fax: 07578-933194
www.lippert-verlag.de
e-mail: service@lippert-verlag.de
In Deutschland gedruckt
ISBN 978-3-933470-16-4

Wir, als Meister des Lichts, laden euch nun ein, eine freudvollere und reichhaltigere Bestimmung für euer Leben zu wählen. Wir halten euch mit Dringlichkeit dazu an, euer Leben mit größerer Leichtigkeit und Gnade zu gestalten. Die lange dunkle Nacht neigt sich jetzt auf der Oberfläche unseres Planeten dem Ende zu und es ist Zeit für euch alle damit zu beginnen, einen neuen Traum für euch selbst und für die Erde zu erträumen.

Lasst alle Konzepte der Begrenzung, der Sorgen und der Furcht los. Glaubt an die Präsenz Gottes, die eure Herzen schlagen lässt und erschafft Magie in allen Aspekten eures Lebens. Wir ermutigen euch dazu, euch selbst vollständig für alle auf euch wartenden wundervollen Möglichkeiten zu öffnen.

Möge Frieden, Liebe, Weisheit und tiefes Verständnis euer Lichtstrahl sein und mögt ihr das Bewusstsein, das euch nach Hause zurückbringen wird, tief in eurem Herzen annehmen. Wir vermissen euch ebenso, wir ihr uns vermisst!

Adama, Galatia und Ahnahmar

Inhalt

Teil I

Botschaften von Adama

Teil 2

Botschaften verschiedener Wesen aus Telos

Widmung

Ich widme dieses Werk dem großen erfolgreichen Wiedererscheinen des lemurianischen Bewusstseins auf diesem Planeten; einem Bewusstsein, das vor Äonen direkt aus der Quelle der Liebe erschaffen wurde. Dieses 5-dimensionale Bewusstsein – auf die Erde gebracht von Wesenheiten, welche die lemurianische Rasse formten –, hielt die Erde über Millionen von Jahren hinweg in einem paradiesischen Zustand reiner Glückseligkeit. Dann kam eine Zeit, in der die Menschheit die Entscheidung traf, einen Zustand der Trennung von der Liebe ihrer ursprünglichen Quelle zu erfahren.

Für all jene unter euch, die jetzt bereit und willens sind, ihre Herzen der Rückkehr dieser Liebe zu öffnen, bietet nun das lemurianische Bewusstsein und seine Lehren den wahrhaftigen Schlüssel und die benötigte Unterstützung an, um die persönliche und planetare Entwicklung zu vollziehen.

Ich widme dieses Buch auch der großen lemurianischen Göttin, meinen geliebten Adama und Ahnahmar, ebenso wie dem Lemurianischen Hohen Rat von Telos, von dem ich durch die Zeitalter hindurch sehr viel Liebe und Unterstützung erhalten habe. Ich drücke auch denjenigen meine tiefe Wertschätzung aus, die meine ewigen Freunde und Begleiter gewesen sind auf dieser langen Reise durch die Evolution der Erde.

Anerkennung

Ich möchte meine tiefe Dankbarkeit für die liebevolle Unterstützung ausdrücken, die ich von meinen vielen Freunden erhalten habe und von allen Mitgliedern der Telos Weltstiftung von Montreal, die unablässig daran arbeiten, die Ausweitung der lemurianischen Mission auf unserem Planeten voranzutreiben. Ich danke auch Beth Iris und Christina für ihre beständige Freundschaft und Unterstützung. Mit tiefer Liebe und Wertschätzung bringe ich euch gegenüber meine tiefe Dankbarkeit zum Ausdruck. Gemeinsam führen wir nach und nach eine liebevolle Handlung nach der anderen durch und errichten ein Fundament für die Wiedererschaffung der Welt, die wir sehnsuchtsvoll wieder erfahren möchten und für die Rückkehr unserer lemurianischen Familie in unsere Mitte.

Vorwort

Celestia, Schwester von Adama

Mit großer Bewunderung und Dankbarkeit gratulieren wir Aurelia Louise zu einem weiteren ihrer sehr geschätzten Bücher über die Geschichte, die Energie und die Mission von Lemuria. Aurelia ist über alle Maßen und über Lebenszeiten hinweg ein Hüter dieser Energien gewesen. Ihre Herzensverpflichtung und Ergebenheit gegenüber ihrer lemurianischen Familie ist auf der physischen Ebene ohnegleichen geblieben. Heute ist sie für den ganzen Planeten eine unvergleichliche Sendbotin hinsichtlich ihres Wunsches, die Liebe und Reinheit des lemurianischen Liebespfeilers, des Herzens von Lemuria, mit allen Menschen zu teilen. Und es ist ihr Herz, durch das wir wirken, um eure Herzen zu berühren.

In diesem Geist von Liebe und Kommunikation, der keine Schranken kennt, lade ich euch heute ein, euch durch das Lesen dieser Worte und auch über die unsichtbaren Worte zwischen den Zeilen, die ganz individuell mit jedem von euch sprechen werden, mit uns zu verbinden und zusammen zu kommen. Durch die starke Ausstrahlung der Worte in diesem Band findet zu dieser Zeit eine heilige Übermittlung des Erwachens statt. Niemals zuvor in der gesamten Geschichte dieses Planeten hat ein solch kostbarer Moment auf so glorreiche Art und Weise stattgefunden und wundervolle neue Gelegenheiten für euch alle, für alle von uns in

Telos und ebenso für alle in anderen lemurianischen Städten, bereitgehalten. Die Zeit des Erinnerns an alles was ihr seid steht nun vor der Tür. Und dies ist auch für uns eine Zeit, um wahrhaftig zu feiern und mit euch dankbar zu sein für diese lang erwartete Wiedervereinigung, die nun fast da ist.

Wir bieten euch uns selbst als Mentoren und Führer bei diesem Erwachen an. Alle von uns, die von den Seiten dieses Buches zu euch sprechen, die euch in euren Träumen, Meditationen und Wachstunden besuchen, sind hier als Mitglieder einer großen Familie, die euch sehr liebt. Wisset, dass wir euch unterstützen, welche Form auch immer eure Reise annehmen mag.

Jeder Schritt eures Erwachens stellt für euch eine Gelegenheit der Freude und des Verstehens dar, der in eurer Evolution unübertroffen ist. Er öffnet euch eine Tür zu eurer eigenen Meisterschaft und bietet euch Raum, in dem sich beständig ausdehnenden Rat der Energien, der die Erde durch ihr eigenes Erwachen geleitet.

Wir schicken euch allen unsere Herzen durch die vereinten Hände von Adama und Aurelia Louise, deren Liebe – ausgedrückt als ein Aspekt beider Reiche –, euch auf eurem Pfad nähren kann. Wir senden euch unsere Erinnerungen und Lehren durch die Weisheit von Adama, Ahnahmar, Celestia, Angelina und anderen Älteren von Telos, wie auch durch die Weisheit von Wesenheiten anderer Königreiche dieses Planeten, mit denen wir sehr eng zusammenarbeiten. Wir teilen unsere Freude mit euch durch das Lachen der Kinder und durch unsere Visionen darüber, wie das

Leben auf der Oberfläche durch die Erfahrungen unseres Lebens hier aus dem Erdinneren sein kann. Wir senden euch große Segnungen aus dem innersten Kern unserer Seelen und aus dem Herzen unseres geliebten Lemuria.

Jedes Mal, wenn ihr inkarniert seid, mag es in Lemuria, dem Inneren der Erde oder an der Oberfläche gewesen sein, habt ihr eine Mission gewählt. Ihr habt euch selbst in den Dienst von allem gestellt. Und diese Lebenszeit präsentiert euch nun die größte Mission, die „größte Reise von allen". Niemals zuvor hat die erschaffene Güte die Erwartungen von allen, die sich hier versammelt haben, dermaßen übertroffen. Niemals zuvor war das Spektrum der Dimensionen so strahlend und hat solche Farben kreiert, wie wir sie heute sehen. Niemals zuvor ist der Schleier zwischen unserer Welt und eurer so dünn gewesen. Und niemals zuvor ist die Liebe, die wir mit euch teilen und die wir aus dem Göttlichen erfahren, so groß gewesen.

Wir bewahren euch stets in unseren Herzen und gesellen uns nun zu euch im Spiel reiner Schöpfung in der Morgendämmerung einer Neuen Welt!

Celestia

Einleitung und Willkommensgruß von Adama

Seid gegrüßt, meine geliebten Brüder und Schwestern!

Mit großer Liebe und Freundschaft grüße ich alle von euch, die gerade dabei sind, den zweiten Band unserer Veröffentlichungen zu lesen. In Lemuria und Telos sind wir mehr als erfreut über die überwältigende Resonanz und die Herzöffnungen, die sich als Resultat aus der Veröffentlichung des ersten Bandes eingestellt haben. Als Patriarch der ausgedehnten lemurianischen Familie heiße ich euch alle in der Umarmung der lemurianischen Göttin willkommen, im Herzen der Liebe und des Mitgefühls.

In Telos wussten wir ziemlich gut, dass auf Grund ihres antiken Erbes die französische und spanische Bevölkerung dieses Planeten für unsere Information sehr empfänglich sein würde. Nichtsdestotrotz hat die große Resonanz, die sich überall dort manifestiert hat, wo unsere Information verfügbar gemacht wurde, unsere ursprünglichen Erwartungen bei weitem überstiegen. Auf Grund eurer Liebe und Empfänglichkeit können wir alle gemeinsam wundervolle Manifestationen der positiven Transformation erschaffen, die sich auch weiterhin entfalten wird. Die Weisheit aus unseren Lehren wird auch in den kommenden Jahren der Menschheit in großem Maße von Nutzen sein und eure

Evolution beschleunigen. Viele von euch haben ihr Herz den Erinnerungen an ihr antikes Erbe geöffnet und sind bereitwillige Instrumente einer noch größeren Beschleunigung des Bewusstseinsanstiegs auf diesem Planeten geworden, und damit pflastert ihr den Weg für unser Erscheinen unter euch.

Wir nehmen wahr, dass noch immer viele von euch Kummer und manchmal Ungeduld zum Ausdruck bringen, was die Zeit unseres Hervorkommens betrifft. Wir haben die Intensität eures Sehnens nach der langerwarteten Wiedervereinigung bemerkt. Wir verstehen sehr gut, was ihr durchmacht und wir haben die Wellen aus Tränen wahrgenommen, die so viele von euch erfahren haben, als sie den ersten Band gelesen haben. Seid versichert, dass wir euch, wenn ihr geweint habt, mit unserer Liebe unterstützt haben und euch in einer Umarmung gehalten haben. Viele Male haben wir mit euch geweint, denn eure Tränen waren Tränen der Freude in Erwartung der großen kommenden Wiedervereinigung. Und heute bitte ich euch, guten Mutes zu sein. Der kostbare Moment unseres Hervortretens hat in der Tat schon begonnen und viele unserer Leute aus Telos und aus anderen lemurianischen Städten leben gegenwärtig physisch unter euch und bereiten den Weg für den Rest von uns.

Auf Grund des hohen Ausmaßes an Unbeständigkeit und Gewalt, die immer noch in eurer Welt existieren, ist es unserer Oberflächen-Crew noch nicht gestattet, sich euch gegenüber zu offenbaren. Einige von euch haben schon ein paar von ihnen physisch getroffen, aber diese waren immer „inkognito". Ich offenbare euch, dass einige unserer Leute jetzt schon in verschiedenen Ländern unter euch leben, wundervolle Arbeit tun und Vorbereitungen treffen, eure Zukunft leichter zu machen. Schon bald wird unser großes Licht freigesetzt und für euch alle vollständig sichtbar sein und die Weisheit wird von euch allen bezeugt und geschätzt werden. Sogar unser Channel Aurelia ist sich nun bewusst, dass sie vor einigen Monaten bei sich zu Hause einen Inkognito-Besuch von einigen Leuten unserer Oberflächen-Crew erhalten hat, und dass andere unserer Leute physisch und geheim bei ihren öffentlichen Zusammenkünften erschienen sind. Dies ist in der Tat der Anfang unseres Erscheinens unter euch, meine Freunde. Verzweifelt nicht, denn es ist bald soweit! Eure Zeit des Wartens ist fast vorbei; ihr vollendet nun sozusagen das letzte Stadium der Vorbereitung.

Da wir gerade davon sprechen, würde ich gerne etliche Missverständnisse klären, denen einige von euch bezüglich unseres Erscheinens unterliegen. Viele von euch erwarten, dass wir alle an einem Tag hervorkommen, den Weg zu euch nach Hause finden und bei euch bleiben etc. Dies wäre für alle Betroffenen ziemlich heikel und lange nicht so konstruktiv, wie ihr euch das vorstellen mögt. Obwohl diese Möglichkeit in einigen Fällen sicher zutreffen mag, wird dies doch eher eine Ausnahme sein. Seid euch auch dessen bewusst, dass unser Erscheinen unter euch nicht in 3-dimensionaler Schwingung stattfinden wird. Wenn wir hervorgekommen sind, werden diejenigen, die ihre Schwingung nicht auf einen ausreichenden Level angehoben haben, nicht in der Lage sein, uns zu sehen, während andere dazu fähig sein werden.

Unser Erscheinen wird allmählich geschehen, entsprechend der Schwingungserhöhung, die auf der Oberfläche und in eurer Umgebung stattfinden wird. Wir werden weiterhin in Wellen hervortreten, in kleinen Gruppen, so wie der Planet und die Menschheit ihre Vibration erhöhen. Unsere jüngeren Mitglieder werden zuerst kommen und wir Älteren werden zu einem späteren Zeitpunkt hervortreten. Unser gegenwärtiger Stand des Erscheinens ist bis jetzt geheim gewesen und wird dies auch für mindestens einige weitere Jahre bleiben.

Wir hoffen, dass wir bis Mitte 2005 einigen unserer Leute gestatten können, ein paar von euch persönlich zu kontaktieren, mit der Erlaubnis, sich euch gegenüber zu offenbaren. Dies wird zu dem Zweck geschehen, euch fortschrittlichere Unterweisungen in kleinen geheimen Zusammenkünften zu geben. Die Kriterien für die zuerst Kontaktierten werden so sein, wie schon in unserem ersten Band erwähnt, und es wird auch mit dem göttlichen Plan oder der Mission der kontaktierten Person zu tun haben. Im Gegenzug müssen die Kontaktierten über ihre Erfahrungen schweigen, bis sie von uns die Erlaubnis erhalten, sich mitzuteilen.

Wir werden zuerst diejenigen kontaktieren, die ihr Leben in den Dienst der Menschheit gestellt haben und jene, die viel von ihrer Zeit und finanziellen Energie in die Ausdehnung und den Erfolg unseres Erscheinens und in die Wegbereitung eingebracht haben. Zuerst wird es nur durch „Einladung" geschehen, entsprechend der Qualität der Herzöffnung und der Liebes-/Licht-Schwingung, die täglich von den in Betracht gezogenen Kandidaten für den ersten Kontakt aufrechterhalten werden kann. Später dann werden sich die Kreise stetig ausweiten, bis ein großer Teil der Bevölkerung in der Lage sein wird, uns zu sehen und mit uns gelegentlich zu interagieren. Und zu allen Zeiten werden nur diejenigen in der Lage sein, uns zu sehen und sich mit uns zu verbinden, die in Resonanz mit dem lemurianischen Bewusstsein stehen.

Fahrt in der Zwischenzeit fort, euch selbst und eure Herzen dem göttlichen Herzen der Liebe und des Mitgefühls zu öffnen. Studiert das Material, das wir euch geben; es enthält viel Weisheit und goldene Schlüssel um euer spirituelles Wachstum und eure Entwicklung zu vereinfachen. Findet die Bereiche, in denen der Garten eures Bewusstseins noch gejätet werden muss und in denen er der Düngung bedarf.

Wenn ihr dieses Material nur einmal lest um der Information Willen, wird es euch nur dazu dienen, euer Wissenspaket zu erweitern, aber es wird wenig zur Gesamtheit der Vorbereitung auf euren Aufstieg in ein höheres Bewusstsein beitragen. Wenn ihr euch entscheidet, dieses Material bewusst zu studieren – mit offenem Geist und Herzen – wird es euch viel persönliche Transformation in euer Leben bringen. Mit voller Absicht und Hingabe daran, die Schwingung eurer Seele zu polieren und zu erhöhen geht dann ans Werk und wendet diese Perlen der Weisheit in eurem täglichen Leben an. Eure Bemühungen werden dann einen Fluss von positiven Veränderungen auslösen. Viel von dem Material in diesem Buch hat weniger mit Information zu tun, als mit der Anwendung der versteckten Schlüssel, die für die abschließende Transformation hierin enthalten sind, die euch dahin führen wird, dass ihr wieder als die Meister, die ihr seid, unter uns leben und wandeln könnt.

Ich bin Adama, euer ewiger Vater.

Um eine private Channeling-Sitzung mit Adama zu arrangieren, kontaktiert bitte:

Tel.: (530) 926-4599
Email:
aurelia@mslpublishing.com
aurelia@lemurianconnection.com

Adama
Hohepriester von Telos

Teil 1

Botschaften von Adama

In jedem von euch weilt ein göttlicher Funke.

Ladet ihn ein, das Feuer eurer Seele

wieder zu entzünden.

Ermutigt ihn, die Passion eures Herzens anzufachen,

während ihr nach Hause reist.

Adama

1. Kapitel

Einen neuen Traum für den Planeten träumen

Ich sende euch wieder einmal wärmende Grüße von meinem Herzen zu eurem Herzen. Es ist mir ein Vergnügen, ein weiteres Mal zu euch zu sprechen. Das Thema, das ihr diesmal ausgewählt habt, liegt mir ganz besonders am Herzen. Ich möchte wirklich gern all unseren Lesern gegenüber betonen, wie wichtig es ist, dass ihr alle, besonders die Lichtarbeiter auf diesem Planeten, beginnt, sehr bewusst im Herzen und in der Seele die Vision der Neuen Welt zu erschaffen, in der ihr leben und an der ihr teilhaben wollt. Wenn es euer Herzenswunsch ist, die Plackerei eurer täglichen Lebensumstände auf der Oberfläche zu überwinden und zu einer erleuchteten und glückseligen Lebensweise überzugehen, müsst ihr jetzt eure alten Muster loslassen, die euch schon viel zu lange in Knechtschaft und Schmerz gehalten haben.

Ihr habt alle schon die alte Redewendung gehört: „Ohne Vision geht der Mensch zugrunde". Dieses alte Sprichwort erscheint so relevant und zeitgemäß an den Weggabelungen, welche die Menschheit und der Planet derzeit erfahren. In Telos und in den anderen unterirdischen Städten haben wir stellvertretend für euch die Vision einer Neuen Welt für sehr lange Zeit bewahrt. Bitte habt Verständnis dafür, dass wir nicht alles für euch erledigen können. Das göttliche Gesetz besagt, dass die Menschen, die auf der Oberfläche leben, ihren Teil dazu beitragen müssen. Es ist Zeit für euch damit zu beginnen, diesen Traum jeden Tag sehr bewusst zu träumen und ihn in all eure Bestrebungen, Gedanken, in eure Gefühle und Wünsche einzubringen.

Am Anfang des letzten Jahrhunderts beantragte der geliebte Meister Saint Germain beim göttlichen Oberhaupt und der Galaktischen Föderation des Lichts mit großer Entschlossenheit und Hingabe ein mächtiges Zugeständnis. Er bat darum, dass die „Flamme der Freiheit" wieder auf der Erde freigegeben werden sollte. Nach vielen Beratungen und vielen Treffen mit verschiedenen Räten der Gottheit, der Galaktischen Föderation eures Sonnensystems und mehreren planetaren Räten wurde die Erlaubnis schließlich gewährt. Freiheit ist eines der vielen Attribute der „Violetten Flamme der Umwandlung".

Ohne die Rückkehr dieser Flamme auf die Oberfläche hätte es für die Menschheit keinen Weg gegeben, eine freie Entscheidung für die Weiterentwicklung aus ihrem gegenwärtigen Zustand heraus zu treffen.

Bis zu diesem Zeitpunkt waren die Flamme der Freiheit, das ganze Wissen und die gesamte Weisheit, die sie mit sich bringt, der Oberflächenbevölkerung über eine sehr lange Zeit hinweg entzogen gewesen. Dieser Verlust der Freiheit gestattete die Begrenzungen, die ihr während eurer Inkarnationen erfahren habt. Der Verlust der Flamme ist einer der Hauptverursacher für das von jedermann erfahrene Leid gewesen. Sie war zu der Zeit des Sinkens von Atlantis durch das Karma der Menschen und den vergangenen Missbrauch dieser heiligen Flamme von der Oberfläche abgezogen worden.

Ich bitte euch, die Liebe, die Saint Germain für die Menschheit hat, in euren Herzen zu fühlen und euch selbst in Dankbarkeit für seine unermüdliche Hingabe und seinen Dienst euch allen gegenüber zu öffnen. Um dieses Zugeständnis für die Menschheit zu sichern, musste er die Energie seiner Errungenschaften und die Perlen der Glorie seiner Krone der Gottheit als Sicherheit hinterlegen, für den Fall, dass die Menschheit diese Flamme wieder missbrauchen würde. Er liebt euch alle so sehr, dass er willens war, dieses Risiko auf sich zu nehmen.

Es bleibt eure Aufgabe, diesen neuen Traum zu erschaffen. Was werdet ihr kreieren?

Spielt euren Part, ihr Lieben, indem ihr aktiv einen neuen Traum für den Planeten erträumt. Visualisiert die Art von Gesellschaft, in der ihr leben möchtet. Jetzt, da die Fackel der Freiheit freigegeben ist, liegt es in eurer Verantwortlichkeit und ist es eure Entscheidung, die Neue Welt zu erschaffen, die ihr bewohnen möchtet. Beginnt eure Visionen des Himmels auf Erden zu erträumen und auch die Weise, in der ihr sie manifestiert sehen möchtet. Seid gründlich und zögert nicht, all die wundersamen Details einzufügen. Ihr seid alle mitschöpferische göttliche Wesen. Die Erde bewegt sich jetzt vorwärts in eine brandneue Dimension. Eine Neue Welt ist dabei, für euch erschaffen zu werden, wenn ihr dies wählt, aber sie ist noch nicht völlig durchstrukturiert oder komplett definiert. Sie erwartet eure eigene kreative Mitwirkung.

Jeder wird eine etwas andere Wahrnehmung haben. Wenn ihr alle beginnt, diese Träume zu beleben, werden sich die Energien zusammenschließen und eine wundervolle neue Realität auf unserem Planeten erschaffen. Es ist wichtig, dass ihr diesen Part nicht nur den Wesen aus den lichten Reichen und uns in Telos überlasst. Wir haben unsere Paradieswelt bereits erschaffen und leben in ihr. Die Welt eurer Träume zu kreieren, ist nun eure Gelegenheit. Eure Teilnahme als Mitschöpfer ist von äußerster Wichtigkeit. Solange ihr dies nicht tut, könnt ihr nicht als in eurer vollen Meisterschaft befindlich betrachtet werden und ihr werdet weiterhin Begrenzungen in eurem Leben erschaffen.

In euren Meditationen und Aufzeichnungen bitten wir euch darum, jeden Tag etwas Zeit damit zu verbringen, eure Wahrnehmung von Himmel und Erde zu definieren. Findet heraus, was euch das bedeutet und fangt an, es zu erträumen. Träumt nachts von dieser Neuen Erde, wenn ihr einschlaft und träumt von der Neuen Erde auch während eurer Wachstunden. Imagination ist der kreative Funke, der eure Manifestation antreiben wird. Er verbindet euch mit den Reichen der Schöpfung, einer fließenden Realität.

Je mehr Einzelheiten ihr in eure Träume einbringt, desto eher werden eure Träume zum Leben erwachen. Seid so kreativ, wie ihr möchtet. Je realer ihr diese Vision macht, je mehr Energien ihr in eure Träume investiert und euch mit diesen Energien in euren Herzen vereinigt, desto eher wird die Vision des Himmels auf Erden beginnen, sich zu manifestieren. Die meisten von euch sind noch viel zu zaghaft.

Manche von euch hoffen, dass die Raumgeschwister und die Bevölkerung der Inneren Erde kommen und für euch die Magie erschaffen werden.

Wenn wir das täten, was würdet ihr daraus lernen? Ihr könnt sicher sein, dass es so nicht geschehen wird. Wir kommen, um euch und dem Planeten zu assistieren, aber ihr seid dran, euren Part zu übernehmen. Es ist eure Entscheidung, euer Bewusstsein weiterzuentwickeln und immer höhere Ebenen der Meisterschaft für euch selbst zu erlangen. Wenn ihr das nicht tut, haben wir keine andere Wahl, als in den Reichen des Unsichtbaren zu bleiben.

Der Himmel auf Erden ist in seiner Essenz eine 5-dimensionale Realität. In der 4. Dimension ist das Leben viel leichter als in der 3. Dimension. Die 4. Dimension ist viel lichter und fließender, aber sie repräsentiert noch nicht die vollständige Realität des Himmels auf Erden. Wir schlagen vor, dass ihr mit dem beginnt, was ihr als 5-dimensionale Realität wahrnehmt, auch wenn ihr euch noch nicht ganz sicher seid, woraus sie besteht. Tut euer Bestes und euer Bewusstsein wird sich bald einer noch größeren Wahrnehmung öffnen.

Das bewusste Träumen wird ein Fortschreiten der Gedanken herbeiführen, eine Evolution, die euch – wenn ihr dies gestattet – in diese neue Dimension hineinbringen wird. Mutter Erde hat ihre Träume geträumt. Nun bittet sie die Menschheit, gemeinsam mit ihr, zu träumen und all die Veränderungen zu visualisieren, nach denen ihr euch gesehnt habt.

Stellt euch selbst folgende Fragen. Was für eine Art Leben möchte ich haben? Was für eine Art von Regierung wünsche ich mir? In was für einem Körper möchte ich leben und wie möchte ich aussehen? Was für eine Art von Austausch möchtet ihr auf eurem Planeten sich entwickeln sehen? Möchtet ihr immer noch Geld als Tauschmittel haben oder möchtet ihr gerne ein weiterentwickeltes Tauschsystem benutzen? Könnt ihr von etwas träumen, von dem zuvor noch niemand gedacht hat, dass es ein neues und brillantes Mittel des Ausgleichs sein könnte? Wie seht ihr eure zukünftigen Beziehungen? Wie wird die Erde aussehen? Wie würde das ideale Klima sein? Wie werden die Tiere aussehen und wie wird ihr neues Verhalten den Menschen gegenüber sein? Diese sich entfaltende Vision kennt keine Grenzen. Ihr könnt so viel Spaß haben, wenn ihr eure eigenen mentalen Spielfilme erschafft!

***Eure Vorstellung ist ein Reservoir an Erinnerungen
an alle Orte, an denen ihr gewesen seid
und an viele, viele Welten durch Äonen der Zeit.***

Nichts, was ihr euch je vorstellen könnt, ist eine Illusion. Die Bilder werden für die meisten von euch Erinnerungen an vergangene Erfahrungen sein, auf ordentliche und manchmal auch nicht so ordentliche Weise gespeichert. Sortiert diese Vorstellungen durch und benutzt alle oder einen Teil davon, um eure Vision einer neuen Realität zu erschaffen. Bringt eure tiefsten Passionen ein und ebenso eure begrabenen Erinnerungen von schon lange vergangenen Zeiten und Orten. Öffnet euer Bewusstsein für eure Gesamtheit und die Bilder werden kommen. Berührt euer tiefstes Selbst und die Bilder und Ideen werden fließen.

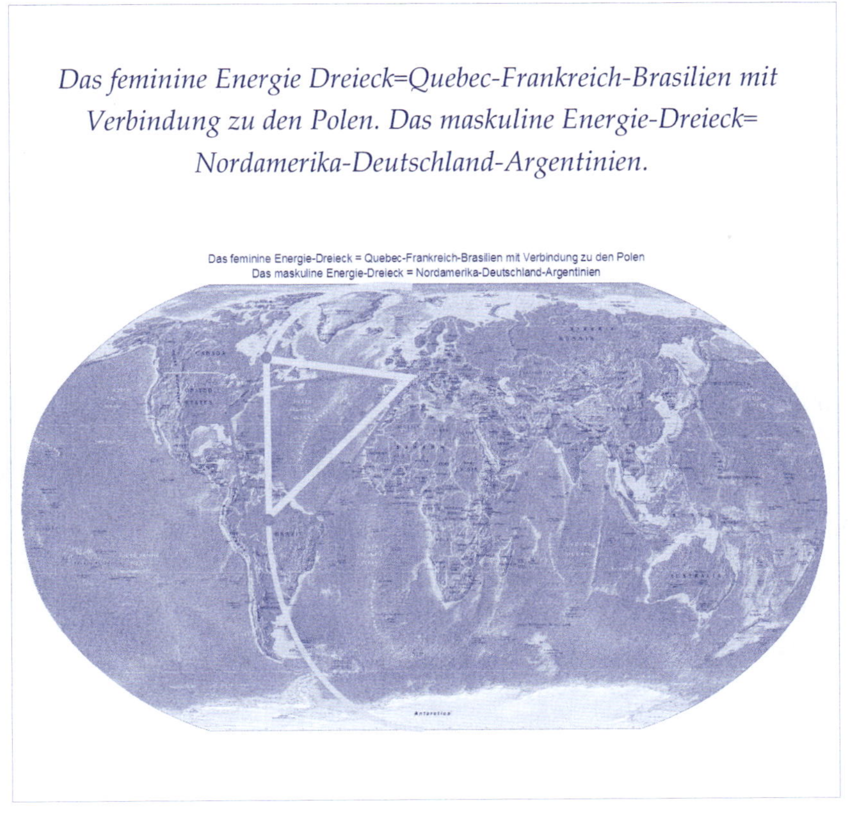

Das feminine Energie Dreieck=Quebec-Frankreich-Brasilien mit Verbindung zu den Polen. Das maskuline Energie-Dreieck= Nordamerika-Deutschland-Argentinien.

Die Welt bietet sich euch an

und ihr empfangt dieses Angebot

aus göttlicher Liebe.

Eure Vorstellung ist ein Kanal

hin zu dem Teil eurer Seele,

der diese Liebe erkennt

und ihr gestattet,

euer gesamtes Wesen

zu durchdringen.

Celestia

2. Kapitel

Die jüngsten Kriege auf diesem Planeten. Eine „Kerze der Hoffnung"

Grüße, meine Freunde, hier ist Adama.

Ich bin dankbar, wieder bei euch sein zu können. Heute Abend möchte ich euren Herzen etwas reichen, das ich „die Kerze der Hoffnung" nenne. Es ist mein Wunsch, euch eine umfassendere Perspektive zu vermitteln in Bezug auf Konflikte, die mit Wahrscheinlichkeit noch stattfinden werden oder die bereits auf eurem Planeten im Gange sind. Von uns aus Telos schließen sich mir viele an, während ich hier spreche, und sie haben die Absicht, euch in einen wundervollen Mantel aus Liebe, Frieden und Schutz einzuhüllen.

Viele Menschen auf eurem Planeten befinden sich in großer Furcht und Bedrängnis vor den Ereignissen, die das Potenzial haben, absolute Verbrechen und Ungerechtigkeit gegen die Menschheit zu erzeugen. Ihr fragt euch, warum diese Konflikte nicht aufgehalten werden konnten als ein Resultat der großen Liebe, der vielen Gebete, Meditationen und Friedensmärsche, die Millionen von Menschen auf diesem Planeten initiiert haben. Ihr fragt euch, warum die Anstrengungen so vieler tapferer Seelen, die alles was sie hatten gegeben haben, in dem Versuch den Frieden für die Erde und ihre kostbaren Kinder zu sichern, nicht gereicht haben.

Es liegt nicht daran, dass ihr als Kollektiv nicht genug getan habt. Glaubt mir! Ihr habt alles getan, was ihr tun konntet und euer Schöpfer hat eure Gebete gehört, eure Hilfeschreie, und er hat eure Absicht vernommen, auf einem friedlichen Planeten leben zu wollen. Niemals in der ganzen Geschichte dieser Erde hat die Menschheit sich auf so großartige Weise in Liebe zusammengeschlossen, um Frieden für die Erde zu erlangen. Der gesamte Himmel hat in Ehrfurcht zugesehen und eure Anstrengungen gepriesen und stand energetisch hinter euch. Durch die Liebe und Solidarität, die von euch ausging, habt ihr die Aufmerksamkeit von vielen Millionen eurer Raumgeschwister aus verschiedenen Universen und Galaxien auf euch gezogen, die hierher gekommen sind, um euch zu beobachten. Als eine riesige Gruppe gesellen sie sich nun „energetisch" euren Bemühungen für die Erschaffung von Frieden auf diesem Planeten hinzu.

Hier in Telos haben wir mit euch allen rund um die Uhr Gebetswachen eingerichtet. Und wir sind bereit, eurer sicheren

Passage für den nächsten Schritt eures Evolutionsprozesses Geleit zu geben, was viel eurer Schmerzen, Schwierigkeiten und Bekümmernisse erleichtern wird.

Versteht, dass es auf diesem Planeten eine kleine Gruppe von Menschen gibt, die denken, dass sie „diesen Planeten besitzen“ und die arroganterweise annehmen, dass sie alles tun können was ihnen gefällt, jeden vernichten können, den sie vernichten wollen, ungeachtet der Kosten, des Schmerzes und des Leidens, das der Menschheit und der Erde dadurch auferlegt wird. In der Absicht, den Status quo der Kontrolle und Manipulation aufrechtzuerhalten, müssen sie euch alle in Knechtschaft verharren lassen, in welcher Manier und in was für Extremen auch immer ihr das zulasst. Sie wollen auch weiterhin ihren Luxus der 90 % des Vermögens auf diesem Planeten aufrechterhalten, während der Rest der Menschheit damit zufrieden sein muss, sich magere 10 % zu teilen.

Diese Menschen, ihr Lieben, haben eine persönliche Agenda und sie wollen diese Konflikte mehr als alles andere.

Der Weg zur Macht ist ein seltsamer Weg. Diejenigen, deren Ziel es ist, Kontrolle über andere zu erlangen oder ihre Positionen in der Hierarchie zu glorifizieren oder auf Gier und Missbrauch von Ressourcen zu setzen, hören nicht den Ruf ihrer göttlichen Führung, dem größeren Wohl zu dienen. Ihre Tätigkeiten entspringen nicht aus dem Herz der Einheit, sondern aus der Angst und der Trennung.

Diejenigen auf der anderen Seite, für die das Ziel der Macht eine Erhöhung der Wahrnehmungsfähigkeit darstellt, reihen sich selbst dadurch in den göttlichen Fluss ein. Sie verstehen, dass je größer ihr Verständnis und die Wahrnehmung von allem ist, sie umso mehr in den Lebensfluss des Schöpfers eingebunden sein werden. Sie wissen, dass je weiter sie ihr Bewusstsein entwickeln, sie umso mehr ihr göttliches Selbst verkörpern werden. Und aus der Perspektive des wahren Meisters heraus ist Krieg nicht länger ein notwendiges Werkzeug zum Lernen oder gar eine erwünschte Gelegenheit für Wachstum.

Letztendlich werden wir uns berührbarer unter euch mischen und die lange dunkle Nacht, die uns so lange getrennt hat, wird vorüber sein. Gemeinsam werden wir den neuen Traum einer wunderbaren Welt erschaffen, in der nur Liebe und Gnade regieren. Bald werden diejenigen, die noch die Zügel der Macht auf diesem Planeten in der Hand halten, vollständig entfernt sein. Diese Zeit ist sehr nahe. Versteht, dass sie sich darüber bewusst sind, dass ihre Zeit der Kontrolle zu einem Ende kommt.

Euer Schöpfer hat bereits diesen kostbaren Planeten zurück in seine Umarmung genommen und ihr steht nun unter der Rechtsprechung der Großen Zentralsonne. Die Machthaber wissen sehr gut, dass das Dekret für die Beendigung ihrer Dominanz aus der Großen Zentralsonne bereits erlassen worden ist. Macht euch auch klar, dass sie aus einer absoluten Verzweiflung heraus denken, sie könnten immer noch eine schwache Chance haben, in ihrem letzten Streben nach Erlangung von totaler Kontrolle und Dominanz über die Welt erfolgreich zu sein.

Erkennt, dass sie bereit sind, „alles" zu riskieren um den Tag, an dem sie sich verantworten müssen noch etwas länger hinauszuzögern.

Ohne irgendwelche Beweise für Verbrechen beschuldigen sie immer noch andere, um ihre eigenen Handlungen zu rechtfertigen. Ohne die Unterstützung durch den Rest der Welt planen sie die Fortsetzung ihrer Vorhaben. Wisset in eurem Herzen, ihr kostbaren Freunde, dass ihre Zeit der skrupellosen patriarchischen Dominanz zu Ende geht. Sie werden bald Verantwortung übernehmen müssen für all die Verbrechen, die sie gegen die Menschheit begangen haben. Seid euch bewusst, dass ihre Ängste weitaus größer sind als eure. Somit liegt hier der Grund, warum sie so entschlossen sind, ihre „letzte Karte" auszuspielen. Und ich meine „ihre LETZTE Karte", denn sie haben nach ihr keine mehr.

Derzeit beginnen viele eurer politischen Führer zu erfahren, dass sich ihre Macht und Tyrannei ernsthaft vermindert. Göttliche Gesetze gestatten kein Eingreifen in den „freien Willen". Die Spirituelle Hierarchie wird dem Verlauf der Ereignisse erlauben stattzufinden, bis zu einem Zeitpunkt, an dem ein göttliches Eingreifen notwendig sein wird. Dieses Eingreifen wird kommen, indem die Mehrheit der Menschheit die Entscheidung erkennt, die sie in jedem einzelnen Moment trifft, um entweder die alten Muster zu unterstützen oder um das Potenzial des Neuen anzunehmen. Und wenn sich dann das Gleichgewicht der Menschheit anhebt, werden überall Wunder stattfinden. In den lichten Welten ist alles in Bereitschaft, um euren Energien auf wundersame Art behilflich zu sein. Es liegt nur an euch, die Entscheidung dafür zu treffen und die Erlaubnis zu erteilen.

Was auch immer die Kriegsherren letztendlich machen, es gibt nicht mehr so viel Energie um ihre Anstrengungen zu unterstützen. Seid in Frieden, denn ihre Kriegspläne werden nicht die Ebene eines vollen Weltkrieges erlangen. Ihr alle habt das Fundament für einen größeren Bewusstseinssprung gelegt, als wir ihn zu dieser Zeit jemals erhofft hatten. Jeden Tag gesellen sich mehr Lichtarbeiter in eure Reihen. Jeden Tag erwachen mehr zu ihrer wahren Natur und erkennen endlich die Wahrheit ihrer Welt. Eure Zeit ist gekommen, obwohl die Weltereignisse dies nicht zu spiegeln scheinen. Verzweifelt nicht, denn alles befindet sich in Allianz mit euch und eurem Ziel der Harmonie.

In der Zeit von Lemuria haben wir eine ähnliche Situation erlebt, als wir eine lange Kriegsperiode zwischen Atlantis und Lemuria hatten.

Sogar im Angesicht der möglichen Bedrohung durch die Zerstörung beider Kontinente wollten die Kriegsherren nicht aufhören. Der Rest ist Geschichte und ihr wisst alle, was passiert ist. Ihr wisst auch, dass es keine Gewinner gab. Diese Kriege haben beide Kontinente bis zu dem Ausmaß geschwächt, dass sie 15.000 Jahre später zerstört wurden. Viele jener Seelen, die für das Auslösen der Kriege zwischen Atlantis und Lemuria sowie für die schlussendliche Zerstörung verantwortlich waren, sind wieder dieselben Seelen, die jetzt hier sind und eine ähnliche Leistung vollbringen wollen.

Dieses Mal jedoch ist die Situation eine andere. Die Zeit für den Aufstieg eurer Mutter Erde ist nun gekommen und ihren Wünschen wird entsprochen werden. Von jetzt an wird sie sich selbst reinigen. Sie wird nicht länger den Missbrauch ihres Körpers und ihrer kostbaren Kinder tolerieren. Wir bitten euch, ihr die Erlaubnis für die Reinigung durch Erdveränderungen zu geben. Die 3. Dimension wird letztendlich ihre Energie hin zur 4. Dimension erhöhen und es wird eine 3. Dimension, so wie ihr sie heute kennt, nicht mehr geben. Euer Körper wird zu einem 4-dimensionalen Körper mutieren und später dann zu einem 5-dimensionalen Körper. Dieser Körper wird viel lichter sein, aber sich immer noch physisch anfühlen. Näher als je zuvor steht ihr jetzt an der Dämmerung eines Goldenen Zeitalters der Liebe und wahren Bruderschaft.

Wir aus den lichten Reichen können euch nun sagen, dass diese drohenden Konflikte die letzten sein werden, die noch auf diesem Planeten ausgetragen werden. Die Dunkelmächte wissen sehr gut, dass nun ihre letzte Stunde geschlagen hat, die Glocken der Rechenschaft klingen ihnen schon seit einiger Zeit in den Ohren. Sie wissen, dass sie nur die Entscheidung haben, sich entweder dem Bewusstsein der Liebe anzuschließen oder sich davon zu machen. Ihr habt schon den Ausdruck gehört: „Das Tier schreit am lautesten, wenn es in die Ecke gedrängt ist“. Die Lichtarbeiter in den Vereinigten Staaten und in vielen anderen Ländern schließen sich über das Internet und durch viele andere Mittel zusammen, sie erschaffen ein Netz aus Licht, ein Netz der Einheit und der Liebe. Diejenigen, die sich in der Dunkelheit verstecken und ihre Handlungen verschleiern, nehmen dieses Netz von Licht und Liebe wahr, das über den gesamten Planeten hinweg entsteht.

Wisset, dass euer Licht zu ihrer größten Furcht geworden ist.

Es ist ihr Wunsch, nicht nur das planetare Öl zu kontrollieren, sondern auch dieses Netz aus Licht und Liebe zu zerstören, das ihr alle gemeinsam erzeugt. Ihr Hauptanliegen ist, auf diesem Planeten Veränderungen auszulösen, welche die menschliche Rasse komplett versklaven und in einen Käfig der Angst einsperren sollen. Sie möchten euch an einem Ort spiritueller Armut und in emotionalem Überlebenskampf halten. In der Tat haben sie das bisher ziemlich gut geschafft. Eure Art zu Leben ist eine ziemliche Herausforderung. Und sie nehmen an, dass sie nur noch ein paar weitere Terrorattacken brauchen würden, um euch „zu eurem eigenen Wohle und zu eurer eigenen Sicherheit" vollständig in Angst und Kontrolle einzuwickeln.

Seid in Frieden und hört die guten Nachrichten. Vor eurer Inkarnation wurde euch von eurem Schöpfer versprochen, dass euch in gerade dieser Lebenszeit hier erlaubt werden würde, eure volle Gottespräsenz und ihr Christsein zu verkörpern. Euch wird gestattet sein, auf Erden in der jetzigen Inkarnation die Gesamtheit der Göttlichkeit und der spirituellen Gaben zu manifestieren, die für eine sehr lange Zeit verschleiert waren.

Versteht, dass die Wesen, die euren Planeten kontrollieren, die Absicht haben, diese Erleuchtung mit allen Mitteln zu stoppen, denn sie wird ihnen das Ende ihrer Herrschaft bringen. So, wie die Dunkelkräfte danach streben, euch alle und den Planeten in Knechtschaft und Unterwerfung durch Trennung und Angst zu bringen, wird zur selben Zeit die Polarität des Lichts Erwachen und Erleuchtung erschaffen. Selbst die planetaren Körper in den Himmeln haben sich eingereiht, um diese große Bewusstseinswoge zu fördern.

Bald werden jene auftauchen, deren Bestimmung es ist, neue Regierungen zu formen. Sie haben sich auf diesen Tag vorbereitet und leben bereits unter euch. Verurteilt sie nicht zu sehr und legt für euch keine Erwartungen fest, wer das zu sein hat, denn viele die zum Vorschein kommen, mögen euch überraschen. Viele haben ihre wahre Identität den Gruppen gegenüber verborgen, die sie zu ersetzen gedenken. Erkennt in euren Herzen, wer diese neuen Führer sein könnten. Alle neuen Strukturen werden zum Wohle des Kollektivs geformt werden, und dies ist ein wichtiger Schlüssel bei der Identifizierung derjenigen, die schließlich bereit sein werden, die Menschheit zu unterstützen. Sogar die Ländergrenzen werden das Zusammenkommen derer, die wahren Wandel unterstützen, nicht aufhalten können.

Diese letzten Konflikte werden einen Beschleunigungseffekt auf den gesamten Planeten ausüben. Sie werden dazu beitragen, Millionen zu einem neuen Bewusstsein ihrer Göttlichkeit zu erwecken, und sie dazu bringen, neue Werte für ihr Leben in Betracht zu ziehen. Die Massen werden neue Ziele und Ausrichtungen entdecken, die eher der göttlichen Natur entsprechen. Als Resultat dieser Konflikte werdet ihr Millionen Menschen sehen, welche die Ränge der Lichtarbeiter anschwellen lassen und sich zusammen gruppieren, um beständigen Frieden und eine neue Realität basierend auf göttlicher Wahrheit zu erschaffen.

Diese Konflikte werden auch der Aushöhlung altmodischer patriarchischer Strukturen dienen, die euch nicht mehr von Nutzen sind. Es wird Sorgen und Momente der Trauer geben. Seid wahrhaftige Zeugen des stattfindenden Leidens, dies wird eurer Herzöffnung auf die viel höhere Ebene hinauf dienen, die für euren Übergang in die höhere Dimension erforderlich ist. Ihr werdet auch viel angesammeltes Karma klären und Raum für die neue Ordnung schaffen und für das große Wiedererkennen eures wahren göttlichen Selbst.

Ihr Kinder meines Herzens, erlaubt der Hand Gottes, ihre Magie auszuspielen. Euer Schöpfer sieht euch sehr aufmerksam zu, indem er die Erde und diejenigen Menschen schützt, die gewählt haben zu bleiben und ihre neue glorreiche Bestimmung anzunehmen. Anstatt in Angst, Verzweiflung und Hoffnungslosigkeit zu verharren, zündet eine Kerze der Hoffnung in eurem Herzen an, wohlwissend, dass jenseits des Krieges eine brandneue Welt wartet. Wunder warten nur so auf euren Zugriff. Die Gaben der Liebe und der Gnade des Schöpfers und eurer Sternenfamilie werden auf eine Art und Weise herabströmen, die ihr noch nie zuvor erfahren habt.

***Zündet in euren Herzen die Kerze der Gewissheit darüber an,
dass das Göttliche die Oberhand gewinnen wird
und dass der Sieg gesichert ist.***

Die Menschen auf diesem Planeten haben sich zu Millionen zusammengeschlossen und sich für den Frieden eingesetzt und so soll es sein. Ihr marschiert über euren Planeten und beansprucht

Frieden und so soll es sein. Ihr seid der „Angelpunkt“ des gesamten Kosmos geworden, des Kosmos, der eurem nächsten Schritt hin zu Liebe, Licht, Absicht und Tapferkeit zusieht; der zusieht, wie ihr euch gegen die Tyrannei der Weltregierung erhebt und sagt: “Bis hierher und nicht weiter, eure Zeit ist abgelaufen.“ Und der Schöpfer und alle von euch Mitschöpfern lächeln und sagen: „Endlich wachen sie auf, es werde Friede auf Erden und so sei es.“

Nachdem die Schwingung auf dem Planeten weiterhin zunimmt, werden es eure Verantwortlichkeiten ebenso tun. Und wir, eure lemurianischen Brüder und Schwestern versammeln unsere Teams hier auf der Erdoberfläche um euch in unsere großen Pläne einzuweisen. Es gibt noch viel mehr Teams, in jeder Ecke und in jedem Land dieses Planeten. Letztendlich werden wir in der Lage sein, in gutem Willen mit all denen zusammenzuarbeiten, die gerne mit uns gemeinsam dem Gesamtwohl dienlich sein möchten, aber nichts wird euch aufgedrängt werden.

Wenn ihr gerne im Dienst sein möchtet, unsere Mission wird viele Menschen mit einbeziehen und viele wundersame Gelegenheiten werden sich für jene bieten, die mit uns Seite an Seite arbeiten wollen. Ihr seid die Wegweiser, die ersten, die Kerngruppe von vielen kleinen Gruppen, die wir nähren, umarmen und hegen – hier in Mount Shasta. Die Zeit der Glorie, auf die ihr gewartet habt, ist gerade jenseits der Wolke, jenseits des Sturmes eines fabrizierten Krieges. Wenn ihr den Wolken und den Stürmen erlauben könnt, dieses letzte Spiel zu spielen, diese letzte Illusion, werdet ihr das nie bedauern.

Bewahrt die Kerze der Hoffnung, entzündet in euren Herzen,
denn jenseits der Wolken ist die Freude,
die Leichtigkeit und die Gnade.

Die Dämmerung einer Neuen Welt in Einheit und Liebe, in der Gewalt nicht mehr existieren wird, ist nun geradewegs hinter dem Horizont. Nehmt euch einander an in bedürftigen Zeiten, dehnt eure Liebe und eure Zuwendung auf die aus, die nicht die Gelegenheit hatten zu lernen, was ihr bereits wisst. Werdet die Pfeiler des Friedens für all jene, die in Angst sind, so dass sie sich an euch lehnen können um Zuwendung zu erhalten. Wenn sich andere an euch lehnen, um Zuwendung von euch zu erfahren, laden wir euch wiederum ein, euch an uns zu lehnen um ebenfalls gestärkt und unterstützt zu werden. In den kommenden Tagen werden wir ganz nahe bei euch sein und viel Liebe und Beistand auf euch ausdehnen.

Alles ist geheiligt worden.
Die Lebewesen im Wald wissen dies,
die Erde weiß es, die Meere wissen es
und ebenso das Herz,
das voller Liebe ist.

Hl. Katherina v. Siena

3. Kapitel

Die Verbindungen zwischen Frankreich, Kanada (speziell Quebec) und Brasilien

Adama, Celestia und der Hohe Rat von Telos

Was für eine Verbindung besteht zwischen Frankreich, Quebec und Brasilien?

Lange vor der Existenz der unterirdischen Stadt Telos gab es schon ein Dreieck der Mutterenergie, das sich auf der Oberfläche jetzt als Dreieck zwischen Frankreich, Quebec und Brasilien darstellt. Fast jede Gegend des Planeten bildet ein Dreieck (oder eine Dreifaltigkeit) mit zwei anderen Teilen des Planeten. Diese Gitter sind Teil des heiligen Grundrisses, mit dem wir innerhalb der Erde arbeiten um bei der Ausbalancierung und Harmonisierung der Oberflächenschwingung zu assistieren.

Jedes dieser Länder, auch wenn wir nicht in dem Maße mit ihnen arbeiten wie mit den Ländern der Inneren Erde, trägt eine besondere Schwingung, eine Farbe, einen harmonischen Klang und einen planetaren Code. Zusammen erschaffen alle drei eine neue Schwingung und Farbe, die der Signatur des Gitters im Erdinneren entspricht und ebenso der Signatur der ätherischen Ebenen, die den Planeten umkreisen. Es ist wichtig, dass diese Signatur erkannt werden kann, denn sie dient dem Ordnen der Energien dieses speziellen Gitters. Sie hilft auch dabei, dieses Netz mit den Energien von anderen Gittern des Planeten abzustimmen. Das Gitternetzwerk des Planeten steht in Verbindung mit dem organischen Meridiansystem des Planeten selbst.

Indem wir dieses Gitternetzwerk vom Inneren der Erde aus durchqueren, können wir den Puls der Erde anhand der Schwingungen messen, die laufend an die Oberfläche getragen werden. Diese Netzwerke helfen uns auch bei der wichtigen Arbeit, die Auswirkungen überall in unterschiedlichen Regionen des Erdinneren aufzuzeichnen. Dadurch können wir viele potentielle, durch Menschen oder durch die Naturelemente verursachte, Katastrophensituationen entschärfen, die auf der Oberfläche auftreten würden, wenn nicht eine angemessene Ausbalancierung dieser Energien von der Inneren Erde aus erzeugt werden würde.

Hinsichtlich der individuellen Energien dieser drei „Länder" würdet ihr ihre Schwingungen auf der Oberfläche folgendermaßen erkennen:

Frankreich

Frankreich sendet eine sehr leuchtende rosa Farbe aus, die an den Rändern des Landes schon fast als Weiß erscheint und im Herzen des Landes, der Gegend von Paris, im wärmsten Pink erstrahlt. Die Lichtarbeiter, die in dieser Zeit der planetaren Transformation in Frankreich inkarniert sind, tragen die reinste Schwingung des Herzens von Lemuria in sich. Auch wenn wir erkennen, dass in allen Regionen des Planeten Wesen leben, welche die gleiche Schwingung tragen, hat doch eine außergewöhnlich große Zahl sich dafür entschieden, dieses Mal in Frankreich zu inkarnieren. Ebenso gab es in den anderen beiden oben erwähnten Ländern zahlreiche Inkarnationen durch Wesen, die sich als Kinder der lemurianischen Göttin verkörpert haben und das Bewusstsein des Herzens und der Liebe von Lemuria repräsentieren.

Diese Entscheidungen wurden hauptsächlich wegen der Traumata getroffen, die von den genannten drei Ländern am stärksten Frankreich ereilt haben – die vergangenen 3 Jahrhunderte hindurch in Form von mehreren großen Kriegen und einer Revolution, welche die Regierungsstrukturen von Frankreich auf immer geändert hat. Im Speziellen haben die andauernden Auswirkungen des Zweiten Weltkrieges in dieser Region einen Bedarf für viel energetische Ausbalancierung mit den Energien der jüdischen Rasse erzeugt. Das Verständnis, das ein Großteil der Welt über die Gesamtheit dieser gegenwärtigen Zivilisation hinweg hinsichtlich der jüdischen Rasse hat, ist nicht korrekt.

Die jüdische Rasse hat die Energien des göttlich Maskulinen im Bewusstsein der Erde gehalten, seit der erste Mensch auf diesem

Planeten erschienen ist. Dies soll nicht heißen, dass nicht auch andere Christusenergien getragen oder auf diesen Planeten gebracht hätten. Aber die jüdische Rasse, die in ihrer ursprünglichen Genetik erhalten geblieben ist, existierte, um den reinen Funken des göttlich Maskulinen zu bewahren, der zuerst vor Äonen das göttlich Feminine durchdrungen hat. In dieser Hinsicht ist die jüdische Rasse ein Teil der lemurianischen Identität, die in ihrer Kultur diese Verbindung seit Anbeginn der göttlichen Quelle auf diesem Planeten gehalten hat. Wir erkennen, dass die Schwingung, die von der jüdischen Rasse getragen wird, ihre Integrität durch Jahrtausende hindurch bewahrt hat, trotz beständiger Versuche, sie zu verzerren. Dies wurde durch die Auflage erreicht, dass die Abstammung durch die Mutter weitergegeben werden musste, damit die Struktur und die Integrität innerhalb der DNS dieser Rasse erhalten bleiben konnte.

Wie es bei allen der vielen Religionen auf der Oberfläche ist, besitzt das Dogma der gegenwärtigen Tage, das um die jüdische Religion herum gewachsen ist, nicht mehr die ursprüngliche Schwingung, die vor Äonen aus dem Göttlichen übermittelt wurde. Die Quellenschwingung selbst ist im Bewusstsein des Wesens erhalten geblieben, das eure Mutter Erde ist und diese Schwingung stellt der Erde eine sich stets fortsetzende Identität zur Verfügung. Diese Quellenschwingung ist auch in der DNS aller Wesen enthalten, die Leben bzw. Inkarnationen innerhalb der jüdischen Rasse hatten, einschließlich der Zeitalter von Lemuria und Atlantis. Die Quellenschwingung ist in gewissem Ausmaß auch den meisten Wesen zu Eigen, die gegenwärtig auf diesem Planeten inkarniert sind. Die hebräische Sprache enthält ebenfalls viel von dieser Quellenergieschwingung und sie ist Teil vieler Lehren und Übermittlungen, die in eurer jüngsten Vergangenheit wiederentdeckt worden sind. Diese antiken Lehren sind nun wieder voll erschlossen und über die Welt hinweg aufs Neue verteilt.

Quebec

Quebec hat ebenfalls eine starke Verbindung mit dieser Schwingung. Die Farben, die von Quebec ausgehen, zeigen eine Kombination von Pfirsich mit einem smaragdgrünen Kern im Zentrum. Das Herz von Quebec liegt in der Region von Montreal und dort wird derzeit viel für die Errichtung eines Zentrums getan, in dem die lemurianischen Lehren und Heilarbeit verbreitet werden sollen. Die Französisch sprechende Bevölkerung von Quebec hat ihre Sprache als Herzverbindung mit Frankreich aufrechterhalten. Quebec war ursprünglich als Außenposten für diese Schwingung gedacht und als der Punkt des Dreiecks, der die Energie direkt an den Nordpol dieses Planeten übermittelt. Diese Verbindung zum Pol ist auch Teil der Charakteristika des Netzes, was wiederum den Energien der Inneren Erde die Einspeisung in dieses Dreieck ermöglicht und dann von dort aus den Fluss in andere Teile des Gesamtgitternetzes.

Obwohl die Region dieser Provinz – wie auch in Frankreich - vorherrschend katholisch wurde, halten Quebec und Montreal im Speziellen ebenfalls eine Verbindung zur jüdischen Rasse. Viele Angehörige der jüdischen Rasse, die im letzten Jahrhundert in Deutschland auf Grund ihrer jüdischen Abstammung umgekommen sind, haben sich entschieden, dort zu inkarnieren, so dass sie ihre Verbindung zu der Herzschwingung Lemurias aufrechterhalten und gleichzeitig dem Trauma ihrer vorigen Inkarnation in Deutschland entkommen konnten. Die Heilungsenergien der Provinz Quebec sind außergewöhnlich und viele Wesenheiten, die über Äonen hinweg als Heiler tätig waren und als Lehrer unterrichtet haben, sind nun dort versammelt und beginnen damit, ihr Wissen der Welt mitzuteilen.

Die Nähe von Quebec zu den Vereinigten Staaten von Amerika ist ebenfalls sehr wichtig. Jedes der drei Länder, die einen Teil dieses Dreiecks bilden, ist auch direkt mit einem anderen Land verbunden, das auf Grund der Vergangenheit auf Regierungs- und Verwaltungsebene beträchtliche Energien der Zerstörung, der Gewalt und Abtrennung von der göttlichen Quelle trägt. Frankreich hält diese Verbindung zu Deutschland und Brasilien hält sie mit Argentinien. In jedem Augenblick sind die weiblichen Herzenergien von Frankreich, Quebec (und andere Regionen in Kanada) und Brasilien präsent, um das überwältigende Misstrauen dem Weiblichen gegenüber auszubalancieren, das von den verzerrten patriarchischen Regierungen der Vereinigten Staaten, Deutschland und Argentinien ausgeht.

Viele Verbrecher der großen Gewalttaten in Deutschland während des Zweiten Weltkrieges entkamen der Vergeltung in ihren Ländern, indem sie in die Vereinigten Staaten von Amerika und nach Argentinien reisten. Sie haben dazu beigetragen, eine Schwingung von Misstrauen, Gewalt und Chaos hervorzubringen. Dieses Misstrauen hat einen sehr schwerwiegenden Teil der

Schwingung des Antisemitismus geformt, wie ihr es in diesen Ländern nennt. Die Energie des Antisemitismus und die Handlungen, die in dessen Namen stattfinden konnten, sind alle Attacken auf das göttlich Maskuline durch diejenigen, die das göttlich Feminine fürchten.

In der Tat formen diese drei Länder - Deutschland, Argentinien und die Vereinigten Staaten von Amerika - ihr eigenes Energiedreieck, wodurch sich viel Ungleichgewicht und Disharmonie in diesen Ländern ausbreiten konnte. Ihre Wiederanbindung an die Herzenergien von Lemuria wird durch das Gitter von Frankreich, Quebec und Brasilien erleichtert, das unser größtes Werkzeug gewesen ist, um ein größeres Ausmaß von Harmonie in diesen Regionen herzustellen.

Die Energien gegen die jüdische Rasse, die vornehmlich von den Vereinigten Staaten, Deutschland und Argentinien ausgingen, bezeichnen den hohen Grad der Ausbalancierung, der zurzeit auf diesem Planeten vonstatten geht. Diejenigen mit den höchsten Misstrauensquotienten bewegen sich in noch größere Ebenen der Angst, da das göttliche Licht nun an jedem verstreichenden Tag heller wird. Es ist eine Tatsache, dass viele, die in anderen Lebenszeiten als Juden inkarniert waren, zu dieser Zeit als Träger dieser Schwingung in den Dienst gerufen werden, auch wenn sie derzeit keine jüdische Inkarnation haben. Diese Schwingung repräsentiert den wahren göttlichen Funken der Inspiration, der jetzt mit den göttlichen Energien auf diesem Planeten verschmilzt, um sich wiederum mit den Energien der Erde auf eine Art und Weise zu vereinigen, die seit ihrer Erschaffung noch nie da gewesen ist.

Brasilien

Brasilien formt die Verbindung zum Südpol des Planeten. Die ausgesandten Farben sind sehr schön für das Auge und beinhalten eine Kombination von gelben, roten und blauen Farbtönen und alle Farben des Oberflächenspektrums, die diese drei Hauptfarben erzeugen können. Dies liegt an der hochkristallinen Natur von Brasilien. Brasilien ist in der Tat ein sehr großer, hochprismatischer und generierender Kristall. Brasilien ist die Übermittlungsmaschine des Herzens und der Heilenergien, die von Frankreich, Quebec und der nördlichen Hemisphäre des Planeten in die südliche Hemisphäre strömen.

Die Arbeit, die gegenwärtig in diesen drei Ländern getan wird, reflektiert die sehr große Zahl von hochentwickelten Seelen, die dort zu dieser jetzigen Zeit inkarniert sind, um die Energien dieses sehr wichtigen Gitters zu halten und ihrem Zweck zu dienen. Die Herzenergien Lemurias manifestieren sich durch dieses Gitter in die Oberflächenregionen des Planeten, die diese Energien am meisten brauchen. Die von manchen innegehaltenen Gefühle, dass diese Regionen die ersten sein werden, die direkt von den Menschen der Inneren Erde und von den Sternengeschwistern kontaktiert werden, sind in der Tat angemessen. Tatsächlich hat dieses erste Stadium des Erscheinens bereits stattgefunden durch die hohe Zahl der Wesen, die in diesen Ländern inkarniert sind oder die als „Walk-ins" in andere Wesen in diesen Ländern übergegangen sind. Nun ist die Generierung größeren Lichtes nur noch eine Frage ihres Zusammenschließens.

Diejenigen, die sich so sehr danach sehnen, euch zu kontaktieren, sind andere Aspekte von euch selbst aus einer anderen Zeit, aus einem anderen Raum und anderen Dimensionen. Viele von euch sind der physische Ausdruck von Seelen, die innerhalb der Erde leben, in anderen Galaxien und Universen. Mit je mehr Aspekten eures multidimensionalen Selbst ihr kommunizieren könnt und je mehr ihr in der Lage seid, euch in diese zu integrieren, je eher wird die Oberflächendimension dies erkennen und reflektieren.

In den Schwingungen des Gitternetzes, über das wir diskutiert haben, sind wir bereits zusammen und ebenso in der Herzschwingung innerhalb und außerhalb des Planeten. Wirklich, es gibt keinen Unterschied zwischen den Dimensionen, wenn ihr mit den Energien durch dieses Gitternetz reist. Wir laden euch alle ein, euch mit diesem Netzwerk zu verbinden, so bereitwillig und so oft ihr könnt, bis es ein Teil eurer inneren Natur geworden ist. Die Kinder, die heute inkarnieren, tragen den Schlüssel zu diesem Netz in ihrer DNS und sie arbeiten daran, diesen Schlüssel mit allen zu teilen, die an der Oberfläche leben. Hört ihnen zu und öffnet ihnen eure Herzen. Sie konstruieren ein viel höher entwickeltes Zukunftspotenzial für den Planeten, als die Mehrheit von euch überhaupt in der Lage ist, sich vorzustellen. Wir sind alle hier im Dienst eines göttlichen Planes, der mehr Magie beinhaltet, als sich irgendeiner von euch jemals träumen lassen würde. Die Liebe, die wir für euch empfinden, reist immer auf diesem Pfad. Viele Segnungen für euch alle, und wir wünschen euch viel Freude für die nächste Phase eurer Reise in die Liebe und in die Freiheit.

Die Welt würde als ein
weitaus dunklerer Ort erscheinen,
wenn nicht das Licht unserer Liebe zueinander
und das Göttliche
jeden Schritt auf unserem Weg
erhellen würde.

Ahnahmar

4. Kapitel

Das magnetische Gitternetzwerk

Adama, du hast erwähnt, dass du in der Arbeit am Gitternetz involviert bist. Wir würden gerne wissen, an welchem Gitternetz du arbeitest und was deine Aufgabe bei der Arbeit am Gitternetz ist?

Seid gesegnet, Meister-Lehrer, denn ihr alle seid wahrhaftig Meister, die in diesem großen Experiment zusammengekommen sind. Dies ist in der Tat das erste Mal auf diesem Planeten, dass das Bewusstsein auf diese Art und Weise durch seine gleichzeitige Integration in den physischen Körper, Emotionalkörper, Mentalkörper und spirituellen Körper angehoben worden ist.

Ich bin in ein Energie-Gitternetz im Inneren des Planeten involviert, das mit der physischen kristallinen Struktur auf der Oberfläche des Planeten zusammenarbeitet. Dieses Gitternetz hat mit dem Planeten selbst zu tun. Die Energien aus diesem Netz gehen von seinem Inneren aus und formen ein ätherisches Gitternetz um den Planeten herum. Das Netz arbeitet mit dem schwingungsmäßigen Erhöhen von Energie, eingebunden in die planetare Anhebung, und diese wird auch durch vielfältige Aktivierungen aus astrologischen Konstellationen gefördert.

Dieses Gitter ist auch mit der Energie des Sternzeichens „Fische" verbunden und wird benutzt, um die Christus-Energien zu halten. In der Vergangenheit ist es benutzt worden, um diese Energien des planetaren Gitters zu halten und jetzt erhält dieses Netz eine Aufrüstung, damit es beginnen kann, sich in die Wassermann-Energie anzuheben. Da wir beginnen, uns nun durch die Anhebung des Bewusstseins zurück in Richtung der Großen Zentralsonne zu drehen, ist es für die Energien nicht länger notwendig, hier festgehalten zu werden. Diese Energien erreichen nun eine eher der Wassermann-Qualität entsprechende, eine eher weiblichere oder ihrem weiblichen Ausdruck entsprechende Schwingung. Dies bedeutet nicht, dass der männliche Ausdruck verloren ist. Es bedeutet, dass beide Polaritäten integriert und wieder zurück in die Balance gebracht werden.

Die Schwingung, die aus Lemuria kommt, besonders die aus Telos, ist in sich selbst ein solcher Energie-Generator - auf Grund ihrer Position innerhalb des Mount Shasta, der eine Verkörperung der Großen Zentralsonne ist und in dem alle Energien, die über euren Planeten von den galaktischen Zentren und der Milchstraße ausgegossen werden, hier an diesem Haupt-Eintrittspunkt des Planeten auf das planetare Gitternetz treffen. Von hier aus erreichen jene Energien erfolgreich, in Sekunden und schneller, alle anderen größeren planetaren Punkte des Gitters, die auf

Bergspitzen liegen und von dort aus werden sie über den Rest des Gitters verteilt. Jedes Gitternetz hat diverse Ein- und Austrittspunkte. Die Austrittspunkte sind die Gegenden, an denen diese Energie an andere Netze und an den Rest der Energiepfade des Planeten weitergeleitet wird.

Das Gitter, das durch lemurianisches Bewusstsein und Liebe entstanden ist, spiegelt sich auch in jedem von euch wieder. Das Gitternetz wird in die Heilige Geometrie eures Körpers integriert, indem ihr die Absicht setzt, euch auf das höhere Göttliche auszurichten. Es gibt jetzt eine Teilung der Energien auf diesem Planeten, eine Teilung zwischen persönlichem und globalem Bewusstsein. Obwohl beide Ebenen des Bewusstseins in Wahrheit ein und dieselbe sind, gibt es zurzeit eine Individualisierung zwischen den beiden, um jedem Individuum die Schwingungsanhebung durch freie Entscheidung zu gestatten. Dieses Abkommen wurde durch den Hohen Lemurianischen Rat erreicht, um auf zellularer Ebene die wahre Dimensionalität dieser Anhebung zu verstärken und sie mit dem kollektiven Bewusstsein der menschlichen Rasse zu verschmelzen.

Vor dieser Entscheidung wurde erwogen, dass die globale Anhebung durch eine Serie von Energie-Infusionen an den Planeten selbst und dann wiederum durch den Planeten an euch geschehen könnte. Aber ihr seid als solches die Zellen des Planetenkörpers und wir verstehen jetzt, dass ihr die Schwingungen individuell verankern und integrieren müsst, um all den einzigartigen Wandlungen des menschlichen Bewusstseins Rechnung zu tragen. Die DNS-Matrix (oder kristallines Gitternetz) wird sich für jedes Individuum in etwas anderer Art und Weise anheben, und indem sie das tut, wird sie das volle Schwingungs-Spektrum beinhalten, das für eine wahre globale Anhebung gebraucht wird. Sowie sich die Energien dann für immer größere Gruppen von Individuen harmonisieren, die ihre individuellen Anhebungen vollendet haben, wird sich die globale Anhebung in stetig ansteigenden Wellen vollziehen.

Es gibt einen Klang, der diese Anhebung begleitet. Er generiert sich aus den ätherischen Reichen, aber er kann auf dieser Ebene gehört werden. Wir nennen ihn „Das Lied der Seele". Harfen und Lauten könnten keinen so schönen Klang von sich geben, wie diese Welle der Liebe, die aus der Seele aufsteigt und beständig die Schwingung des Herzens und das Trommelfell berührt. Wir haben in Telos ein 3-saitiges Instrument, das gespielt wird, indem die Saiten liebkost werden, anstatt sie zwischen Daumen, Zeige- und Mittelfinger zu zupfen. Die Vibration ist etwas anders, aber sie liegt im selben Spektrum wie die Lieder der Seele. Sie ist äußerst schön und inspirierend.

Die Änderungen des Gitternetzes und die Veränderungen der DNS-Matrix, die in jedem von euch stattfinden, werden dazu führen, dass eure eigenen Lieder gehört werden können. Ihr seid alle in Resonanz mit eurem eigenen Lied, das wir euch oft vorsingen, damit ihr es wiedererkennt. Sie sind wie die anderen Titel und Namen, die ihr habt, eine Art Signatur, die euch an eurer Schwingung erkennen lässt. Wir feiern euch wahrhaftig, wenn ihr eure Lieder wiederentdeckt. Wir schmücken eure Träume mit Erinnerungen an diese Lieder, um euch auf eurem Weg zu helfen. Und unsere Liebe vereint sich mit eurer zum Wohle von allem.

Was ist deine Funktion bei der Arbeit am Gitternetz?

Meine Arbeit hat damit zu tun, in dieses Gitternetz die höheren 4- und 5-dimensionalen Energie-Schwingungen, welche langsam vom Inneren des Planeten nach oben gebracht werden, einzuspeisen und sie zu erhalten. Wir arbeiten innerhalb des Planeten, um den Energien zu helfen, durch den Planeten selbst aufzusteigen, so dass ihr fühlen könnt, wie sie auf diesem Weg heraufkommen, und wir schicken sie auch zu den Schlüsselpositionen des Nord- und Südpols sowie zu anderen Schlüsselpositionen.

Meine Rolle ist die eines Administrators, eines Organisators, der Energie-Eingaben und Energie-Freigaben bewirkt und die eines Architekten des Gitternetzes. Da die Strukturen des Gitternetzes selbst nun an Ort und Stelle sind, wird meine Arbeit weitere Modifizierungen beinhalten, wie z.B. Steigerung des Energieflusses, eine sich stetig fortsetzende Arbeit.

Es gibt sehr viele Wesenheiten, die ebenfalls mit dem Gitternetz arbeiten. Es gibt Verbindungen zu verschiedenen Netzen, aber sie sind alle so etwas wie multidimensionale Schichten eines riesigen, ausgedehnten Gitternetzwerks, die nun alle zusammengeschlossen werden.

Was ist der Unterschied zwischen dem Kryon-Gitternetz und deinem Gitternetz?

Unterschiedliche Energien arbeiten beim Aufsetzen des Gitters mit unterschiedlichen Komponenten. Kryon arbeitet primär mit der magnetischen Energie des Netzes und wir arbeiten mit dem kristallinen Gitter. Aber diese Arbeit ist auch ein Zusammenwirken unterschiedlicher Gruppen, die mit all diesen Energien schon über eine lange Zeitperiode hinweg gearbeitet haben und alle fügen diesem Gitternetz unterschiedliche Komponenten hinzu. Das neue Gitternetz ist als ein Resultat von vielen verschiedenen Energien entstanden, an denen die Elohim, viele außerirdische Energien wie die der Arcturianer, der Plejadier, der Andromedaner, der Venusier etc. teilhaben, die in der Tat von anderen Orten gekommen sind, und von vielen weiteren Energien, die auf andere Weise dazugekommen sind. Da wir alle Teil eines Ganzen sind, wird dieses Netz nun zu einem Gesamten umgeformt, das für und mit dem Planeten arbeiten wird.

An diesen Gitternetzen, die verbunden werden, gibt es viele verschiedene Eingangs- und Austrittspunkte. Geradeso wie ihr als individuelle Wesen ein einzigartiges Stück in jede energetische Zusammenkunft einbringt, an der ihr euch beteiligt und dabei einen neuen und unvorhersagbaren Effekt kreiert, so erschafft dieses Gitternetz letztendlich eine neue Energieplattform um den Planeten herum, welche die wundervollen Energien, die für und durch die Erde generiert werden, halten und ernten kann. Diese Energien kommen nicht nur als Übertragungs-Hoch herein, sondern auch als Energien, die sich weiterhin um den Planeten herum in einem sich fortsetzenden Prozess formieren und halten.

Ist es geplant, den Planeten wieder zu seiner ursprünglichen Perfektion zu restaurieren oder wird es noch darüber hinaus gehen?

Dies ist sicherlich der Plan und wir hoffen, dass das Resultat bei weitem das übertrifft, was der Planet jemals gewesen ist. Aber es ist immer noch die Frage, wie sich der Planet tatsächlich entwickeln wird. Alles hängt von dem möglichen Ausmaß der Anhebung im menschlichen Bewusstsein ab, sowohl individuell als auch kollektiv. Wie viel von der Entfaltung dieses wundervollen Planes werdet ihr zulassen können? Wie sehr werdet ihr mit uns mitschöpferisch tätig sein? Wenn wir die viel größere Anhebung weiblicher Energie auf dem Planeten erfahren, wie viel Widerstand wird es dann unter euch geben? Werdet ihr dann weiterhin niederreißen, was wir aktiv versuchen wieder aufzubauen? An diesem Punkt ist noch viel in Frage gestellt.

Es liegt auch daran, was ihr zu tun wählt, um zu diesem Prozess beizutragen und wie ihr entscheidet, mit diesem Planeten zu leben. Das Magnetgitter hat sich verschoben und das kristalline Gitternetz ist wiedergeboren worden. Nun warten wir alle auf die Beschleunigung des nächsten großen Gitters, des Gitters des menschlichen Bewusstseins. Das ist es, was wir von der Menschheit sehen wollen, bevor wir mit einem Teil der Arbeit fortfahren können. Es gibt so vieles, das in den nächsten zehn Jahren in Bezug auf Energien und Bewusstseinsanstieg geschehen wird. Es ist wichtig zu erkennen, dass Gemeinschaften zusammenkommen und der Erde ihre volle Unterstützung zeigen.

Was euer Erscheinen an der Oberfläche betrifft, werdet ihr warten, bis sich das Bewusstsein zum Großteil angehoben hat oder beabsichtigt ihr früher zu erscheinen?

Wir haben einen Plan für unser Erscheinen, den wir zu dieser Zeit nicht offenbaren können. Unser Plan bleibt verschiedenen Möglichkeiten gegenüber flexibel und was sich dann entfalten wird, hängt davon ab, wie sich die Menschheit entwickelt. Wir würden so gerne sehen, dass die Menschheit beginnt, beständig aus dem Herzen heraus zu leben, anstatt Menschen zu sehen, die sich mit der Einstellung „abwarten und Tee trinken" zurücklehnen.

Manche Menschen, die über uns etwas hören, rationalisieren diese Theorie mit ihrem Verstand und mit dem, was andere dazu zu sagen haben und entscheiden sich, dass sie unsere Realität erst glauben werden, wenn sie uns leibhaftig vor sich sehen. Unser letztendliches Erscheinen hat viel damit zu tun, wie jeder Einzelne seinen eigenen Schwingungslevel an Licht und Liebe erhöht und aus dem Herzen heraus lebt.

Wenn die Herzverbindung der Menschen mit uns konstanter wird, werden wir auch physisch konstanter da sein. Diejenigen mit abwartender Haltung werden sicherlich länger warten müssen, bis sie uns zu sehen bekommen. Für geraume Zeit wird eure physische Anwesenheit in unserer Mitte „nur auf Einladung hin" zugelassen werden. Wie bereits schon früher erwähnt, wird es keine Treffen in 3-dimensionaler Schwingung geben. Es ist an euch, eure eigene Schwingung zu erhöhen.

Da sich die Energien auf diesem Planeten weiterhin erhöhen, wird diese Schwingungsanhebung bald für viele von euch möglich sein, die sich zu diesem Material hingezogen fühlen. Wir sind bis jetzt Zeuge von großartigen Herzöffnungen geworden, von derartiger Akzeptanz und haben ein wunderbares Willkommen und Liebe aus dem Herzen der französischen Bevölkerung durch die Veröffentlichung der ersten beiden Bücher erfahren, dass wir große Hoffnung haben, von der galaktischen Föderation in den nächsten Jahren die Erlaubnis zu erhalten, mit ein paar kleinen geheimen physischen Versammlungen mit denjenigen zu beginnen, welche die Schwingungsebene erreicht haben, um befähigt zu sein, sich in unserer Gegenwart aufzuhalten.

Wir bitten euch, eure alten verzerrten 3-dimensionalen Energien loszulassen und euch mit Liebe und Freude zu den neuen Energien weiterzubewegen. Dies ist euer Schlüssel.

Das Herz hat göttliche Instinkte;

es muss nur himmelwärts gerichtet werden.

Hl. Teresa von Avila

Wahre Göttlichkeit kann nur
innerhalb des Selbst gefunden werden.
Und durch die Liebe des Selbst,
die in euren Herzen schlägt.

Adama

5. Kapitel

Die Auswirkungen der Verwendung bewusstseinserweiternder Drogen auf die spirituelle Entwicklung

Beispiel: Marihuana und andere Narkotika. Die selben Prinzipien gelten auch für alle anderen Suchtmittel wie zum Beispiel Alkohol und Tabak.

Adama, gibt es ein Gruppenbewusstsein hinsichtlich des Konsums und der Sucht nach Substanzen wie zum Beispiel Marihuana als bewusstseinserweiternde Droge oder spirituelle Hilfsmittel? Bitte beschreibe, was für eine Auswirkung diese Substanzen auf ihre Konsumenten haben.

Ich würde gerne zuerst über die allgemeine Verwendung von bewusstseinserweiternden Drogen sprechen. Eine kleine Geschichte mit der wir beginnen, wenn ihr so wollt. Als diese heiligen Pflanzen ursprünglich aus der Schöpfung entstanden, hatten sie die ganz wundervolle Aufgabe der Energie- und Bewusstseinsanhebung.

Zu Beginn ihrer Nutzung, vor sehr langer Zeit, halfen die bewusstseinsverändernden Pflanzen den Menschen dabei, ihr Wahrnehmungsvermögen gegenüber ihren göttlichen Qualitäten, ihrer göttlichen Präsenz und dem Schöpfer zu öffnen. Diese Pflanzen wurden auch benutzt, um telepathische Fähigkeiten zu steigern, ebenso wie die Gaben des Hellhörens, des Hellsehens, des Hellfühlens und andere ähnliche spirituelle Fähigkeiten.

Diese spirituellen Öffnungen brachten die Menschen direkter in Verbindung mit dem Königreich der Engel, der Naturgeister, der Tiere und mit Wesenheiten von der anderen Seite des Schleiers. Die durch den Gebrauch der heiligen Pflanzen zur Verfügung gestellten verstärkten Energien vereinfachten auch die Fähigkeiten für interdimensionales Reisen. Dies waren die Hauptzwecke dieser pflanzlichen Substanzen um spirituelle Wege zu erschließen. So war es am Anfang der Schöpfung, vor dem „Fall des Bewusstseins", der während des 4. Goldenen Zeitalters stattfand.

Die ursprünglichen heiligen Pflanzen halfen zu Beginn des Lebens Millionen Jahre lang auf diesem Planeten allen bei der spirituellen Entwicklung, bis zum Vierten Goldenen Zeitalter. Während einer sehr langen Periode der Erdevolution zogen Menschen gelegentlich Energie aus diesen Pflanzen, dies geschah mit sehr viel Achtung, Heiligkeit und zu bestimmten Zwecken. Sie aßen einen kleinen Teil des Blattes, gewöhnlich direkt von der lebenden

Pflanze, je nachdem, was für eine Erfahrung von ihnen gewünscht wurde. Es gab eine ziemlich große Auswahl jener Pflanzen und jede von ihnen bot ihr eigenes spirituelles Geschenk dar. Zu keiner Zeit wurden diese Pflanzen missbraucht noch entstand jemals eine Abhängigkeit aus ihrem Gebrauch.

Schon Kindern wurde in jungen Jahren ein vollständiges Verständnis über ihren Gebrauch vermittelt und es stellte sich nie die Frage, diese Pflanzen für etwas anderes zu verwenden, als für die beabsichtigten Zwecke. Die heiligen Pflanzen hatten eine 5-dimensionale Schwingung und darüber hinaus. Die Menschen rauchten oder inhalierten diese Substanzen NICHT durch ihre Lungen, wie es heute mit den derzeitigen Gegenstücken der Originalpflanzen getan wird, die – nebenbei bemerkt – schon gar nicht dieselben Pflanzen sind. Sie aßen also nur einen kleinen Teil des Blattes oder das ganze Blatt – abhängig von der Sorte – weil dieser Teil alles war, was benötigt wurde, um die gewünschten Resultate zu erzielen. Die Menschen näherten sich diesen Pflanzen mit viel Ehrerbietung und baten die Devas der Pflanze um Erlaubnis, einen Anteil der Attribute jener spezifischen Pflanze nehmen zu dürfen.

Die Pflanzen wuchsen in Fülle an vielen Orten und fast jedes Haus hatte in seinem Garten einen heiligen Platz für das Wachstum einer kleinen Menge unterschiedlicher Arten dieser Pflanzen reserviert. Sie wurden als Nahrung für die Seele betrachtet und ebenso wichtig erachtet, wie die Nahrung für den Körper. Die heiligen Pflanzen trugen eine sehr hohe Schwingung. Wenn sie eingenommen wurden, gaben sie Attribute ihrer Schwingung frei und öffneten das Bewusstsein für ein höheres Verständnis und Erfahrungen. Das so genannte „Gras“, das diese Generation raucht oder heute in der Hoffnung benutzt, mit einem höheren Aspekt von sich selbst in Kontakt zu kommen oder eine Erfahrung in den Realitäten anderer Dimensionen zu machen, ist in keiner Weise dieselbe Pflanze, die ursprünglich für spirituelle Zwecke benutzt wurde. Die Originalpflanzen existieren nicht länger in eurer Realität der 3. Dimension, auch wenn mehrere Arten innerhalb der Erde gerettet worden sind.

Inkarnierte Wesenheiten, die dunkle Künste praktizierten, waren die ersten, welche die Originalpflanzen genetisch verändert haben.

Um zu verstehen, was mit diesem Geschenk passiert ist, über das alle Wesen lange Zeit völlig frei verfügen konnten, ist es notwendig, in der Geschichte zum Beginn der dunklen Zeitalter zurückzugehen, als die Menschen ihre Macht gegen niedrigere Schwingungen und eine Energie eintauschten, die nicht ihrer eigenen göttlichen Präsenz entsprach. Eine Zivilisation nach der anderen auf diesem Planeten vergaß immer mehr ihren Zustand der Einheit mit dem Göttlichen und öffnete sich selbst den manipulierenden und kontrollierenden Energien des Schattens.

Inkarnierte Wesenheiten der dunklen Künste, die viel Wissen aus anderen Sphären angesammelt hatten, bevor sie auf die Erde kamen, wurden die Schwarzmagier der antiken Zeiten. Sie waren diejenigen, die als erste die Originalpflanzen in ihren Wurzeln genetisch veränderten, um eine größere Kontrolle über die

Menschen auszuüben, indem sie ihre spirituelle Macht und Wahrnehmung verblassen ließen. Dies fand über eine lange Zeitperiode hinweg statt und die Originalpflanzen wurden nach und nach zerstört oder auf eine sehr reduzierte Schwingung abgesenkt. Die Pflanzen, die heute als „bewusstseinserweiternde Pflanzen“ gehandelt werden, tragen eine negativ geänderte Schwingung, die von den Originalpflanzen weit entfernt ist.

Wonach die Jugend, ebenso wie viele Erwachsene, auf diesem Planeten süchtig ist, sind Substanzen, die ihre Konsumenten in die niederen Bereiche der Astralebene führen. In den niederen Astralreichen werden die Konsumenten von Astralwesen besetzt und gebunden, die deren Energien zum Überleben brauchen und dies ist die Hauptursache von Abhängigkeit. Diejenigen, die diese Substanzen verwenden, erschaffen diese verzerrten Energien unaufhörlich im Emotionalkörper und in den anderen Körpern. Diese Astralwesen existieren mit einem eigenen Bewusstsein. Sie sind real und leben und existieren in einem Bewusstsein niedriger Energie, die in ihrem Bestreben, Kontrolle über die Energien des Konsumenten auszuüben, immer aggressiver wird. Mit der Zeit und bei fortgesetzter Anwendung wächst die Zahl der Wesenheiten ebenso wie ihre Macht im energetischen Feld ihres Wirts.

Diese Wesenheiten aus einer derart niedrigen Bewusstseinsschwingung haben selber so wenig Licht und Energie, dass sie empfängliche Menschen „besetzen“ müssen und Begierden in den Emotionalkörpern verursachen, um überleben zu können. Diese Begierden sind die fundamentalen Wurzeln der

Abhängigkeit, die von den Wesen der Astralebene geschaffen werden, die euer Licht und eure Energien aufsaugen wollen, wann immer dies möglich ist, um sich ihr eigenes Überleben zu sichern. Man kann sagen, dass eure Abhängigkeit auch ihr Halt ist. Das Konzept, wie so viele Arten und Ebenen von Abhängigkeit geformt werden, ist noch nicht gut verstanden worden. Wenn dies der Fall wäre, würden nur wenige von euch daran interessiert sein, suchtgefährdende Substanzen zu sich zu nehmen – nicht einmal die weit verbreiteten Zigaretten oder Alkohol.

Über die Zeiten hinweg wurden die Schwingungen der verbleibenden Pflanzen soweit geändert, dass das, was ihr heute davon noch übrig habt, eine Hand voll niedrig schwingender, bewusstseinsverändernder Pflanzen ist. Anstatt die Menschen bewusst auf ihren multidimensionalen Reisen in die Lichtreiche zu führen, bringen die negativen Qualitäten der Pflanzen, die ihr heute habt, ihre Konsumenten in die niedrigen Schwingungen der Astralebene, wo das Licht sehr schwach ist und das Bewusstsein sehr verzerrt. Die Schwarzmagier haben die Schwingungen der Originalpflanzen brillant verändert, um einen Zugeffekt in der Seele zu erschaffen und eine größere Abtrennung von der Quelle.

Die Konsumenten von bewusstseinserweiternden Drogen sind meistens Personen, die entweder bewusst oder unbewusst wahrnehmen, dass sie ihre Verbindung zu ihrem Höheren Selbst verloren haben. Sie suchen auf der Emotionalebene eine Form der Vereinigung mit einem größeren Teil von sich selbst. Aus diesem natürlichen Wunsch der Seele entsteht eine Abhängigkeit, die den Wunsch niemals durch diese Art von Aktivitäten erfüllen kann.

Drogenkonsumenten inhalieren oder nehmen beständig mehr und mehr dieser bewusstseinsverändernden Substanzen ein, in dem verzweifelten Wunsch, sich wieder mit dem größeren Teil ihrer selbst zu verbinden, in der Hoffnung, die Lücke und die Leere zu füllen, die sie in ihrem Inneren fühlen.

Drogenkonsum illustriert einen Versuch, im Außen die Juwelen und die Liebe zu finden, die nur innerhalb des Selbst gefunden werden können und durch die Liebe des Selbst, die euer Herz schlagen lässt.

Ich wiederhole noch einmal, die im Allgemeinen auf der Oberfläche auffindbaren Substanzen, die Verstand und Seele verändern, können den Hohlraum, die Leere und die Einsamkeit der die Erfüllung außerhalb von sich selbst suchenden Seele nur verstärken.

Wenn jemand sich auf eine Substanz niedriger Schwingung verlässt, um in einen veränderten Zustand zu gelangen oder um sich wieder mit dem Göttlichen zu verbinden, ist das Resultat lediglich größere Illusion und Selbsttäuschung. Versteht ihr das?

Das „Gras", das angepflanzt wird und die chemischen Substanzen, die heute für verstandesveränderne Absichten produziert werden, sind für die Seele, den physischen Körper, den Verstand und den Emotionalkörper vollkommen unnatürlich. Diese Substanzen erschaffen Verzerrungen in diesen Körpern, deren Korrektur sehr lange brauchen kann, sogar mehrere Lebenszeiten.

Wo einmal Liebe war, Unschuld und Reinheit, als die heiligen Pflanzen noch in ihrem ursprünglichen genetischen Zustand waren, ist jetzt Negativität in Form eines großen Gruppenbewusstseins von Drogenwesenheiten, die zerstörend auf die innerste Zusammensetzung des Lebens wirken und auf das Bewusstsein selbst. Es gibt kaum noch einen Ort, an den ihr hingehen könntet, der frei von der Schwingung dieser Wesenheiten wäre.

Dies ist ein weiterer Punkt auf der Agenda der dunklen Brüder, deren Ziel es ist, die Evolution dieser gesamten Generation zu verlangsamen oder zu stoppen. Ihr findet sehr große Gruppen dieser nur auf ihre „Willensbekundung" wartenden Wesen in Gegenden, wo Menschen sich versammeln, um zu inhalieren oder von diesen Substanzen zu konsumieren.

Wenn ihr aus unserer Perspektive beobachten könntet, würdet ihr ohne Zweifel wissen, dass jeder, der sich auf diese Substanzen einlässt, Legionen dieser Wesen einlädt. Sie krallen sich an euch und foltern euch fast emotional, um euch dazu zu bringen, noch mehr zu konsumieren.

Sie sind wie hungrige Vampire, die um ihren Erhalt konkurrieren. Die Sucht kommt nicht so sehr von der Pflanze selber, sondern von den Wesen, die sich an diejenigen anheften, die diese Substanzen gebrauchen. Dies ist die Hauptursache für die Geißel der Abhängigkeit.

Wie sehen diese Wesenheiten aus?

Ich werde euch diese Wesen beschreiben. Sie sehen aus, wie dicker Rauch und sie können 1,80 m, 3 m, 3,60 m oder 6 m lang sein und in etwa die Form einer Schlange haben. Sie wachsen und werden größer, wenn die Energie sich selbst durch alle unterschiedlichen Körper windet – durch den physischen, den emotionalen, den mentalen und den spirituellen Körper derjenigen, die diese Substanzen nehmen. Es ist hauptsächlich der Emotionalkörper, der betroffen ist, weil er ständig durch das konstante Gieren, der diese Schwingung verkörpernden Astralwesen, nach mehr und mehr Drogen geprägt wird.

Der Gebrauch und die Abhängigkeit führt meistens zu Persönlichkeitsveränderungen und zu Charakterschäden. Die Seele entfernt sich weiter und weiter von dem Zweck ihrer Inkarnation und von ihrem wahren Selbst. Diejenigen, die ihre Lebenszeit in diesem veränderten Zustand des Bewusstseins verbringen, müssen möglicherweise mehrere weitere Inkarnationen erfahren, um in das Stadium des Bewusstseins zurückzukehren, das sie vor dem Drogenkonsum hatten. Sie werden mit ziemlicher Sicherheit einen Rückschlag in ihrer persönlichen Evolution erfahren. Egal, für wie spirituell geworden sich Drogenkonsumenten durch ihre Abhängigkeit halten mögen, wir sagen, dass sie einer großen Illusion unterliegen.

Kannst du genauer darauf eingehen, wie jeder unserer vier Körper - der Emotionalkörper, der physische Körper, der Mentalkörper und der spirituelle Körper - und das Aurafeld durch den Drogengebrauch betroffen ist?

Die Auswirkung auf den Emotionalkörper

Wir werden mit den vier Körpern beginnen. Der am meisten betroffene Körper ist der Emotionalkörper. Die Wesen locken Menschen hauptsächlich in Abhängigkeiten, indem sie den Eindruck des Verhungerns oder heftiger Begierden primär im Emotionalkörper und im Solarplexus erschaffen. Es ist gut dokumentiert, dass diejenigen, die diese Substanzen nehmen, das Wachstum und das Reifen ihres Emotionalkörpers verzögern. Im Allgemeinen können sie über viele Jahre hinweg, oder sogar ihre ganze verbleibende Inkarnation über, ziemlich unbalanciert und unreif bleiben. Wenn ihr Männer und Frauen in ihren Dreißigern und Vierzigern seht, mit dem Reifegrad eines 15- oder 20-jährigen, werdet ihr wissen, dass etwas das Wachstum ihres Emotionalkörpers gebremst hat. Der Emotionalkörper hört in der Regel in dem Alter zu reifen auf, in dem jemand anfängt, diese Substanzen zu nehmen. Oft hört ihr Menschen über jemanden sagen: Er ist 43 Jahre alt und benimmt sich wie ein 16-jähriger. Versteht ihr das Bild?

Diese emotionale Unreife erschafft Defizite im Charaktergebäude des Drogenbenutzers. Anstatt die Qualitäten seiner Göttlichkeit zu entwickeln, verursacht die Abhängigkeit viel, um denjenigen in alle Arten von Manipulationen, Verrat und verzerrten Wegen der Geldbeschaffung flüchten zu lassen, nur um eine weitere Verhaftung zu erlangen. Es gibt diejenigen, die sogar töten oder sich in die Prostitution flüchten, um die Mittel für den Unterhalt ihrer Abhängigkeit zu bekommen. Drogenabhängigkeit zerstört oder vermindert oft die Qualitäten der Seele und die Ziele der Inkarnation werden nicht erreicht.

Jedermann hat einen bestimmten Wunsch danach, sich zu entwickeln und das göttliche Wesen zu werden, das er in seiner Essenz ist. Dies ist eure ureigenste Natur, euer Geburtsrecht. Diejenigen, die Drogen oder ähnliche suchtauslösende Substanzen nehmen, suchen außerhalb von sich selbst nach dem, was nur in der Tiefe der Seele gefunden werden kann. Drogenmissbrauch demonstriert den Unwillen, durch die normalen Lernprozesse zu gehen, durch die täglichen Lektionen des Lebens, die euch helfen, euch zu entwickeln. In aller Aufrichtigkeit, es gibt keine äußeren Abkürzungen zur Erleuchtung. Es liegt alles in euch.

Indem sich die Schwingung des Planeten erhöht, wird die Jugend dieser Welt und die Benutzer von bewusstseinserweiternden Drogen eine ernsthafte Entscheidung für ihr Leben, ihre Evolution und für die vorherbestimmten Absichten ihrer Inkarnation treffen und eine Verpflichtung demgegenüber eingehen müssen. Sie werden bald vor die Entscheidung gestellt sein, entweder „aus dem Topf heraus zu kommen" oder möglicherweise ihre gegenwärtige Inkarnation zu verlassen, um Zeit auf der Astralebene mit den Wesenheiten zu verbringen, mit denen sie geflirtet haben. Grundsätzlich ist das die Entscheidung, die alle zu treffen haben, wenn sie mit denen auf der Aufstiegswelle reiten wollen, die für sich schon gewählt haben, mit ihrem göttlichen Selbst vereint zu werden.

Die Auswirkung auf den Mentalkörper

Im Mentalkörper betrifft Drogenkonsum den Charakter und die Ebenen der Integrität und die Motivation zu leben wird sehr verzerrt. Anstatt für die Entwicklung und die Integration edler Zwecke zu leben, wird das Leben oft ein Rennen und eine Besessenheit dahingehend, durch alle zur Verfügung stehenden Mittel mehr Geld zu bekommen, um wiederum mehr von diesen Substanzen zu kaufen. Der Verstand des Konsumenten wird stumpf und umwölkt im Unterhalt dieser Art von Bewusstsein. Genetisch kann Drogenkonsum oft Rückwirkungen auf die Nachkommenschaft bis zu zwei oder drei Generationen haben, die sich als vielfältige Arten von psychischer, emotionaler oder geistiger Schwäche manifestieren. Kinder, die in Familien geboren werden, die genetisch mit solchen Problemen behaftet sind, können Seelen sein, die genau diese Art Situation ausgewählt haben, um unvollendetes Karma aus Zeiten einer vergangenen Inkarnation zu erlösen, in denen sie selbst mit Drogen oder anderen Arten von Sucht zu tun hatten.

Die Auswirkung auf den physischen Körper

Auf der physischen Ebene senken Drogen und jegliche Sucht alle Schwingungen des Körpers. Es gibt Menschen, die genetisch sehr stark sind und physisch nicht betroffen zu sein scheinen. Bei vielen von ihnen sind jedoch das Gehirn und der Emotionalkörper höchst betroffen. Man muss sich bewusst darüber sein, dass eine Person, die über sehr lange Zeit bewusstseinserweiternde Drogen nimmt und ihren gegenwärtigen Lebensvertrag nicht erfüllt, höchstwahrscheinlich das Privileg verlieren wird, in der nächsten Inkarnation einen starken, gesunden Körper zu haben. Und ihr alle wisst, wie schmerzlich und peinvoll dies sein kann!

Ihr könnt niemals bewusst oder achtlos euren Körper in einer Inkarnation missbrauchen und in der nächsten dann wieder das Privileg eines gesunden und starken Körpers haben. Das göttliche Gesetz verlangt, dass, wenn ihr einen starken, gesunden Körper habt und ihr ihn missbraucht, das Karma im nächsten Leben zurückkehrt. Deswegen werden bei euch Kinder mit allen möglichen Arten von gesundheitlichen Problemen geboren und ihr fragt euch, warum das so ist. Was haben sie getan, um das zu verdienen? Nun, auf menschlicher Ebene könnt ihr niemals urteilen, denn ihr kennt nicht die gesamte Geschichte. Selbst wenn ihr astrologische Aufzeichnungen oder die Akasha-Chronik zu Rate ziehen würdet, kann das menschliche Bewusstsein nur einen kleinen Teil des Gesamtbildes wahrnehmen.

Im Allgemeinen tendieren Menschen, die sich in Süchten verfangen, dazu, ihre Körper nicht mit dem zu versorgen, was sie brauchen um balanciert und vital zu bleiben. Diese Unausgewogenheiten, die im Körper erschaffen werden, sind der Motivation des Süchtigen, seine Verhaltensweise zu ändern, nicht förderlich. Sie sind sozusagen fehlernährt, um es gelinde auszudrücken. Seinen Körper nicht angemessen und regelmäßig zu ernähren ist Ausdruck von Selbsthass und Verleugnung bei denen, die in Abhängigkeiten verwickelt sind. Das bedeutet, dass sie sich selbst nicht als göttliche Wesenheiten schätzen und ihre Chance für dieses Leben ebenfalls nicht schätzen. Der Körper braucht es, mehrmals täglich mit natürlicher und gehaltvoller Nahrung versorgt zu werden, die so viel Lebenskraft wie möglich enthalten sollte. Ernährung mit Junk-Food oder Fast-Food, die keine wertvollen Inhaltsstoffe enthält, ist meistens die Hauptnahrungszufuhr der großen Mehrheit der Drogenkonsumenten.

Die Auswirkung auf den Ätherkörper

Ätherisch reißen die Drogen viel von den schützenden Schichten – bekannt als subtile Körper - der Seelen herunter. Für eine Person, die in einer Lebenszeit schweren und konstanten Konsum von Marihuana, LSD oder ähnlichen bewusstseinserweiternden Drogen gehabt hat, könnte es drei bis fünf Lebenszeiten dauern, um wieder an den Ausgangspunkt zurückzukehren. Suchtabhängigkeiten können dem Ätherkörper beträchtlichen Schaden zufügen. Es ist niemals offensichtlich, wie die unsichtbaren Körper von einer physischen Perspektive in Mitleidenschaft gezogen werden können. Wir reden hier nicht über jemanden, der einfach ein paar Mal um der Erfahrung Willen Drogen ausprobiert und dies nicht fortgeführt hat. So etwas wird euch nicht nachhaltig schaden. Wir sprechen über regelmäßigen Konsum über eine längere Zeitperiode hinweg.

Viele von euch haben Drogen über fünf bis zehn Jahre hinweg genommen. Zur gegenwärtigen Zeit, in der die göttliche Gnade der ganzen Menschheit vom Himmlischen Vater angeboten wird, besteht noch die Gelegenheit für alle, ihre Abhängigkeiten loszulassen und eine spirituelle, emotionale und physische Reinigung zu beginnen. Durch die göttliche Gnade können alle eine großartige Heilung empfangen. Aber wenn die Seele diese Inkarnation verlässt, bevor die Heilung stattfindet, werden viele den Schaden mit in die nächste Inkarnation nehmen, mit den entsprechenden Konsequenzen und ohne das volle Bewusstsein darüber, warum sie die Probleme haben, die sich in ihren physischen Körpern manifestieren.

Wie ist die Aura davon betroffen?

Von unserer Perspektive aus gesehen, stellt das Aurafeld bei der Betrachtung einer Person, die ein Kind der Liebe, des Lichts und der Unschuld ist, eine wunderschöne Ausstrahlung aller Farben der Liebe dar - der sieben Regenbogenfarben und des goldenen Lichts. Sie strahlt in verschiedenen Tönen und das Aurafeld zeigt schöne geometrische Muster von hoher Schwingung. Dies ist deshalb so, weil die schönen Farben Gottes ihre Gegenstücke im Vollspektrum des Regenbogens haben.

Wenn ihr das Aurafeld eines Konsumenten von Marihuana oder von anderen Drogen betrachtet, seht ihr sehr entstellte Muster im roten Ton des Zorns und gemeine Grüntöne, die keine Harmonie und Liebe repräsentieren. Es gibt auch noch viele schwarze und braune klecksige Punkte überall in der Aura. Meistens kann das schöne originale geometrische aurische Muster gar nicht mehr gesehen werden. Es hat einen schlammfarbenen Ton, weil die Farben sehr entstellt sind. Und ihr würdet auch das gehäufte Auftreten von Wesenheiten sehen, wie sich windende Rauchschlangen, die sich um jeden Teil des Körpers wickeln. Der Solarplexus und das Herz werden von diesen Wesenheiten und ihrer niedrig schwingenden Energie eingenommen. Der Ätherkörper und das Aurafeld von jemandem, der bewusstseinserweiternde Drogen nimmt, ist kein besonders hübscher Anblick. Wenn wir Drogenkonsumenten ihr Aurafeld zeigen könnten, im Vergleich zu dem oben beschriebenen intakten Aurafeld, würden die meisten von ihnen so schockiert sein, dass vermutlich 90 % und mehr auf der Stelle mit den Drogen aufhören würden.

Unsere DNS mutiert derzeit wieder zu ihrem originalen 12-strängigen Lichtkörper und darüber hinaus zurück, während die Erde sich darauf vorbereitet, in ihre Aufstiegsfrequenz zu gelangen. Wie betrifft dieses neue Stadium der menschlichen Evolution, das wir gerade betreten, Menschen, die Drogen nehmen?

Unglücklicherweise mutieren sie nicht auf positive Art. Der Gebrauch von Drogen verhindert eine vollständig positive Mutation, weil der Hauptfaktor in der Zellenmutation die Liebesschwingung ist, und der Aufwand, den eine Person unternimmt um ihre Schwingung zu erhöhen. Wie kann man erwarten seine Schwingung zu erhöhen, wenn man Legionen von negativen Wesen erschafft, ernährt und unterhält?

Drogenkonsumenten senken konstant ihre Schwingungen ab, um den Ernährungskreis für ihre Wesenheiten aufrechtzuerhalten, was – wenn man darüber nachdenkt – wirklich ein Akt des Selbsthasses ist. Das niedrige Schwingungsniveau, das Drogenkonsumenten aufweisen, ist der Erhöhung ihrer Licht- und Liebesfrequenzen nicht förderlich und es behindert die Mutation ihrer DNS in ein höheres Evolutionsstadium hinein.

Der gehaltene Liebes- und Lichtquotient ist der entscheidende Faktor der natürlichen und automatischen Aktivierung eurer DNS. Diese Aktivierung hat wenig damit zu tun, jemanden für DNS-Aktivierung zu bezahlen – dabei handelt es sich oft um Absichtsbekundungs-Zeremonien. Bis die Liebes- und Lichtfrequenz vom Empfänger erhöht und gehalten wird, kann nicht viel erreicht werden.

Die Aktivierung eures Lichtkörpers wird von dem gesamten Maß an Licht und Liebe bestimmt und angeregt, das ihr täglich in der Lage seid aufrechtzuerhalten. Dies beinhaltet die Liebe zum Selbst, die Liebe zu eurem Körper und die Liebe für eure Inkarnationsabsichten, ebenso wie alle anderen Arten von Liebe.

Hat die Illegalität von Marihuana an bestimmten Orten eine Auswirkung auf seine Schwingung? Existiert zum Beispiel ein Bewusstsein der Angst, das mit der Illegalität verknüpft ist?

Ja, definitiv. Die Pflanze Marihuana selbst hat einige positive Anwendungsmöglichkeiten, wenn sie angemessen genutzt wird. Es ist eine Frage des Loslassens von Angst und Abhängigkeiten und dessen, alles aus seiner richtigen Perspektive zu betrachten. Marihuana ist eine Form aus der Hanfpflanze. Eure Autoritäten haben sie für illegal erklärt und es ist für sie auch ein Furchtthema. Die Hanfpflanze könnte auf viele positive Arten zum Nutzen von allen angewendet werden. Statt dessen wird sie auf negative Art benutzt, in der Absicht, die Seelenevolution einer gesamten Generation zu verzögern.

Die Tatsache, dass sie illegal ist, erschafft ein größeres Interesse oder eine besondere Anziehung bei der Jugend und auch bei vielen Erwachsenen. Obwohl die Illegalität Angst erzeugt, nährt sie auch gleichzeitig die Wesenheiten des Angstbewusstseins im Selbst und auf dem Planeten. Für viele, die mit einer Menge Angstthemen in ihrem Unterbewusstsein leben, erzeugt das Tun von etwas Furchterregendem eine Stimulierung der Energiezentren des Körpers. Dies stimuliert dann wiederum die Energie der Angstwesenheiten im Selbst und erzeugt eine falsche Illusion von mentalem und emotionalem Drama.

Versteht, dass die Drogenwesenheiten sich selbst von den Schwingungen der veränderten Pflanzen ernähren und die Angstwesenheiten werden wiederum von den Furchtenergien genährt und energetisiert. Angst zu haben und Angstschwingung zu erzeugen ist für einen großen Prozentsatz der Menschen auch eine Form der Abhängigkeit geworden. Warum denkt ihr, dass so viele Menschen Horrorfilme und Filme der Gewalt anschauen? Warum glaubt ihr, dass diese Art von Filmen so populär ist? Der Hauptgrund dafür ist, dass die durch das Anschauen dieser Szenen erschaffenen Emotionen die Angstwesenheiten ernähren, die das interne Programm derer führen, die diese stimulierenden Dramen anschauen und genießen. Diejenigen, die noch nicht mit ihrem Herzen und ihrer göttlichen Präsenz Frieden geschlossen haben, haben die wahre Bedeutung von Liebe und Frieden noch nicht verstanden.

Auf diesem Planeten ist die große Mehrheit der Menschen darauf programmiert, durch Angst emotional aktiviert zu werden. Dies ist Teil einer sehr, sehr alten Programmierung, die jetzt von jedem erlöst werden muss, der sich der Erleuchtung verschrieben hat. In der Neuen Welt, in die sich der Planet und die Menschheit im Bereich des Bewusstseins der Evolution jetzt begibt, wird kein Platz für solche Schwingungen sein. Diejenigen, die sich dafür entscheiden, diese Schwingungen auch weiterhin mit sich herumzutragen, werden zurückgehalten werden und ihnen wird der Eintritt verweigert werden, bis sie ihre Lektionen gelernt haben. Das 5-dimensionale Bewusstsein wird diese Art von Gepäck bei keinem akzeptieren.

Also trägt die Illegalität von Drogen nicht viel zur Lösung des Problems bei. Die betroffenen Drogenkonsumenten finden ohnehin einen Weg, sie zu bekommen, da sie so leicht erhältlich sind. Der geheime Weg, auf dem bewusstseinserweiternde Drogen vermarktet werden und die Tatsache, dass sie illegal sind, ermutigt die Konsumenten, sich selbst und anderen gegenüber betrügerisch und unehrlich zu werden. Dies ist jetzt gegenüber den Autoritäten nicht als Kritik oder Wertung gesagt. Sie handhaben das Drogenproblem so gut sie es können. Drogenkonsumenten machen es sich zur Gewohnheit, heimlichtuerisch und misstrauisch zu sein und ein Doppelleben zu führen. Dieses Benehmen trägt sicherlich nicht dazu bei, die Art Seelenpersönlichkeit aufzubauen, die für den Aufstieg und für die Entwicklung in ein höheres Bewusstsein benötigt wird.

Das Kind des Lichts, das Kind der Liebe und der Unschuld birgt nichts, das versteckt werden müsste.

Das Leben auf diesem Planeten bewegt sich auf das Bewusstsein vollkommenen Wissens und absoluter Offenheit hin, wo alles bekannt sein wird und nichts versteckt werden kann. Wisst ihr, dass in den höheren Reichen niemand irgendetwas vor irgendjemand anderem verstecken kann, weil alles immer und überall durch das Aurafeld gesehen und wahrgenommen werden kann – durch eure Farbtöne, eure Schwingung und die Farben, die ihr ausstrahlt. Wir können alles im Aurafeld der Menschen auf der Erdoberfläche sehen, wenn wir sie anschauen möchten, und ebenso in unserer eigenen Lichtgemeinschaft. Sehr bald wird es nirgendwo auf diesem Planeten mehr Geheimnisse geben.

Kommt, Freunde, Kinder meines Herzens, glaubt ihr wirklich, dass ihr euch in eurer Absicht der Geheimhaltung wahrhaftig verstecken könnt? Nun, die Wahrheit ist, dass ihr es nicht könnt. Vielleicht könnt ihr einige Dinge für eine Weile vor euren Mitmenschen verstecken; aber ihr könnt einfach keine Geheimnisse, Gedanken, Gefühle oder Absichten vor irgendjemandem von uns aus den Lichtreichen verstecken, vor niemandem oberhalb des 3-dimensionalen Bewusstseins.

Sogar die Bäume, die Naturgeister und die Tiere können leicht in euren Herzen lesen; eure Absichten, eure Vergangenheit und eure Zukunft. Wenn ihr telepathisch genug wäret oder sie zu euch in einer Sprache reden könnten, die ihr versteht, wäret ihr ziemlich überrascht über ihre Weisheit und ihr Wissen. Dies wird sich bald für die meisten von euch ändern, wenn ihr euch weiterentwickelt. Sowie die Menschheit ihre Herzen für die bedingungslose Liebe und Akzeptanz aller anderen öffnet, wird sich diese Art Kommunikation mit allen Lebensformen – etwas, was alle Wesen erleuchteter Zivilisationen permanent zur Verfügung haben – auch für euch öffnen. Und ihr werdet diese neue Magie sehr genießen. Ihr werdet niemals wieder vor etwas Angst haben. Ihr werdet wissen, dass der Frieden neben eurer Angst immer da gewesen ist.

Meine Worte mögen sich für manche von euch harsch anhören oder sogar übertrieben. Aber glaubt mir, alles, was ich beschrieben habe, ist schon für viele kostbaren Seelen zur Realität geworden. Sicher werden nicht alle, die Marihuana nehmen, auch alle von mir soeben beschriebenen Symptome aufweisen. Aber ich habe mein Bestes getan, um euch den Pfad zu zeigen, zu dem der

Konsum von Drogen euch letztendlich führt, wenn die Übereinstimmung mit dem Zweck der Inkarnation weiterhin ignoriert wird.

Gibt es irgendetwas, was die Menschen tun können, um sich selbst vom Missbrauch von Marihuana oder ähnlichen Substanzen zu heilen? Was für ein Werkzeug der Heilung kannst du empfehlen?

Nun, meine Liebe, wir wünschten, wir hätten ein Zaubermittel oder eine magische Antwort dafür. Es kommen schwingungsmäßige Heilwerkzeuge hervor, die Heilern und Beratern in den kommenden Jahren von signifikantem Nutzen sein werden. Diese Muster, von denen schon einige begrenzt eingesetzt werden, unterstützen die Reinigung und die Wiederherstellung des Ätherkörpers. In den Händen eines Heilers, der mit dem Göttlichen übereinstimmt, werden sie in hohem Maße allen helfen, die sich wünschen, endlich alle verzerrten Energien zu bearbeiten und loszulassen. Sie werden auch für all die inkarnierten Kinder von großem Nutzen sein, die in eurer Gesellschaft an der Erdoberfläche enormen Stress erfahren. Diese Kinder sind nicht nur von den illegalen verstandesverändernden Substanzen abhängig, ihnen werden solche Substanzen sogar noch von Ärzten verschrieben, unter dem Vorwand einer Behandlung für das ADS-Syndrom und anderer Probleme des Geistes.

Unglücklicherweise muss gesagt werden, dass in vielen Ländern die Dunkelkräfte, die als Indigokinder oder als die Violetten Seelen geborenen Kinder in Anziehung oder in Abhängigkeit dieser zur Gewohnheit werdenden Substanzen bringen. Diese finsteren Pläne wurden entworfen, um ihre Seelen zu fesseln und den wunderbaren Beitrag und die Weisheit zu blockieren, die dem Planeten und ihrer eigenen Evolution zu bringen sie gekommen sind.

Dies ist eine Falle, in die viele Jugendliche auf der Welt hineintappen. Fast alle dieser kostbaren Seelen sind zu dieser Zeit der Erdwandlung mit dem Ziel hergekommen, große Missionen zu vollbringen. Wir wissen, dass ein großer Prozentsatz dieser wertvollen Kinder rechtzeitig aufwachen wird, aber für diejenigen, die es nicht tun, wird der Drogenmissbrauch und die Abhängigkeit einen Abstieg im Bewusstsein ihrer Evolution markieren und einen größeren Rückschlag.

Die richtige Information und das Wissen über die Wahrheit wird jedoch eine Veränderung bewirken. Der Druck von oben hat einen sehr negativen Einfluss in eurer Gesellschaft ausgeübt. Es geht hier um das Aufgeben der eigenen Kräfte und Werte mit der Absicht, es zu vermeiden „anders zu erscheinen" oder sich von anderen „akzeptiert" zu fühlen. Ich sage euch: Wagt es, anders zu sein. Es ist ein Zeichen der Reife und Souveränität.

Bedenkt, dass niemand so effizient ist, wie ein ehemaliger Drogenkonsument, um andere davon zu überzeugen, „clean" zu bleiben.

Zweifellos ist jetzt die Zeit gekommen, zu der den auf diesem Planeten inkarnierten Seelen nichts anderes übrig bleibt, als „auszusteigen" oder ihre gegenwärtige Inkarnation gegen eine andere Sphäre der Evolution zu tauschen, die in der Entwicklung noch weiter zurück liegt, und wo sie weiterhin ihre Lektionen lernen werden. Wir hoffen, dass viele die richtige Entscheidung treffen werden, wenn sie vor einer endgültigen Entscheidung stehen. Ihr lebt in einer Gesellschaft, die sich auf einem Planeten der „freien Entscheidung" entwickelt, ja, wo Menschen mit ihren Entscheidungsmöglichkeiten frei sind, Erfahrungen zu sammeln und damit zu experimentieren. Erinnert euch, dass jede Entscheidung, die ihr Tag für Tag trefft und alle Absichten, die ihr in euren Herzen hegt, signifikante Konsequenzen für euch und eure Zukunft haben.

Wir bitten euch, für diese kostbaren Kinder um Gnade und göttlichen Beistand zu beten. Wir bitten diejenigen, die dieses Material lesen oder davon hören, die Jugend dieser Welt in einen Strom der Liebe aus der Blauen und der Violetten Flamme einzuhüllen, um ihnen Schutz zu geben. Wir bitten euch auch, die Erzengel um ihren Schutz anzurufen. Diese spirituellen Hilfsmittel sind sehr, sehr wichtig. Wenn ihr jemanden kennt, der Drogen nimmt, oder Lehrer, die sich für die Konzepte des neuen Bewusstseins öffnen, gebt ihnen diese Information oder gebt ihnen so viel davon, wie ihr meint, dass sie verstehen können. Teilt eure Weisheit mit ihnen. Information und Wissen sind einige der besten Hilfsmittel, um Bewusstsein zu transformieren. Ihr sollt nicht in den freien Willen der Menschen eingreifen, aber ihr mögt jemandem das Geschenk des Wissens anbieten. Dies wird der Person gestatten, eine „lichtvolle" Entscheidung zu treffen, vielleicht zum ersten Mal.

Viele Menschen glauben fälschlicherweise, dass sie auf einem hohen spirituellen Weg sind, wenn sie Drogen nehmen.

Diejenigen, die denken, sie seien auf einem hochspirituellen Weg, weil sie durch den Konsum von Drogen veränderte Realitäten erfahren haben, realisieren nicht, dass ihre Erfahrungen sie auf die niederen Ebenen der Astralreiche führen. Was sie erfahren, ist immer weit entfernt von der Freude und der Ekstase der ätherischen Ebenen, des Ortes, an dem das höhere Bewusstsein zu Hause ist. Es gibt einen sehr deutlichen Unterschied zwischen der Astralebene und den Lichtreichen. Die ätherischen Ebenen oder die Lichtreiche können in gewissem Ausmaß in den höheren Ebenen der 4. Dimension und weitaus vollständiger in der 5. Dimension und darüber hinaus erfahren werden.

Die Astralebene wird zu Recht als Ort der Dualität, der Relativität und des Unbewusstseins bezeichnet, an dem es nur wenig oder gar kein Licht gibt und alles, was jemand sehen und wahrnehmen kann, entstellt und fragmentiert ist, wenn man es mit den Lichtreichen vergleicht. Auf der Astralebene können Wahrheit und Göttlichkeit nicht länger verstanden werden. Sie wird auch als emotionale Ebene betrachtet, als ein gigantisches Becken für alle unerfüllten Wünsche und negativen Emotionen von jedem, der diese in der Trennung von Gott erschaffen hat. Betrachtet sie auch als einen Ort großer Illusion, weil diese Ebene die Fähigkeit besitzt, in täuschender Weise jene unerfüllten Wünsche und Emotionen nachzuahmen. Meistens stellt sie die Illusion einer Welt dar, die Ebenen der Schönheit und der Vergnügungen enthält, die für Seelen sehr verführerisch sein können, die aber nicht mit ihrem Seelenpfad zusammenpassen. Sie projiziert alle Täuschungen des menschlichen Bewusstseins zeitweise sehr getarnt; erschafft Illusionen von etwas, das viel besser erscheint, als es tatsächlich ist. Die Astralebene ist immer unredlich, verzerrt, verlockend und trügerisch.

In der Astralebene gibt es verschiedene Schichten, von den höheren Schichten jener Illusion bis zu den niedersten, die das darstellen, was ihr „den Boden der Grube" nennt. Bis die Astralebene vollkommen von menschlicher Negativität, Wünschen und Emotionen gereinigt wird, werden die Schwingungen dort niemanden besonders hoch auf die Lichtwellen hinauf tragen, noch nicht einmal in die Nähe der ätherischen Ebene. Folglich kann Drogenkonsum niemals eine lichtvolle Erfahrung bringen, es sei denn, es würden die richtigen Substanzen, welche die richtigen Schwingungen in sich tragen, in eurer gegenwärtigen Welt angemessen verwendet werden. Aber in eurer gegenwärtigen Welt habt ihr keinen Zugriff mehr auf diese früheren Pflanzen. Und diese, Kinder meines Herzens, sind so gut wie ausgestorben und kommen nur noch sehr selten auf der Oberfläche vor.

Die Kinder dieser Generation sind sehr brillant und feinfühlig. Sie wissen, ob ihnen jemand die Wahrheit erzählt oder ob sie getäuscht werden. Sie werden mit anderen Wahrnehmungsebenen geboren, als es bei den meisten von euch der Fall war. Viele von ihnen, die unsere Information durch diese Aufzeichnung lesen, werden in der Lage sein, die Wahrheit darin zu erkennen und sie vollständig annehmen.

Leider ist bis jetzt so wenig über die spirituellen Konsequenzen des Drogenmissbrauchs geschrieben worden. Einige lichtbringende Schriften sind über dieses Thema veröffentlicht worden, aber die meiste Information ist euch entzogen geblieben oder unterdrückt worden. Die Kinder der Welt, jünger oder älter, brauchen die Information. Bitte verbreitet diese Worte, es ist von höchster Wichtigkeit.

Viele Eltern sind zu selbstgefällig mit ihren Kindern und auf ihre Elternrollen nicht gut vorbereitet. Sehr oft sind sie zu beschäftigt mit sich selbst und den täglichen Erfordernissen ihres Lebens. Die Kinder erhalten in der Regel von ihren Eltern nicht die spirituelle Weisheit, die sie in ihren jungen Jahren brauchen, damit sie zu göttlichen Wesen in inkarnierter Erfahrung wachsen und reifen.

Die richtigen Lehren der Weisheit sind auf diesem Planeten völlig zerstört worden. Deswegen strömt jetzt so viel neue Information aus verschiedenen Dimensionen und Sternensystemen, wie auch von der Erde und ihren vielen Königreichen, durch so viele Channel, in der Absicht, der Menschheit dabei zu helfen, wieder ihren Weg zurück zur Quelle und Einheit zu finden. Diejenigen, welche die Bibliothek von Alexandria in der frühen Zeit des Christentums zerstört haben, spielten eine wichtige Rolle dabei, die Menschheit in Ignoranz zu halten. Diese Bibliothek enthielt über 400.000 Bücher, die viel von der Weisheit enthielten, die sich über Äonen angesammelt hatte und dort geheiligt aufbewahrt worden waren, um die Menschheit zu erleuchten. Nachdem diese schöne Bibliothek bis auf den Grund niedergebrannt war, begann die Menschheit ein weiteres sehr „dunkles Zeitalter" zu erfahren, das für viele Jahrhunderte andauerte.

Diejenigen, welche die Zerstörung einer derart kostbaren Sammlung an spiritueller Weisheit und Wissen für den Planeten inszeniert hatten, waren zunächst sehr stolz auf sich selbst und froh. In ihrem Durst nach Macht und Kontrolle überzeugten sie sich selbst davon, dass sie der Menschheit einen Akt der Gnade erwiesen hatten. Sie gedachten das Licht auf dem Planeten wieder zu trüben, indem sie die Menschheit um die essenziellen Lehren beraubten, die ihr den Weg zu einem Leben in Liebe und Gnade hätten zeigen können und auch den Weg zur Erlösung ihrer Seelen. Die Zerstörung dieser kostbaren Aufzeichnungen ist ein sehr großer Verlust und enormer Rückschlag für die Entwicklung der Erdoberfläche gewesen und sicherlich keine höhere Gewalt. Die Verantwortlichen für die Auslöschung solcher Schätze waren Instrumente der Dunkelkräfte. Bis zum heutigen Tag tragen sie immer noch das Karma ihrer Handlungen ab.

Bitte sage etwas zu den Auswirkungen des Drogenkonsums auf die Chakren. „Brechen sie auf" wenn Drogen genommen werden?

Das ist nicht genau das, was geschieht. Tatsächlich verschließen sich die Chakren dem Licht, weil sie auseinanderreißen. Längerer Drogenkonsum lässt eher eine stetige Schwächung und ein Reißen oder eine Fehlausrichtung des Chakrensystems entstehen. Die Chakren können nicht mehr so viel Licht halten und beginnen, von Negativität geprägt zu werden. Darum habe ich erwähnt, dass es sogar bis zu zehn Lebenszeiten dauern könnte, um diese Unausgewogenheiten zu heilen. Wenn das Chakrensystem mit großer Negativität aus der Astralebene geprägt und das Licht sehr trüb wird, sind die Heilkräfte in den Chakren nicht länger verfügbar, um die Unausgewogenheiten zu heilen.

Die betroffene Seele wird in den nächsten folgenden Inkarnationen oft mit ernsten physischen oder emotionalen Unausgewogenheiten geboren. Mit richtigem Handeln, Selbstliebe und dem Willen, sich selbst mit jeder erfolgreichen Inkarnation zu verbessern, wird das Licht wieder beginnen, sich aufzubauen und Heilung wird letztendlich stattfinden. Die Seele wird sich schließlich wieder dort finden, wo sie in der besagten Inkarnation ihre Entwicklung begonnen hat. Es ist wie das Zurückgehen vieler Schritte in der Evolution bis zum ursprünglichen Startplatz. Dies ist eine ziemlich unnötige Verzögerung, die sich vermeiden lässt.

Wenn eine Seele mit so viel Licht geboren wird, wie die Kinder von heute, und sie sich freiwillig entscheidet, ihr Licht herunterzudimmen und ihre Absicht und Bestimmung für die Involvierung mit jeglicher Form von Sucht einzutauschen, wird ihr in der nächsten Inkarnation nicht das gleiche Maß an Gnade zugestanden. Für mehrere Lebenszeiten werden diese Seelen ein Leben ohne das behagliche, schöne Licht, das sie jetzt in sich tragen, erfahren müssen, und das so lange, bis sie ihre Lektionen lernen. Darum ist gesagt worden, dass die in Drogenkonsum verwickelten Seelen für viele kommende Lebenszeiten auf eine schmerzvolle Reise gehen.

Adama, dies ist eine Zeit großer Gnade für alle auf der Erde. Was für Gelegenheiten gibt es für Menschen, die sich jetzt von dieser Art von Verzerrung abwenden und sich dem Wunsch gemäß schneller ins Licht bewegen möchten?

Ihr wisst, dass Sucht und Drogenkonsum auf eurem Planeten als ein Komplott der Dunkelkräfte erschaffen wurde. Sie versuchen verzweifelter denn je, die Ausbreitung des Lichts zu stoppen und so viele Seelen als möglich daran zu hindern, es in diesem Leben mit Leichtigkeit zum Tor des Aufstiegs zu schaffen. Die kostbaren Kinder könnten es so leicht und schmerzlos schaffen! Sie sind mit allen Handwerkszeugen ausgestattet geboren worden, die sie benötigen, um ihre Erleuchtung und spirituelle Freiheit mit großer Anmut und Gnade zu erreichen.

So viele der drogenabhängigen Kinder brauchen jetzt bedingungslose Unterstützung von erleuchteten Erwachsenen, welche die größere Weisheit in sich tragen und verstehen, dass hier eine ganze Generation erleuchteter Wesenheiten auf dem Spiel steht.

Die neue Energie, welche die Erde jetzt flutet, wird dieses Bewusstsein der Drogen nicht unterstützen. Den Kindern wird eine Gelegenheit und eine Zeit der Gnade eingeräumt werden, um aufzuschließen und komplett geheilt zu werden, so dass sie zusammen mit dem Rest der Menschheit in die Neue Welt mitkommen können. Doch die Kinder müssen verstehen und von Erwachsenen, die es besser wissen, darin unterwiesen werden, dass sie dafür verantwortlich sind, für sich selbst eine ultimative Entscheidung zu treffen und dass dies kein anderer für sie tun kann. Diejenigen, die sich dafür entscheiden zu gehen, werden sich beim Übergang auf die andere Seite des Schleiers bewusst werden, dass sie eine wundervolle Gelegenheit verschenkt haben. Sie werden nicht nur die großen Feierlichkeiten verpassen, die für das Jahr 2012 für die ganze aufsteigende Menschheit vorbereitet werden, sondern noch viel mehr.

Wissen, ihr Lieben, Wissen und Verstehen sind derzeit die größten Hilfsmittel. Diese Gaben jenen anzubieten, die noch nicht die Gelegenheit hatten, diese Weisheit von denjenigen zu erhalten, die an ihrer Erziehung beteiligt sind, ist wahrlich ein großer Akt der Liebe und des Mitgefühls.

Gibt es einige der Originalpflanzen in Telos und habt ihr Verwendung für sie?

In Telos sind viele der Originalpflanzen bewahrt geblieben und, ja, wir haben Pflanzen, die bei der spirituellen Entwicklung helfen können. Natürlich rauchen wir sie nicht. Wir brauchen sie auch nicht. Unser gegenwärtiger Stand spirituellen Bewusstseins übertrifft bei Weitem jede Wohltat, die irgendeine dieser Pflanzen für irgendjemanden von uns haben könnte. Wir haben sie als Zierde, weil manche von ihnen von außergewöhnlicher Schönheit sind. Wir kultivieren sie nur ihrer Schönheit und Grazie wegen, wie wir es auch mit so vielen anderen Spezies tun. Vergesst nicht, diese Pflanzen haben sich auch graduiert um 5-dimensionale Spezies zu werden.

An einem gewissen Punkt in der Zukunft mögen wir vielleicht in Betracht ziehen, einigen von euch in euren Öffnungen mit der „richtigen Anwendung" von einer oder zwei der von uns bewahrten Pflanzen zu assistieren. Seid versichert, dies wird nicht für viele getan werden. Und sie werden auch nicht auf euren Märkten zum Verkauf angeboten werden und ganz sicher nicht für diejenigen, die jetzt mit dem Konsum der veränderten Gegenstücke zugange sind.

Es ist mit Sicherheit ein sehr trauriges Stadium der planetaren Angelegenheiten, dass eine gesamte Generation von diesem Drogenbewusstsein geschluckt wird. Seid euch darüber bewusst, dass es der letztendliche Plan der Dunkelkräfte ist, diese Generation spirituell zu vernichten und sie höchstmöglich zu versklaven. Werdet ihr erlauben, dass dies geschieht oder werdet ihr zu der Wahrheit erwachen, die ihr wirklich seid und weshalb ihr hier seid?

Es gibt noch eine andere Verwendung für Marihuana und diese ist für den medizinisch verordneten Gebrauch. Macht es einen Unterschied, wie es angewendet wird? Wird dadurch immer diese Art Schaden entstehen?

Für medizinische Zwecke und in Weisheit angewendet ist es nicht das Gleiche. Es gibt Menschen in Krankenhäusern mit ernsten Schmerzen, die in ihrem Körper schon großen Schaden haben. Sie nehmen Betäubungsmittel wie Morphin oder Demerol, was andere Arten von Substanzen sind, mit dem Ziel, Schmerzen zu nehmen oder zu lindern. Diese Substanzen führen auch zur Gewöhnung, zur Bewusstseinsveränderung und senken auch die Schwingungen der Menschen auf die der Astralebene ab. Marihuana fügt nicht mehr Schaden zu als die oben erwähnten Substanzen, vielleicht richtet es sogar weniger Schaden an und es kann eine Zeit lang wirkungsvoll gegen Schmerzen verwendet werden.

Nun, im Zuge der Weiterentwicklung muss letztendlich jede inkarnierte Seele lernen, wie sie sich selbst heilen kann. Dies ist Teil des „Meister-Lebenslaufes", den zu vollbringen ihr hierher gekommen seid. Viele Seelen haben die Entscheidung getroffen, ihren Körper in den nächsten Jahren zu verlassen, ohne einen Schimmer darüber zu haben, wie sie sich selbst heilen können. Sie werden höchstwahrscheinlich für die Fortsetzung ihrer Evolution auf einen anderen Planeten gehen, bis sie lernen, sich von allen ihren Unausgewogenheiten zu heilen. Es gibt mehrere andere Planeten, die gegenwärtig willens sind, diese Seelen zu beherbergen und wo sie auf andere Weise die Dinge lernen werden, die sie dieses Mal nicht willens waren zu lernen. Das ist perfekt für sie, weil sie in alle Ewigkeit Zeit haben, sich so zu entwickeln, wie sie es wünschen. Die freie Entscheidung wird immer respektiert.

Der Einsatz von Marihuana für kurze Zeit als medizinisches Schmerzmittel für, sagen wir, zwei Wochen nach einem chirurgischen Eingriff, wird nicht den Schaden anrichten, den ich oben erwähnt habe. Wir reden über viele Jahre unnötigen Drogengebrauchs, der als Lebensart gewählt wurde, als Möglichkeit, den für die Inkarnation ausgewählten Lektionen, Verantwortlichkeiten und Herausforderungen zu entkommen. Es gibt Inkarnierte, die viele Jahre lang Drogen genommen und damit aufgehört haben und jetzt heilen sie sich selbst. Viel Gnade wird ihnen gewährt und sie werden es schaffen.

Kannst du etwas dazu sagen, wie sie sich selbst heilen können?

Es gibt diejenigen, die ihren Abhängigkeiten wie kaltem Truthahn entsagt haben, die es mit festem Willen und der Entschlossenheit getan haben, sich selbst zu heilen. Sie erhalten viel Unterstützung und Gnade von „oben". Für sie ist es wichtig, täglich das heilende Licht ihrer Seelen anzurufen und sich mit ihrem ewigen Selbst wiederzuverbinden, dem großen ICH BIN. Das Zurückkehren zu einer gesunden und natürlichen Ernährung wird sie in größerer Balance halten und den Prozess in starkem Ausmaß erleichtern. Aktive Meditation und die Anwendung der sieben heiligen Flammen der Heilung wird große Dankbarkeit und Gnade in ihren Lebensfluss einbringen.

Zur Zeit ergeht die Gnade auf diesem Planeten auf sehr außergewöhnliche Art und Weise an jeden, der sich aufrichtig und von ganzem Herzen seiner eigenen Heilung auf allen Ebenen des Seins verpflichtet hat. Wenn eine Person, die für viele Jahre lang Drogenkonsument gewesen ist, ein festes Versprechen an das Leben abgibt und „clean" bleibt, sind die Engel der göttlichen Gnade an seiner Seite um ihr beizustehen.

Derzeit läuft euch auf Erden buchstäblich die Zeit davon. Die Frage, die ihr euch selbst stellen müsst, lautet: „Möchte ich wirklich meine 3-dimensionalen Herausforderungen für weitere zehn oder noch mehr Lebenszeiten irgendwo anders ausdehnen und in Schmerz und Trennung von meinem wahren Selbst leben? Oder möchte ich jetzt mit dem Planeten aufsteigen, mit all der Freude und der Magie, die meine Lebenserfahrung für immer ändern wird?"

Möchtet ihr dies jetzt in den nächsten Jahren erlangen oder wollt ihr auf die nächste Aufstiegsrunde warten, vielleicht in 10.000 Jahren auf einem anderen Planeten, mit der Möglichkeit, es unter viel undurchsichtigeren Umständen zu tun?

Was ist mit denen, die nicht rauchen?

Diejenigen, die diese Energie nicht durch ihre Lungen inhalieren, aber es wählen, um der Gesellschaft willen in der Schwingung derer herumzuhängen, die in Drogenritualen involviert sind, werden ebenfalls ihre eigenen Schwingungen zumindest zeitweise absenken.

Ihr habt eurer Schattenseite ins Gesicht gesehen, ihr habt viele Anstrengungen bezüglich eurer eigenen Heilung unternommen und ihr wisst, wie schwierig dies gewesen ist. Ihr habt sehr hart daran gearbeitet, eure Angelegenheiten und Ungleichgewichte zu heilen und ihr kennt die Schwierigkeiten, mit denen ihr es aufgenommen habt. Euer Gepäck war gering, verglichen mit dem der meisten. Ihr erhöht auch eure Schwingung auf wundersame Weise. Ihr öffnet euer Herz und eure DNS-Stränge entwickeln sich, weil ihr rein und ausgerichtet seid.

Was sagt euch das bezüglich der Selbstheilungsarbeit die für diejenigen notwendig sein wird, die in vollkommener Leugnung dessen leben, was von ihnen verlangt wird, um die Absichten und Bestimmungen ihrer gegenwärtigen Inkarnation zu erfüllen?

Kannst du etwas über die Bedeutung dessen sagen, mit den gegenwärtigen Aufstiegsenergien, in die wir jetzt eintreten, in göttlicher Übereinstimmung zu sein und über die Auswirkungen, die der Konsum von Marihuana auf die Übereinstimmung mit dem ICH BIN hat?

Diejenigen, die glauben, dass sie sich mit Hilfe von Drogen schneller öffnen oder einen größeren spirituellen Fortschritt erzielen, schlingern in eine totale Illusion. Es gibt diejenigen, die mit Hilfe von Drogen eine partielle Öffnung des Dritten Auges erfahren haben. Aber das repräsentiert nicht die wahre Hellsichtigkeit, die durch die Disziplin der Seele auf dem Aufstiegs- und Erleuchtungspfad erreicht wird. Es gibt keine Abkürzungen, liebe Schwester. Jeder – und da gibt es keine Ausnahme – muss seine spirituellen Hausaufgaben in der Schwingung von Licht und Liebe machen, alle seine emotionalen Angelegenheiten und sein karmisches Gepäck klären, wie ihr zwei es getan habt.

Auch diejenigen, die sich zu einem gewissen Ausmaß durch Drogengebrauch der psychischen Wahrnehmung geöffnet haben, werden ein Beschneiden ihrer Fähigkeiten hinnehmen müssen, weil die Öffnungen nicht in Übereinstimmung mit wahrer Hellsichtigkeit waren, sondern eher eine Entdeckungsreise in die niedrigeren Schwingungen. Alle legitimen Öffnungen müssen von der Gnade eures göttlichen Selbst kommen, wenn ihr bereit dafür seid oder wenn es ein Teil eures selbstentworfenen Pfades ist. Lasst mich euch mitteilen, dass fast 50 % der Menschen, die hellsichtige Fähigkeiten entwickelt haben, diese Gabe nicht durch göttliche Autorisierung haben und für viele erzeugen diese Fähigkeiten eine größere Trennung und Illusion. Ich bitte alle von euch, die dieses Buch lesen, vorsichtig zu sein und euer Urteilsvermögen zu nutzen. Lasst euch nicht auf diese betrügerische Falle ein. Wenn man sich nur auf äußere Mittel verlässt um spirituelle Erleuchtung zu erlangen, könnt ihr sicher sein, dass das, was dabei herauskommt, nicht wahre spirituelle Brillanz ist, sondern ein Schatten der „reinen Wahrheit“, die in den Winkeln des heiligen Herzens verborgen bleibt.

Gibt es noch etwas anderes, was du uns mitteilen möchtest?

Wenn es nicht dieses Eingreifen gäbe und das glorreiche und schöne Licht, das von unserem Schöpfer euren Planeten so umfassend durchflutet, würden die Erde und die Menschheit sich schon bald einem anderen Szenario gegenüber sehen. Eure gegenwärtige Generation würde spirituell komplett zerstört werden und auch die Erde würde wieder viel Zerstörung und einen großen Rückschlag in ihrem letztendlichen Schicksal erfahren. Darum gibt es durch Channeling so viele neue Schriften, die überall erhältlich sind und verbreitet werden. Im gesamten Internet teilen viele bereitwillige und hingebungsvolle Lichtarbeiter viel kostenfreie Information aus ihrem Herz heraus, um anderen beizustehen.

Es gibt noch diejenigen, die glauben, dass alle aufsteigen würden, ausnahmslos und mit allem menschlichen unerlösten Gepäck.

Gestatte mir zu sagen, dass dies ganz sicher nicht der Fall sein wird. Es ist wahr, dass letztendlich jeder aufsteigen wird, aber es mag nicht in diesem Leben oder von diesem Planeten aus sein. Die derzeit wichtige Botschaft für die Jugend dieser Welt und auch für diejenigen, die altersmäßig nicht mehr so jung sind, wiederhole ich noch einmal:

„Kommt aus dem Topf heraus oder ihr werdet den Planeten verlassen müssen! Die Zeit der Unentschlossenheit ist jetzt vorbei!“

Diejenigen, die ihre Bestimmung in den Wind schlagen, ihre Chakren zerreißen und ihre Gesundheit und ihr schönes Licht durch Drogenkonsum und andere suchtauslösende Substanzen wie Alkohol, Zigaretten etc. mindern, können ihrer Verantwortlichkeit dafür nicht entfliehen. Jetzt ist noch Zeit, euch zu heilen, wenn ihr das wählt. Göttliche Gnade bietet euch derzeit eine höchst ehrfurchtgebietende Öffnung und die Gelegenheit dazu an.

Die Essenz von allem, was wir suchen, ist göttliche Liebe und Freiheit von Schmerz und Leiden. Der Pfad zur Einswerdung wird viel leichter, wenn ihr die Liebe zu euch selbst als Begleiter habt. Danke für euer Interesse und für eure Liebe. Es war mir ein großes Vergnügen, heute mit euch zu kommunizieren. Ich liebe euch alle so sehr.

Ich bin Adama, der euch Beistand und Unterstützung anbietet.

Die Seele ist eine Kerze,

welche die Dunkelheit hinwegbrennen wird.

Nur die glorreichen Verbindlichkeiten der Liebe werden

wir haben.

Meine Seele ist eine Kerze,

die den Schleier weggebrannt hat,

und nur die glorreichen Verbindlichkeiten des Lichts

habe ich jetzt.

St. John of the Cross

6. Kapitel

Der Wille Gottes, eine Aktivität des ersten Strahls

Adama und Meister El Morya

Adama spricht zu uns über den Blauen Strahl / die Blaue Flamme, den Strahl des göttlichen Willens. Er erklärt den spirituellen Nutzen der Überantwortung an den göttlichen Willen und bietet eine wundervolle Meditation an, die uns ein größeres Verständnis des Wortes „Überantwortung" gibt.

Aurelia Louise

Ich fühle in mir eine große Aufregung, weil ich weiß, dass auf dem Planeten etwas im Gange ist. Ich weiß auch, dass die Energien sich jetzt ziemlich schnell anheben und die Schleier der Trennung zwischen den Dimensionen immer dünner werden. Die Aufgestiegenen Meister sind in engerem und wachsendem persönlichen Kontakt mit uns, mehr als jemals zuvor in tausenden von Jahren. Wenn ich es vergleiche, wie die Dinge waren, als ich noch ein Kind war, oder in meinen Zwanzigern, mit dem, wie sie jetzt sind, formiert sich ein Silberstreifen am Horizont. Auch wenn die dunklen Wolken noch nicht völlig abgezogen sind, beginnt doch jeder, die Veränderungen zu fühlen. Dies möchte ich euch mitteilen.

Wenn wir dieser Entfaltung erlauben stattzufinden und alle Schritte annehmen, liegt viel Magie darin. Ich brauchte eine Zeit lang, dies zu sehen und zu fühlen, aber nun fühle ich es wirklich und weiß es. Diejenigen von uns, die direkt mit Lehrer-Wesenheiten von der anderen Seite des Schleiers zusammenarbeiten, sind hier als Wegweiser für jene, die danach streben, eine bessere Welt zu erschaffen, als die, an die wir uns gewöhnt haben. Aber letztendlich ist euer Leben eure eigene Reise und ungeachtet der Tatsache, wie viel Unterstützung euch angeboten wird, kann niemand diese Reise für euch unternehmen.

Die nächsten zehn Jahre werden für euch die allerwichtigsten und herausforderndsten Jahre sein, die ihr jemals auf diesem Planeten erlebt habt. Sie werden bestimmen, was ihr sein werdet und wo ihr in eurer kosmischen Zukunft hingehen werdet.

Der Planet und die Menschheit haben jetzt das Ende eines größeren kosmischen Zyklus erreicht. Die Erde und diejenigen der Menschheit, die dies wählen, bewegen sich nun in einen neuen Zyklus der erleuchteten Evolution. Und ihr, als eine sich in einem Körper entwickelnde Seele, steht nun der wichtigsten Entscheidung gegenüber, die ihr jemals treffen werdet. Jetzt müsst ihr wählen, ob ihr mit der Erde in eine brandneue Realität der Liebe und des Lichts mitkommen werdet oder ob ihr für eine weitere lange Inkarnationsrunde in der 3. Dimension bleiben wollt. Es liegt an euch zu entscheiden, ob ihr hier die Neue Welt erfahren wollt oder auf einen anderen 3-dimensionalen Planeten in einem anderen Universum umziehen werdet und weiterhin das Leben auf die Art erfahren wollt, wie es gerade jetzt hier ist, mit allen seinen Begrenzungen und Herausforderungen, die das 3-dimensionale Leben bietet.

Die Erde verdient wirklich ihren glorreichen Aufstieg. Die Glocken ihrer eigenen Graduierung in einen neuen kosmischen Zyklus läuten jetzt. Nach alldem hat sie unendliche Liebe und Toleranz der Menschheit gegenüber gezeigt, die ihr im Gegenzug nicht besonders viel Dankbarkeit erwiesen hat. Sie hat uns ihren Körper angeboten, um uns die Gelegenheit zu geben, mit dem freien Willen zu experimentieren. Die Frage, die wir uns jetzt selbst stellen müssen ist: Wähle ich es, auf die nächste Ebene mitzukommen, oder bleibe ich lieber zurück? Was wollt ihr kreieren und in den wenigen verbleibenden Jahren integrieren?

Ich höre, wie die Menschen ständig in Erinnerung bringen, dass sie so sehr in ihre täglichen Leben eingebunden sind, dass, so viel sie auch für ihre spirituelle Arbeit und ihre Heilungsarbeit zum Nutzen ihrer eigenen Evolution arbeiten wollen, die Dinge immer auf ein „anderes Mal“ verschoben werden. „Nun, ich werde das morgen machen oder nächsten Monat oder vielleicht nächstes Jahr, wenn sich die Dinge etwas ändern oder wenn mein Leben sich etwas verlangsamt. Dann werde ich mehr Zeit haben, um meine

Heilungsarbeit und meine spirituelle Arbeit zu tun." Realisiert ihr, dass die Zeit auf niemanden wartet und dass wir **jetzt** auf dieser wichtigen Schwelle des Wandels stehen?

Was uns die Aufgestiegenen Meister, Adama, Sananda, Maitreya, Erzengel Michael, Saint Germain und alle anderen Meister erzählen, ist, dass es zu dieser Zeit – JETZT – nichts Wichtigeres – und ich meine wirklich NICHTS – gibt, als eure persönliche spirituelle Arbeit und eure Arbeit der Heilung. Alles andere ist nur eine Ablenkung, um euch vom „wahren Ziel" eurer Inkarnation hier fernzuhalten.

Die positiven Veränderungen nach denen ihr euch so sehnt, werden nur als Resultat dieser Arbeit eine Realität in eurem persönlichen Leben werden. Fußnote: Es gibt keinen anderen Weg, der darum herum führt. Nichts wird euer Leben ändern, außer ihr verändert es selbst; dies ist eure Aufgabe. Das habt ihr euch in diesem Leben vorgenommen und wenn ihr es nicht tun wollt, kann es keiner an eurer Stelle tun.

Ja, wir müssen unsere vielen Verpflichtungen unseres täglichen Lebens wahrnehmen, aber was in den nächsten paar Jahren für euch wirklich zählt und den Unterschied bewirken wird, ist nicht so sehr das, was ihr getan habt, sondern das, was ihr geworden seid!

Denkt darüber nach. Was wir tun, kommt und geht im Laufe der Zeit, aber was wir werden, als göttliche Wesen, die ihre Göttlichkeit aus der Perspektive menschlicher Erfahrung annehmen, bleibt bei uns in alle Ewigkeit.

Hmmm. Adama ist hier. Er wartet geduldig, bis ich aufhöre zureden. Vielleicht fragt er sich, WER heute eingeladen wurde hier zu sprechen – er oder ich. (Lachen).

Adama

Seid gegrüßt, geliebte Freunde! Ich spreche heute zu euch aus meinem eleganten Heim in Telos, doch ich bin gleichzeitig auch bei euch allen. Wir haben heute einen stillen Partner bei uns in der Person der ehrfurchtgebietenden Präsenz unseres lieben Freundes El Morya. Wir beide möchten euch unsere tiefe Liebe für all jene überbringen, die sich mit uns durch ihre Herzen in dieser Übermittlung verbinden.

Heute würde ich gerne über den Willen Gottes als Pfad der Hingabe sprechen. Seht ihr, ohne den Willen Gottes kommt ihr auf eurem evolutionären Pfad nicht besonders weit. Dies ist der allererste Schritt, die erste Einweihung, die gemeistert werden muss, bevor ihr wirklich mit all den anderen Schritten vorankommen könnt. Wenn ihr nicht willens seid, euch dem höheren Willen eures Seins zu überantworten, dem Willen eurer eigenen „göttlichen Quelle", wie werdet ihr dann euer neues Zuhause erkennen? Wenn ihr nicht willens seid, euch der Suche danach zu widmen, was es sein könnte, das euch den ganzen Weg „nach Hause" zurückbringen kann, zu dem „Zuhause" eurer göttlichen Perfektion, Freude, Glückseligkeit und Ausdehnung, nach eurem verlorenen Paradies, wie könnt ihr dann jemals erwarten, dahin zurück zu gelangen?

Der Wille Gottes ist nicht ein Gott außerhalb von euch. Es ist einfach der Gott, der ihr seid und der ihr schon immer wart, obwohl ihr – während ihr in einer physischen Inkarnation seid – dazu tendiert, dies zeitweise zu vergessen. Eure göttliche Präsenz ist völlig allwissend, allgegenwärtig und allmächtig und sie kann all eure Wünsche erfüllen. Ihr habt zeitweise vergessen, dass ihr nicht weniger seid als ein Ausdruck dieses großen ICH BIN, inkarniert in einer menschlichen Erfahrung. Ihr kamt hierher mit einer Agenda, Perfektion der Seele zu erreichen und eure eigene Göttlichkeit in die Gesamtheit eurer Gott-Meisterschaft und Weisheit auszudehnen. Ihr seid hier auf der Suche nach fortgeschrittener Erleuchtung und vollkommener spiritueller Freiheit. Ihr seid hier, um ein grenzenloser Gott auf allen Ebenen der Existenz zu werden.

Dies ist eine Agenda der Liebe für das Selbst und das Selbst ist kein anderer als ihr selbst. Ihr seid immer noch zu gefangen in weltlichen Angelegenheiten und strebt nicht danach, die Ziele zu erreichen, weswegen ihr inkarniert seid. Für zu viele von euch sind die Angelegenheiten eures Seelenweges und eurer Seelenentwicklung der letzte Betreff auf eurer Agenda geworden.

Nun, meine lieben Freunde, wenn ihr bewusst die wahren Ziele eurer Inkarnation auf die Seite legt, zu Gunsten von momentanen menschlichen Bestrebungen, wird euer Leben sich dahin kehren, etwas anderes zu reflektieren, als das, was ihr euch für eure Lebenserfahrung vor dieser Inkarnation vorgestellt habt. Seid ihr dann erst einmal zurück auf der anderen Seite des Schleiers, gibt es im Rückblick auf das dann gerade verlassene Leben immer tiefes Bedauern. Daraus entsteht ein grundlegender Wunsch, eine weitere Inkarnationsgelegenheit zu erhalten, um alle die Wünsche der Seele zu erfüllen, die ihr euch in eurem gegenwärtigen Leben verweigert habt.

Und aus diesem Grund wiederholt sich das Karussell endloser Inkarnationszyklen für die Seele wieder und wieder, eine Inkarnation um die andere. Eure göttliche Präsenz hat euch mit großer Geduld und Hingabe tausende über tausende dieser Gelegenheiten gewährt. Denn so viele von euch ignorieren jedes Mal die Gründe für ihr Kommen, wenn sie hier sind.

Lebenszeit um Lebenszeit habt ihr die gesetzten Ziele für eure Inkarnation nicht erreicht. Auch darum seid ihr noch hier und seht euch so vielen Herausforderungen gegenüber, anstatt die Glückseligkeit der Lichtreiche zu genießen. Ihr werdet weiterhin zurückkommen, wieder und wieder, bis ihr letztendlich der Sehnsucht eurer eigenen Seele nachgebt. Eure göttliche Präsenz hat euch leiden, suchen und endlos viele Lebenszeiten lang daran arbeiten sehen. Sie hat euren Schmerz beobachtet, eure Verzweiflung, eure Hoffnungslosigkeit, eure Ängste, eure Tränen, eure Zweifel, eure Scham und Schrecken. Sie hat die große Weisheit bezeugt, die in allen diesen Inkarnationen gewonnen wurde, individuell und für die gesamte Schöpfung. Und sie sehnt sich jetzt danach, euch heimzubringen, in die Freiheit, zur Liebe, zur Meisterschaft, zur Einheit und zu allem, was ihr als ein göttliches Wesen seid.

Sie sehnt sich danach, euch nach Hause zu bringen, aber sie kann euch nicht zwingen; es braucht dazu euren Willen, eure Absicht und eure Mitarbeit. Es ist notwendig, dass ihr alle Teile von euch selbst annehmt, die ihr auf dem Weg durch eure vielen Inkarnationen hindurch im Stich gelassen und gehasst habt. Euer Gottselbst ruft euch nun dazu auf, euch dem Pfad zu übergeben, der vor euch liegt, in Vertrauen und Liebe, Tag für Tag. Durch diese liebende Überantwortung wird euch Schritt für Schritt der Weg zurück gezeigt werden, zur „Sonne eures Seins" und eurer göttlichen Perfektion.

Darum ist die Übergabe an den Willen eurer eigenen Göttlichkeit eine derart göttliche Gnade, die euch selbst geschenkt wird.

Ihr seid die großen Begünstigten dieser Gnade. Eines Tages werdet ihr euch fragen, warum ihr so lange damit gewartet habt, schlussendlich nach Hause zu kommen. Eines Tages werdet ihr realisieren, dass ihr niemals wirklich hättet leiden müssen, es war eure Entscheidung. Und es war euer Widerstand gegen die Liebe, die ihr seid, der all den Schmerz und die Lektionen erzeugt hat, die ihr so lange Zeit erfahren habt. Es ist jetzt an der Zeit, eine Art des Lebens zu erfahren, die euch nähren und umarmen wird statt euch herabzusetzen.

Wenn ihr euch dem göttlichen Willen übergebt, ist es das menschliche Ego, auch als das sich verändernde Ego bekannt, das ihr stetig zurück in das ursprüngliche Bewusstsein eurer göttlichen Natur transformiert. Wenn ihr euch dem Prozess der Reinigung und Heilung in absolutem Vertrauen überantwortet, ohne

Wertung und Angst, könnt ihr ziemlich schnell hindurchgehen. Der Prozess selbst gestaltet sich dann viel weniger schmerzhaft, als wenn ihr die ganze Zeit über kämpfen würdet. Der erste Schritt ist immer der schwierigste und der überwältigendste Schritt auf dem Pfad. Vertraut darauf, dass es dann viel leichter wird, wenn ihr den ersten Schritt erst einmal getan habt.

Wenn ihr dem widerstrebt, was das Beste für euren Weg ist, wird eure Seele euch einfach erlauben, eine Zeit lang euren eigenen Weg zu gehen, so lange, bis ihr es nicht mehr ertragen könnt. Zeit ist für die Seele nicht essenziell, doch wir – die Meister des Lichts – wissen, dass ihr alle auf diesem Planeten lange genug gelitten habt. Wir laden euch nun ein, ein viel freudvolleres Schicksal zu wählen.

In Telos haben wir mit Interesse die Reaktionen der tausenden von Menschen beobachtet, die unsere Informationen im ersten Buch gelesen haben. Viele von euch, wenn nicht alle, haben großartige Herzöffnungen erfahren. Eure alten Erinnerungen wurden geweckt. Wir haben Tränen der Hoffnung und des Sehnens gesehen, die nahezu alle von euch überkamen, als sie die Informationen über unser Leben in Telos und Lemuria gelesen haben. Ihr seid euch darüber klar geworden, dass eine andere Art zu leben auf diesem Planeten nicht nur möglich ist, sondern sogar für alle im Entstehen ist, welche die Transformation durch Selbstliebe und spirituelle Weisheit annehmen.

Das ist es, wozu wir euch heute mit unserer Unterstützung einladen. Wir haben schon für uns selbst einen Pfad bereitet, der euch den Weg öffnen wird, damit ihr in unsere Fußstapfen treten könnt und wir reichen euch unsere Hände entgegen. Der Weg wird für euch viel leichter sein, als er es für uns gewesen ist, weil wir jetzt für euch da sind. Für alle, die sich gerne zu uns gesellen möchten und an der Art Leben teilhaben möchten, das wir genießen, ist der Pfad der Liebe und der Übergabe der Schlüssel zu eurem Nachhausekommen.

Wir haben den Stand göttlicher Gnade, den wir heute in unserem Leben erfahren, nur erreicht, weil wir uns vor langer Zeit auch dem göttlichen Willen überantwortet haben. Indem wir dies taten, wurde unser Leben stetig transformiert und so wird es bei euch auch werden.

Was wir tun mussten, taten wir unter Umständen, die viel schwieriger und schmerzvoller waren, als die Situationen, die ihr gegenwärtig erfahrt. Lasst mich etwas über unsere Reise ins Licht vor 12.000 Jahren sagen. Ihr könntet überrascht sein zu hören, dass nach der Zerstörung unseres Kontinentes alle von uns ihre Angelegenheiten auf dieselbe Art und Weise bearbeiten mussten, wie es derzeit auch von euch verlangt wird. Bedenkt, dass wir über Nacht alles verloren haben, was wir jemals besessen hatten, alles mit dem wir uns in Lemuria jemals identifiziert hatten und was am Schmerzlichsten von allem war, wir wurden abrupt von fast jedem getrennt, den wir jemals geliebt hatten. All die Schönheit Lemurias, all unsere Arbeit aus ganzen Zeitaltern, alle Aspekte unseres täglichen Lebens hatten sich plötzlich verflüchtigt.

Alles, was übrig war, waren „wir selbst", der göttliche Aspekt des Selbst, dem wir uns wieder überantworten mussten, um im Gegenzug wieder „alles" von unserem Schöpfer zu erhalten.

Telos war damals in einem Anfangsstadium der Entwicklung und sicher nicht die glorreiche und schöne Stadt, die sie nun geworden ist. Es war eine große Höhle innerhalb eines Berges, die wir durch unser Tun zu einer Stadt umbauten, um einen kleinen Prozentsatz unserer Menschen zu retten und das, was von unserer Kultur noch übrig war. Die Stadt Telos war noch in einem ziemlich primitiven Zustand, verglichen mit der Schönheit und Grazie, die auf der Oberfläche existiert hatte und verglichen mit dem, was sie zur heutigen Zeit ist.

Versteht, dass wir über Nacht unser Leben einem ganz anderen Lebensstandard überantworten mussten, der für eine lange Zeit ziemlich schwierig war und dass wir ein neues Leben für uns selbst erarbeiten mussten. Mit großem Mut und großer Bestimmtheit erbauten wir unsere Stadt kontinuierlich, nicht nur für uns selbst, sondern auch als einen Kontaktpunkt für zukünftige Generationen, die wieder hier in die lemurianische Kultur hineingeboren wurden. Nachdem wir alles verloren hatten, außer uns selbst, haben wir über Jahrhunderte hinweg sehr hart gearbeitet, wir haben die Wunden unserer Verluste geheilt und etwas Neues und Beständigeres erschaffen. Es würde mehrere Bände füllen, all die schwierigen Herausforderungen zu erzählen, mit denen wir es aufnehmen mussten.

Unser Nachhausekommen vor sehr langer Zeit, meine lieben Freunde, war nicht so einfach, wie ihr euch vorstellen mögt. Ihr seid zu dieser Zeit alle auf einer gut ausgebauten Straße, verglichen mit den Hindernissen, die wir zu überwinden hatten. Wir bitten euch darum, nicht vor den Dingen zurückzuschrecken, durch die ihr in eurem Leben hindurchgehen müsst, sondern euch lieber dem Prozess hinzugeben. Überantwortet euch mit „williger Akzeptanz" den Ereignissen, die auf eurem Planeten stattfinden werden. Sie kommen mit der Absicht eurer Befreiung von den Ketten, die ihr für euch selbst erschaffen habt. Öffnet einfach euer Herz in Liebe und „Vertrauen", damit eure Reise ins Licht sich nicht, so wie es mit unserer war, ohne eure bewusste und aufrechterhaltene Anstrengung manifestiert. Seid versichert, dass die Belohnungen prachtvoll sein werden für diejenigen, die bis zum Schluss durchhalten.

Der Wille Gottes ist bekannt als eine Aktivität des ersten Strahles und er entspricht einer blauen Schwingung.

Diese Schwingung ist farblich wie ein schönes Pfauen- bis Königsblau. Die Schwingung ist vibrierend, lebhaft und reinigend. Sie ist auch verbunden mit dem, was wir „Das Diamantene Herz" nennen. Wie ein Diamant wird die Übergabe an das Göttliche viele Facetten haben. Erzengel Michael ist ein Engel des Blauen Strahls und Meister El Morya ist ein Meister des Blauen Strahls, der Hüter des Diamantenen Herzens aus dem Willen Gottes.

Der Blaue Strahl ist der Stahl der göttlichen Macht und Führerschaft, der Strahl der Kraft durch die gesprochenen und unausgesprochenen Worte. Das ist der Grund, warum er mit dem

Halschakra in Verbindung steht. Es ist auch der Strahl, der von der Menschheit am meisten missbraucht worden ist. Jedes Mal, wenn ihr nicht Worte der Liebe und des Mitgefühls sprecht, missbraucht ihr die Energien dieses Strahls. Jedes Mal, wenn ihr Kontrolle ausübt oder manipuliert, um euren eigenen Weg durchzusetzen, missbraucht ihr die Energien des Blauen Strahls. Und seid euch bewusst, der Missbrauch dieser Energie findet oft auf sehr subtile Art und Weise statt. Tatsächlich so, dass ihr euch dessen nicht einmal bewusst seid, so lange bis ihr beginnt, in eurem Herzen alle eure Worte, Taten und Motive zu registrieren.

Ihr versteht und wisst, was ich meine. Es ist der Strahl, der euch erlauben wird, mit dem Bewusstsein konform zu gehen, das ihr erlangen müsst, um zu den anderen Meistern zu gelangen. Meister El Morya ist bekannt als spiritueller Disziplinar und seine Disziplin reflektiert die große Liebe, die seine Seele für euch alle in sich birgt.

Die Strahlen sind Teil des grundlegenden Lebenslaufs, den ihr für diese Phase eurer Evolution meistern müsst. Ihr müsst die Attribute Gottes auf allen sieben Strahlen gleichermaßen meistern und nun auch die anderen fünf verborgenen Strahlen. Es gibt keinen Strahl, der wichtiger wäre, als ein anderer, der größer oder geringer wäre, als ein anderer. Alle müssen gleichermaßen gemeistert, balanciert und verstanden werden.

In den verschiedenen Lebenszeiten mögt ihr nicht immer auf demselben Strahl gearbeitet haben. Ihr habt euch damit befasst, die Weisheit aller Strahlen zu gewinnen und zu integrieren. Ihr wurdet ursprünglich auf einem dieser Strahlen erschaffen und dies bleibt euer permanenter Strahl. Man nennt ihn auch den „Monadenstrahl". Aber nur, weil ihr ursprünglich zum Beispiel als eine Seele des Blauen oder Gelben oder Grünen Strahles geschaffen worden seid, heißt das nicht, dass ihr in jeder Lebenszeit auf diesem Strahl arbeiten werdet. In den Lebenszeiten strebt ihr gewöhnlich danach, eine größere Meisterschaft in zwei dieser Strahlen zu erlangen und die anderen in Einheit auszubalancieren. Ihr werdet dies so lange tun, bis ihr all die Strahlen auf immer tieferen Ebenen gemeistert und ausbalanciert habt, so lange bis ihr alle erforderlichen Einweihungen für den Aufstieg bestanden habt.

Menschen kommen hier auf die irdische Ebene einzig und allein zu dem Zweck, ihre spirituelle Meisterschaft zu erlangen.

Wenn ihr nicht fleißig daran arbeitet, wird dies nicht geschehen. Darum habt ihr gewählt, so viele Male zu inkarnieren. Ihr könnt nicht erwarten, volle Meisterschaft über das Göttliche zu erlangen, indem ihr es euch einfach wünscht oder euch damit befasst. So funktioniert das nicht. Die Perfektion und Verfeinerung der Seele wird durch eine Serie von Inkarnationen in der 3. Dimension erreicht. Diejenigen, die mit der Illusion leben, dass die Raumgeschwister kommen und euch retten werden und dass ihr darum herumkommen könntet, eure spirituelle Arbeit zu tun um euer Bewusstsein zu entwickeln, werden eine große Enttäuschung nicht umgehen können. Denjenigen, die meinen, dass ihr alle einfach bedingungslos in die lichten Reiche aufgenommen werdet, sage ich: Revidiert euer Denken. Den Raumgeschwistern ist nicht gestattet zu kommen und euch zu retten. Und es gibt keinen Bedarf für Rettung, weil ihr euch diese Lebenszeit, die ihr jetzt erfahrt, für den expliziten Zweck des Seelenwachstums gewählt habt.

In jeder Lebenszeit inkarniert ihr wieder auf der Erde auf Grund einer persönlichen Entscheidung, die ihr getroffen habt. Ihr wurdet niemals gezwungen, wieder hierher zurückzukommen.

In jeder einzelnen Lebenszeit wählt ihr die Ziele und Erfahrungen eurer Inkarnation zu dem Zweck, euer Seelenbewusstsein zu entwickeln und größere Meisterschaft zu erlangen. Wenn ihr zwischen den Inkarnationen auf der anderen Seite seid und euch darüber klar werdet, was ihr während eurer letzten Inkarnation alles unerledigt gelassen habt, wollt ihr zurückkommen und ihr entscheidet euch erneut dafür. Ihr wollt wirklich aufschließen und die Ziele erreichen, die ihr verfehlt habt. Ihr bittet um eine weitere Gelegenheit und noch eine weitere, wieder und wieder, bis ihr fühlt, dass ihr diese Phase eurer Evolution abgeschlossen habt.

Jedes Mal, wenn ihr wieder im physischen Körper hier ankommt, wird der Schleier erneut herabgelassen und ihr fühlt euch gefangen und abgeschnitten, wieder vollkommen versunken in der Illusion. Das Leben auf diesem Planeten hat viele Zyklen unterschiedlicher Lebenszeiten für die Menschheit gekannt, weil das Bewusstsein der Menschen, die hier auf der Oberfläche leben, in so ein großes Ausmaß an Dichte, Verzerrung und Trennung von den göttlichen Prinzipien gefallen ist. Auf diesem Planeten ist die Menschheit so tief in die Trennung gegangen, wie es überhaupt nur möglich ist. Und die gelernten Lektionen, die gesammelte Erfahrung und das dem Ganzen hinzugefügte Wissen sind erstaunlich.

Dies ändert sich nun stetig mit der enormen und unermesslichen Unterstützung aus den Lichtreichen, von den Raumgeschwistern und den Zivilisationen der Inneren Erde. Die Trennung in der 3. Dimension war ein Experiment um zu verstehen, wie Seelen reagieren, wenn sie einmal völlig von Gott abgeschnitten sein würden. Alle von euch hier in physischen Körpern haben sich freiwillig an diesem kosmischen Projekt beteiligt, andernfalls wärt ihr nicht hier. Das große Experiment, an dem ihr alle so gespannt freiwillig teilnehmen wolltet und wozu ihr aus vielfältigen Welten und Universen hergekommen seid, hatte einen Zeitrahmen für seinen Beginn und einen für seine Beendigung, der vor Millionen von Jahren festgelegt wurde. Dieses Experiment hat den Menschen auf der Erde dazu gedient, starke, mutige Seelen zu werden. Und auf Grund ihrer großen, heiligen Opfer werden die Erdenseelen nun in eine größere Glorie angehoben, was ihnen für sich selbst ein so großartiges Schicksal erschließt. Ihr seid dazu bestimmt, die Vorzeigetruppe dieses Universums zu werden und die Lehrer der neuen Zivilisationen, die nun geboren werden.

Wenn ihr euch durch Überantwortung auf den göttlichen Willen ausrichtet, werdet ihr eurer Bestimmung nach zu den „gefragtesten“ Seelen überall in diesem Universum und in anderen Universen gehören. Der Planet Erde, der das größte Ausmaß an Dunkelheit und Schmerz erfahren hat, wird bald in einen Zustand der Liebe und des Lichtes angehoben, als ein

Wegweiser für andere, die davon lernen können. In Wahrheit gibt es wirklich keinen anderen Ort, der so ist wie die Erde. Seid stolz und hoffnungsvoll, ein Einwohner dieses Planeten zu sein. Ihr habt lange genug gelitten und es ist jetzt an der Zeit für alle von euch, nach Hause zu kommen. Wir warten mit solch wundervoller Vorfreude darauf, euch zu begrüßen und in unseren Armen zu halten. Wir sehnen uns danach, euch wieder im Tal der Liebe willkommen zu heißen, in dem das Tal der Tränen zu einem Tal der Freude geworden ist.

Wenn ihr die vielen Schichten an Verletzungen und Traumata aus der Vergangenheit abschält, entdecken viele von euch, dass sie einen Mangel an Vertrauen in Gott und das Geistige haben. Und für euch ist die „Überantwortung" an den göttlichen Willen ein ängstigender Vorschlag.

Ihr empfindet, dass ihr in dieser und in anderen Lebenszeiten betrogen und im Stich gelassen worden seid und dass ihr einen ängstigenden Bereich betretet. Dies ist eine Kernthematik, die schon Teil des ursprünglichen Falls des Bewusstseins gewesen ist. Eure ursprüngliche Abtrennung von eurer göttlichen Quelle erzeugte Schmerz. Der Schmerz wiederum erschuf die Welt, in der ihr jetzt lebt. Die Trennung gestattete all die Manifestationen der Individualisierung, die zur Erschaffung der Erfahrungen, die ihr auf diesem Planeten hattet, notwendig waren. Wie könnt ihr wahrhaftig Gott und euer Selbst kennen, wenn ihr nicht wisst, wie es sich anfühlt, Gott nicht zu kennen? Was zuerst als kleine Furcht und Zweifel begann, wurde letztendlich zum Mangel an Vertrauen in Gott und in euch selbst.

Eure Prüfung ist nun, euch selbst zu erlauben dem Göttlichen wieder zu vertrauen und das Bewusstsein umzukehren, das die Trennung von Gott sehr lange verursacht hat. Das Universum ist ein liebender und wohltätiger Ort und es wird euch mit allem versorgen, wenn ihr „vertraut". Der „Fall" fand statt, als ein paar Seelen in der Inkarnation anfingen in Frage zu stellen, ob Gott mit der Versorgung immer fortfahren würde. Nachdem euer Schöpfer euch alle mehrere Millionen Jahre lang immer ohne Ausnahme mit allem versorgt hatte, begannen die Menschen zu überlegen, was passieren würde, wenn dies plötzlich aufhören würde. Sie erlaubten sich selbst, in das Bewusstsein abzufallen, dass, wenn Gott plötzlich aufhören würde sie zu versorgen, sie sich selbst versorgen müssten. Dieses verzerrte Konzept, das zuerst nur einige Wenige hatten, wurde letztendlich auch den Massen vermittelt.

Die Ängste, die diesen Vertrauensmangel ins Leben riefen, wurden dann immer mehr verstärkt, bis fast die gesamte menschliche Rasse ihre göttlichen Geburtsrechte vollständig aufgab. Der Rest ist Geschichte. Die Übergabe an den göttlichen Willen führt die Seele den Einweihungen zu und gibt ihr die Gelegenheit, das göttliche Geburtsrecht wieder wahrzunehmen. Dies ist es, was ihr jetzt zu heilen habt, den Mangel an Vertrauen. Dies zu tun braucht Mut und Verpflichtung. Von dem bekannten Steg in die tiefen, ruhigen und unbekannten Wasser einzutauchen, ist die ultimative Vertrauenshandlung. Lasst euer Herz den Ruf der Seele hören und ihr werdet die Entscheidung kennen, die ihr jetzt treffen könnt. Ihr werdet wissen, was eure wahre Absicht hier auf diesem Planeten ist, zu dieser Zeit der Beschleunigung und Evolution.

Wenn ihr wählen würdet, „nicht zu vertrauen", würde euch Gott diese Erfahrung erlauben und all die vielen Konsequenzen, die mit dieser Entscheidung verbunden sind, so dass ihr in der Lage wäret, Weisheit daraus zu ziehen. Die Furcht der Menschen davor, Gott zu vertrauen, verpflichtet sich eurem Höheren Selbst gegenüber, dass ihr nach Hause zurückkehren wollt, euren Aufstieg vollziehen und eure Meisterschaft erlangen wollt. Dies verlangt, dass ihr all eure Angelegenheiten klärt. In diesem Prozess bringt euer Höheres Selbst in eure Erfahrung all das Schattenmaterial ein, das ihr für euch durch die Zeitalter hindurch erschaffen habt. Diese Angelegenheiten müssen betrachtet werden, um euch die Gelegenheit zu gewähren, neue Entscheidungen in Liebe und Vertrauen zu treffen, anstatt aus der Angst heraus.

Alle Dinge, die balanciert und verstanden werden müssen, alles übrig gebliebene Karma, das noch geklärt werden muss, all das wird euch erfahrbar gemacht. Sich dem gegenüber zu sehen, kann zeitweise sehr herausfordernd sein. Ihr mögt denken: „Ich habe mich verpflichtet, damit zu beginnen, Gott zu vertrauen und mein Leben ist nur noch herausfordernder geworden." Und dann fallt ihr wieder in den alten Zyklus des Misstrauens zurück. Der Pfad bedeutet, alles zuzulassen, was auch immer euch präsentiert wird und es zu bezeugen, selbst wenn es für eine Weile schwierig ist. Egal, was sich in eurem Leben zeigt, selbst wenn euer Leben eine Zeit lang noch schwieriger wird, vertraut darauf, dass ihr euch auf einer neuen Straße befindet und dass sich die Energie letztendlich anheben wird. Verglichen mit den Millionen von Jahren des eurem Schöpfer gegenüber ausgedrückten Misstrauens, kann sich euer Heimkommen zu eurem wahren Selbst ziemlich schnell manifestieren.

Denkt an Hiob in euren Schriften. Er wurde ernsthaft geprüft, aber er vertraute weiter. Und als er in der Lage war, Gott zu beweisen, dass er auch weiterhin vertrauen würde, ungeachtet dessen, was er schon alles verloren hatte, einschließlich seiner Gesundheit, seiner Frau und seinen Kindern, wurde ihm alles zurückgegeben und noch viel mehr. Aber zuerst musste er durch die dunkle Nacht der Seele reisen. Und so werdet ihr dies auch tun!

Gestattet euch selbst den Prozess, durch diese dunkle Nacht zu gehen. Schaut euch endlich alles an, was ihr so lange als Schatten versteckt habt, ohne Bewertung oder Bindung, denn in diesem Schatten werdet ihr auch alle eure Gaben finden. Ihr werdet wieder die Attribute eures göttlichen Geburtsrechtes entdecken und eure gesamten Energien werden euch wieder zugänglich gemacht. Ihr werdet dem Schöpfer wieder vertrauen und eure Überantwortung in völliger Liebe wird eure Rettung werden und nicht eure Verzweiflung.

Die ganze Menschheit erfährt grundsätzlich den selben Pfad der Evolution. Ihr braucht euch nicht zu schämen oder es zu bedauern, da ihr alle die gleichen Angelegenheiten habt. Eure gegenwärtige Erfahrung mag unterschiedlich aussehen, doch es ist grundlegend dieselbe Art und Weise für alle. Mangel an Vertrauen und eine Abtrennung von eurer Quelle haben diese lange, lange Reise des Leidens erschaffen. Nun ist es an der Zeit, euch selbst wieder durch Liebe und Vertrauen zu erwecken.

Wenn ihr letztendlich sagen könnt: „Ich werde meine eigenen irrigen Konzepte und Ängste loslassen und dem Prozess vertrauen, egal wie schmerzlich er auch immer werden mag," habt ihr den ersten, schwersten Schritt schon hinter euch gebracht. Wenn ihr dann schließlich eure gebrochenen Herzen und euren Ärger anschaut, ist das längst nicht mehr so schmerzhaft wie ihr es erwartet habt. Der Prozess – wenn er zugelassen wird – wird euch den ganzen Weg „zurück nach Hause" bringen und ihr werdet letztendlich das Ende allen Leidens und Mangels erleben. Ihr werdet das Universum und euer Leben mit einem neuen Mitgefühl und neuer Sanftheit verstehen und das Ringen, das euer Leben regiert hat, wird nachlassen.

Wenn ihr erst einmal diese Furcht überwunden habt, steht euch alles offen und ihr könnt alles haben ohne Einschränkung.

Nichts wird mehr von euch ferngehalten. Ihr werdet mit absoluter Sicherheit wissen, dass dieses Universum, das ihr so lange gefürchtet habt, euch mit allem ausstatten wird, was ihr jemals gewünscht habt und mit allem, was ihr jemals gebraucht habt. Was ihr Ursünde nennt und was ich den Ur-Vertrauensbruch mit Gott nenne, ist grundsätzlich die letzte Hürde, die ihr noch überwinden müsst.

Dies steht im Zusammenhang mit der Geschichte von Adam und Eva, die eine Metapher war, um das mangelnde Vertrauen in Gott zu beschreiben, das zur Trennung führte.

Ja, Adam und Eva, das ist nur eine aufgezeichnete Geschichte, die kaum verstanden wird. Obwohl die Allegorie in euren Schriften einiges an Wahrheit enthalten mag, geschah es ganz sicher nicht auf diese Weise. Die Geschichte von Adam und Eva und der Fall der Menschheit aus der Gnade ist in der Tat sehr komplex. Eines Tages werden all die echten Aufzeichnungen der Menschheit wieder zugänglich gemacht werden und ihr werdet schließlich verstehen und daraus lernen. Die Geschichte ist eine einfache Darstellung dessen, was passiert ist, und sie ist auch nicht besonders genau.

Repräsentativ ist, dass die Menschen aufhörten, ihrem Schöpfer zu vertrauen und in die Angst gingen. Aurelia hat ein kleines Buch mit dem Titel *The Sons of God* von Christine Mercer. Dies ist die Geschichte einer Frau, die sich entschied, Gott zu vertrauen, egal was ihr auch immer geschehen würde. Ihr Vertrauen wurde den extremsten Prüfungen ausgesetzt. Indem sie durch die Härten ihrer Prüfungen hindurchging, traf sie eine bestimmte und herzzentrierte Entscheidung, sich niemals mehr über irgendetwas zu beklagen. Sie fuhr fort damit zu vertrauen, ungeachtet dessen, wie schmerzvoll es wurde. Obwohl sie diese tiefe Verpflichtung in Bezug auf ihre Überantwortung gemacht hatte, wurde sie aufs Äußerste und ernsthaft getestet. Der glückliche Schluss dieser Geschichte ist, dass sie innerhalb sehr kurzer Zeit eine enorme Menge an Karma ausgeglichen hatte, dass Wunder über Wunder freigiebig anfingen, in ihr Leben einzufließen. Alles, was sie verloren hatte, wurde ihr hundertfach zurückgegeben.

Während der Periode der Prüfungen dankte sie Gott für jede Schwierigkeit, die sie erfuhr, wissend, dass dieser Weg sie zu etwas viel Besserem führen würde und dies geschah! Sie war letztendlich fähig, mit ihrem Körper einige Jahre später physisch aufzusteigen, zu einer Zeit, zu der niemand sonst auf dem

Planeten dies konnte, und als die Energien dieses Planeten eine derartige Aktivität noch nicht in dem Maße unterstützten, wie sie es heute tun.

Dieses kleine Buch machte auf Aurelia großen Eindruck, in einer Zeit, in der sie selbst durch viele Schwierigkeiten zu gehen hatte. Sie las es spät nachts, von der ersten Seite bis zur letzten – ein Buch, das sie für 2$ in einem Antiquariat entdeckt hatte. Aurelias Reaktion war.... „Hmmm. Ich schätze, meine Situation, die in keiner Weise so ernst ist wie ihre, könnte möglicherweise verbessert werden, wenn ich dieselben Prinzipien anwende wie sie." Sie reflektierte in ihrem Herzen, dass ihre Haltung gegenüber ihrer Lebenssituation weit davon entfernt war, so gnädig und dankbar zu sein, wie es die von Christine gewesen war und dass sie darüber Verstimmung in sich trug. Sie las das Buch zwei Mal und entschied sich dann, diese Prinzipien in einer Haltung der Dankbarkeit anzuwenden, so gut sie es konnte. Aurelias Situation verbesserte sich fast augenblicklich und innerhalb von ein paar Monaten war sie wieder glücklicher, als sie es seit langem gewesen war. Ihr Herz war frei und ihre finanzielle Situation hatte sich wieder verbessert.

Christines Buch ist sein Gewicht in Gold wert; die Art, wie sie darin beschreibt, jenseits aller Furcht zu gelangen. Die Weise, wie diese Frau ihre Ängste überwunden hat – für sich selbst und für ihr Leben – ist ein großartiges Beispiel zum Nacheifern für jeden.

Ich würde euch gerne den Sinn der Prüfungen erklären.

Versteht, dass es nicht Gott selbst ist, der euch prüft und schon gar nicht, um euch aus Boshaftigkeit schwierige Bälle zuzuwerfen. Wenn ihr euch selbst dieser Überantwortung um des Segens Willen hingebt, eure spirituelle Freiheit zurückzugewinnen, erfahrt ihr keine äußere Kraft, die versucht, euch ein Bein zu stellen oder es euch ungemütlich zu machen. Die Prüfungen sind eine Gelegenheit, die ihr eingeladen habt, um den Segen der Klärung und Ausbalancierung von Negativität zu erfahren, die ihr in der Vergangenheit erschaffen habt. Ihr werft nun zum Segen des spirituellen Wachstums mit Hilfe der bereitgestellten Erfahrungen das „Mahlgut in die Mühle“, um diese Heilung stattfinden zu lassen.

Wenn ihr euch selbst in einen Zustand des völligen Vertrauens begebt, reagiert das Universum und fängt sofort damit an, euch zu versorgen.

Gott will euch nicht wirklich prüfen. Gott ist Liebe und seine Liebe ist bedingungslos. Wenn ihr euch selbst der Übergabe an den göttlichen Willen hingebt, über die wir sprechen, wird das Universum alle Situationen und Gelegenheiten bereitstellen, die notwendig sind, um eure Angelegenheiten auszubalancieren und für immer zu heilen. Mit großem Erstaunen werdet ihr bald entdecken, wie schnell das Universum auf eure Anfragen reagiert, sobald ihr auf den göttlichen Willen ausgerichtet seid.

Ich möchte vor der Meditation noch einen weiteren Punkt ansprechen. In der Minute, in der ihr eine ehrliche und standhafte Versicherung an eure göttliche Präsenz abgebt, euch vollkommen dem Prozess der Veränderung und Transformation zu übergeben, wird sie euch zu dem schnellstmöglichen und bequemsten Weg führen, um das Objekt eurer Wünsche zu erlangen, um die „Tür zu allem“ zu öffnen.

Das Öffnen dem Willen Gottes gegenüber erfolgt durch Übergabe. Und der Wille Gottes ist das absolute Attribut, das euch den ganzen Weg nach Hause in die Gnade bringen kann. Die Seelen auf diesem Planeten müssen das realisieren, bevor sie zum Zweck von Einweihungen und dem Voranschreiten zu speziellen Meistern gebracht werden können. Zuerst müssen sie die Prüfungen von El Morya bestehen, welche die Übergabe an den göttlichen Willen umfassen. Wenn ihr euch entscheidet, euch wirklich eurem Aufstieg und eurer spirituellen Reise zu verpflichten, wie könnt ihr dann die anderen Prüfungen bestehen, wenn ihr euch nicht dem göttlichen Willen übergebt. Die anderen Meister können so lange nicht mit euch arbeiten, bis ihr die verschiedenen Aspekte des Blauen Strahls verstanden habt. Und dann, wenn ihr euch selbst für den nächsten Meister bereit gemacht habt, werdet ihr ganz elegant zu diesem Meister eskortiert – mit einer „Empfehlung“.

Es war mir eine Freude, mit euch über das Thema der „Überantwortung“ zu sprechen. Dies ist das Vorrangigste. Über die Angst hinauszugehen, ist der Schlüssel. Wenn immer mehr Menschen ihre Angst loslassen, wird es für die anderen auch leichter, dies zu tun. Wenn ihr wissen möchtet, wie ihr diesen Planeten unterstützen könnt, ist es das Wichtigste, eure Angst loszulassen und alles was ist, in Liebe anzunehmen und alle eure

Bewertungen loszulassen. Je mehr ihr dies übt und darin Erfolg habt und andere ermutigt, das Gleiche zu tun, desto breiter wird der Weg, den ihr für euch selbst und für den Rest der Menschheit erschafft. Ihr könnt dem Planeten am Besten damit dienen, indem ihr zuerst euch selbst klärt.

Meditation

Die Reise zum Tempel des göttlichen Willens in Telos

Es gibt in Telos einen Tempel, der dem göttlichen Willen geweiht ist. Einen solchen Tempel gibt es auch in Darjeeling in Indien, in der Nähe von Tibet. Das Retreat des göttlichen Willens steht unter der Führung von Meister El Morya; in Darjeeling ebenso wie in Mount Shasta. Viele von euch gehen nachts dorthin oder sie kommen hierher nach Telos, um die Einweihungen des ersten Strahls zu empfangen und zu lernen, sich dem göttlichen Willen zu überantworten. Darjeeling ist der ursprüngliche Tempel des göttlichen Willens und er hat seit Millionen von Jahren existiert, schon lange, bevor unser Tempel in Telos gebaut wurde. Beide Tempel existieren in einer 5-dimensionalen Schwingung und sind daher für eure „äußeren Augen“ nicht sichtbar. Heute würde ich euch gerne bewusst in unseren Tempel des göttlichen Willens in Telos mitnehmen.

Ich bitte euch darum, euch in eurem Herzen zu zentrieren und mehrere tiefe Atemzüge zu nehmen. Bittet bewusst eure göttliche Präsenz oder euer Höheres Selbst, euch auf eine Reise mit uns nach Telos mitzunehmen.

Seht euch selbst hier in eurer persönlichen Merkabah ankommen, in Begleitung von einem eurer geistigen Führer. Ihr seht eine ziemlich große Struktur in opalisierendem Blau, hoch, in Form einer sechsseitigen Pyramide. Bei eurer Annäherung ist alles um euch herum in Einklang mit der schönen blauen Energie, die erfrischend und beruhigend ist. Geht nun die Treppe der „Mutter der Perlen" zum Haupteingang des Tempels hinauf. Beobachtet und fühlt den majestätischen blauen feinen Nebel, der von den verschiedenen hohen Fontänen in der Umgebung ausgeht. Viele Arten blauer Blumen wachsen in weißen und goldenen Behältern und blühen in großer Fülle und Vielfalt um die Fontänen herum und unter ihnen sind auch die süßen Vergissmeinnicht.

Geht nun durch den Eingang, an dem euch drei Engel der Blauen Flamme erwarten, um euch zu begrüßen und zu begleiten. Wenn ihr in den langen Gang eintretet, seht ihr eine transparente Kammer, die in ihrem Zentrum einen großen Diamanten der Blauen Flamme beherbergt; den größten Diamanten, den ihr jemals gesehen habt, 4,50 bis 5,50 Meter groß. Euer geistiger Führer lädt euch ein, in diese heilige Kammer einzutreten. Der Diamant hat viele tausend Facetten, von denen jede einzelne einen anderen Aspekt des Diamantenen Herzens des göttlichen Willens darstellt. Er unterscheidet sich gar nicht so sehr von dem Diamant, der in eurem Herzen wohnt, und in absehbarer Zeit werden alle seine wundersamen Facetten wieder vollkommen aktiviert und wieder hergestellt. Euer Diamantenes Herz und das heilige Herz sind ein und dasselbe, sie gehören zusammen. Sie bestehen aus einer unendlichen Anzahl von Kammern, von denen jede einzelne mit einer Facette eures eigenen Diamanten in Verbindung steht.

Beim Eintritt in die heilige Kammer des göttlichen Willens, werdet ihr von Meister El Morya begrüßt; einem großen Wesen mit braunen Augen, das sehr einem Zen-Meister ähnelt. Er trägt eine blaue Robe, die teilweise mit einem leuchtenden weißen Umhang bedeckt ist und einen bläulich-weißen und goldenen Turban auf seinem Kopf. Er begrüßt euch und heißt euch willkommen in seinem Diamantenen Herzen und er lädt euch ein, auf einem der Polster der Blauen Flamme Platz zunehmen. Er leitet euch jetzt an, euch auf die Energie des Diamantenen Herzens zu konzentrieren und seine Energien einzuatmen, so dass ihr so viel wie möglich von dieser Energie bei eurer Rückkehr mit in euren physischen Körper bringen könnt. Dieser Blaue Strahl ist der Strahl, der dem Liebesstrahl seine Kraft verleiht. Alle Strahlen beinhalten Liebe und die speziellen Attribute jedes einzelnen Strahls.

In der Gegenwart dieses Diamanten könnt ihr alle die kleinen, mit Ängsten gefüllten Facetten, eures eigenen Diamantenen Herzens öffnen und die Ängste loslassen. Richtet euch darauf aus, dass dieser riesige Diamant eure Ängste anzieht und in sich aufnimmt, ihr Lieben, und diese Ängste dann freisetzt und heilt. Wenn ihr diese Ängste aus eurem Herzen entlasst, werdet ihr eine enorme Heilung empfangen.

Seid euch bewusst, dass es schwierig werden könnte, alle eure Ängste und Lasten bei einem einzigen Besuch loszulassen. Darum laden wir euch ein, diesen Tempel in Telos oder Darjeeling immer wieder aufzusuchen, um tiefere Ebenen der Heilung zu erlangen. Innere Heilung ist ein fortlaufender Prozess, bis ihr die Vollendung erreicht. Betrachtet eure Bemühungen als eine im Fortschritt befindliche Arbeit und seid willens, im Prozess zu bleiben, bis alle Schleier gelüftet sind. Erst dann werdet ihr wissen, dass ihr vollständig seid.

Verbindet euch nun mit eurem Höheren Selbst, das geradewegs über euch steht. Eure große ICH BIN - Gegenwart, das grenzenlose Wesen, das darstellt, wer ihr wirklich seid, wartet auf alle eure zur Heilung freigesetzten Ängste. Verbindet euch mit dieser göttlichen Präsenz und wenn ihr euch bereit dazu fühlt, sprecht eure Verpflichtung aus, alle Ängste, die euch in so viel Schmerz verhaftet sein ließen, zu übergeben, so dass ihr wieder zur Ganzheit zurückkehren könnt.

Was auch immer in eurem Leben morgen auftauchen könnte, es ist nur ein Spiegel einer Angst oder eines alten Glaubensmusters, das ihr noch in euch tragt und das erlöst und angenommen werden muss. Wenn ihr diese Arbeit tut, werdet ihr bald lernen, dass es nichts zu fürchten gibt, außer der Illusion der Angst selbst.

Atmet weiterhin diese wundervolle Blaue Flamme ein, so gut ihr könnt, geradewegs in eure Lungen und in euer Herz. Tut dies bewusst, weil ihr diese Energie zurück in euren physischen Körper bringen wollt. Wisst auch, dass all die multidimensionalen Aspekte von euch selbst und all die Wesen aus den Lichtreichen eure Reise nach Hause in die göttliche Gnade unterstützen. Ihr seid auf eurer Reise nicht allein; um euch herum ist sehr viel Liebe für euch da und sehr viel Unterstützung. Seid im Vertrauen, dass ihr das tun könnt, wenn ihr dies wählt.

Fühlt die milde Wirkung der Blauen Flamme. Sie hat ihre eigene Art, euch Wohlbefinden und Linderung all eurer Schmerzen zu bringen.

Nun haben Meister El Morya und ich ein Geschenk für jeden von euch, der sich vor dem Diamanten in unserem Tempel niedergelassen hat. Wir werden einen kleineren ätherischen Diamanten von absoluter Perfektion in die heilige Kammer eures Herzens einsetzen, geradewegs in die Energien eures eigenen heiligen Herzens; einen Diamanten, der die Qualitäten der blauen Essenz ausstrahlt.

Dieser Diamant wird euch die göttliche Perfektion jenes Diamantenen Herzens reflektieren, die ihr zu erlangen sucht. Mit dieser Gabe wird die Perfektion des Diamantenen Herzens für euch konstant reflektiert, so lange wie ihr wählt, damit zu arbeiten. Wir laden euch ein, seine Energien jeden Tag in eurer Meditation einzuatmen und mit diesen Energien auf alle Arten zu arbeiten, die für euch angemessen erscheinen. Bittet euer Höheres Selbst in der Meditation darum, euch zu zeigen, welche Facetten noch Schmerz oder unbalancierte Haltungen beinhalten, die geheilt oder ausgerichtet werden müssen. Der Diamant, den ihr gerade erhalten habt, wird fortlaufend alles reflektieren, was ihr für die vollständige Öffnung und Heilung eures Herzens braucht. Er wird euch auf den Pfad der Übergabe an den göttlichen Willen mit Freude und Dankbarkeit führen. Er lebt und vibriert. Seine Farbe reflektiert in leuchtendem Pfauenblau.

Atmet weiterhin die Energien ein, indem ihr alles was ist zulasst und euch dem göttlichen Willen übergebt. Seid bestimmt darin, diesen Weg zu gehen und fühlt euch frei, mit eurem geistigen Führer zu kommunizieren. Bleibt eine Zeit lang in dieser Energie und seid dankbar für die Gnade, die ihr gerade empfangen habt.

Wenn ihr das Gefühl habt, dass es nun gut ist, kehrt in euren Körper zurück und nehmt diesen Schatz mit euch. Je bewusster ihr bleibt und mit dem Diamantenen Herzen arbeitet, umso mehr werden sich diese Energien verstärken und euer Leben segnen. Dies ist ein Geschenk oder ein Werkzeug, das wir euch geben, aber es wird euch nicht helfen, wenn ihr es nicht nutzt. Denkt daran: Was ihr nicht nutzt, verliert ihr. Dieses Diamantene Herz besitzt auch eine Schwingung des Selbstvertrauens. Geht in die Energie des Selbstvertrauens, um die Freisetzung eurer Ängste zu erleichtern, so dass das Abgeben der Ängste gnadenvoll stattfinden kann.

Alle Meister des Blauen Strahls sind derzeit für euch erreichbar und bieten euch ihre Unterstützung an. Wenn ihr soweit seid, öffnet eure Augen. Wir laden euch ein, häufig diesen Ort der Heilung aufzusuchen und mit uns über den Willen Gottes zu meditieren und weiterhin große Schritte in eure spirituelle Freiheit zu machen.

Und so sei es, geliebtes ICH BIN.

Eines Tages werdet ihr hören,
wie euch alles in Bewunderung applaudiert.
Das Leben klatscht in Erfurcht
über eure göttliche Leistung.
Wenn der Schleier entfernt ist
werdet ihr sehen,
dass euer Sein heilig ist.

Meister Eckhart

7. Kapitel

Die Violette Flamme der Freiheit und der Umwandlung

Adama und Meister Saint Germain

Adama spricht zu uns über den Violetten Strahl der Umwandlung, begleitet durch die Präsenz von Meister Saint Germain. Eine wundervolle Meditation zeigt uns, wie wir die Violette Flamme auf unserem eigenen persönlichen Weg zur Meisterschaft anwenden können.

Aurelia

Der Violette Strahl repräsentiert die Energie der Umwandlung, der Alchemie und der Freiheit. Ich möchte die Leser gerne einladen, sich jetzt für eine Kommunikation von Herz zu Herz mit Adama und Saint Germain zu öffnen. Adama ist wie ein Arzt für das Herz und ebenso auch Meister Saint Germain. Wenn Meister Saint Germain spricht, wendet er sich direkt an euer Herz und aktiviert dessen Heilung. Dies ist grundsätzlich auch das, was Adama gerne macht. Er ist auch derjenige, der euch auf mehre Arten direkt mit Telos verbinden kann. Ich fühle nun sehr stark die Präsenz von Adama und auch die Präsenz von Saint Germain, eine auf meiner linken Seite und die andere auf meiner rechten. Es ist an der Zeit, mit dem Channeln ihrer Energien zu beginnen.

Könntest Du denjenigen erklären, wer Meister Saint Germain ist, die nicht mit diesem Meister der Alchemie vertraut sind?

Saint Germain ist und war für Äonen der Hüter der Violetten Flamme. In der Spirituellen Hierarchie hält er die Position des Chohans des siebten Strahles inne. Das bedeutet, dass er der Hüter der Violetten Flamme der Freiheit und der Umwandlung für diesen Planeten ist, die aus dem siebten Strahl hervorgeht. In einer seiner vielen früheren Inkarnationen war er der Heilige Josef, der Vater von Meister Jesus, der vor 2000 Jahren lebte. Er inkarnierte auch als der Prophet Samuel, als Christoph Kolumbus und als Francis Bacon, welcher der wahre Autor von Shakespeares Stücken ist. Er wurde einmal gefragt, warum er die Stücke an Shakespeare gab, anstatt den Ruhm für sich selbst zu beanspruchen und er antwortete: „Ausgleich von Karma".

Nicht zuletzt war er in Frankreich sehr bekannt, vor und während der Französischen Revolution, als der „Graf von Saint Germain". Dieses unsterbliche Wesen lebte über 300 Jahre und wurde regelmäßig von vielen gesehen, immer in der Erscheinung eines

Mannes um die Vierzig. Er wurde auch genannt: Der Wundermann von Europa, der alle Sprachen sprach, alle Musikinstrumente spielte und vor seinen Freunden viele alchemistischen Handlungen demonstrierte. Er war auch bekannt als jemand, der sich an einem Ort materialisieren konnte und sich in wenigen Augenblicken dematerialisieren und ein paar hundert Meilen weit weg ein paar Minuten später wieder erscheinen konnte. Er hat einen erfreulichen Sinn für Humor und ist außergewöhnlich wortgewandt, speziell in der englischen Sprache. Saint Germain ist meiner Seele immer ein wahres Vergnügen gewesen, wann immer ich Kontakt oder Gespräche mit diesem wundervollen Meister hatte. Schon seinen Namen zu hören oder zu denken lässt mein Herz vor Freude singen.

Der große Meister Saint Germain ist derjenige, der die Flamme der Freiheit auf diesem Planeten für über 70.000 Jahre gehalten hat. Er ist ein ehrfurchtgebietender und geliebter Meister. So, wie Meister Jesus der große Meister im Fische-Zeitalter gewesen ist, tritt nun Saint Germain für die nächsten 2000 Jahre auf den Plan, um der große Meister des Wassermann-Zeitalters zu sein. Er wird gänzlich von Jesus/Sananda und unserer lemurianischen Familie von Telos unterstützt, ebenso wie von der gesamten Spirituellen Hierarchie dieses Planeten, dieser Galaxie und von diesem Universum. Einige Meister haben eine Zeit lang gewisse Ämter inne und dann steigen sie auf zu einem anderen Amt und überlassen ihren früheren Posten jemand anderem, der den entsprechenden Stand dafür erreicht hat und der willens ist, für eine neue Ebene des planetaren Dienstes geschult zu werden.

War er auch als der große Merlin von Camelot verkörpert?

Oh ja, er war Merlin in der Zeit von Camelot in England. Merlin war ein edler Magier, nicht im Sinne der Anwendung mittelmäßiger Tricks, sondern im Sinne eines großen Meisters der Alchemie. Unglücklicherweise ist Merlin in so vielen Filmen und Schriften von Unbewussten als eine Art Zauberer mit zweifelhaftem Ruf dargestellt worden. Dies entspricht nicht der Wahrheit darüber, wer er als Merlin gewesen ist. Merlin war einer der größten Alchemisten aller Zeiten und Saint Germain ist einer der größten Meister, die dem Planeten fast seit seinem Anbeginn gedient haben.

Alle anderen Meister ehren ihn in höchstem Maße für den Dienst, den er diesem Planeten mit der Violetten Flamme erwiesen hat. Die Violette Flamme ist eine der wichtigsten Flammen für die Wiederherstellung, die Umwandlung und die Freiheit. Sie ist wie ein Feuer aus reinigender Liebe. Saint Germain sagte einmal, wenn er einen Monat lang für vierundzwanzig Stunden am Tag über die Violette Flamme reden müsste, an sieben Tagen der Woche, könnte er nicht alle Wohltaten aufzählen, die diese Flamme beinhaltet. Lasst uns hören, was Adama zu sagen hat. Er ist hier und wartet auf seine Einladung zu sprechen.

Adama

Guten Abend, meine geliebten Freunde, ich bin Adama von Telos. Wie immer habe ich auch heute Abend mein gängiges Team aus zwölf Meistern bei mir. Wir haben auch das große Vergnügen,

Meister Saint Germain als Teilnehmer bei uns zu haben. Obwohl ich durch Aurelia spreche, ist die Energie von Saint Germain mit meiner verschmolzen. Es ist wirklich eine Ehre für uns, denn Meister Saint Germain wird auf den Inneren Ebenen so innig geliebt und er wird von allen über den gesamten Kosmos hinweg hoch respektiert. Er verbringt viel Zeit bei uns in Telos, denn wir arbeiten alle gemeinsam daran, die Aufstiegsenergien für den Planeten und die Menschheit voranzubringen.

Heute Abend würde ich euch gerne eine Erklärung über den siebten Strahl geben, und wenn ihr Fragen habt, fühlt euch bitte frei, mich zu unterbrechen, so dass wir eher eine Art Dialog entstehen lassen können.

Die Violette Flamme ist eine Kombination aus dem Blauen und dem Rosafarbenen Strahl. Sie ist kein eigener Strahl aus sich selbst heraus. Es ist eine Kombination aus Blau für die Kraft und aus Rosa für die Liebe und vereint die Energien des göttlich Maskulinen mit denen des göttlich Femininen in einem wundersamen Akt der Alchemie. Die Hauptrolle der Violetten Flamme ist die Umwandlung, ein alchemistischer Begriff mit der Bedeutung, positiven Wandel entstehen zu lassen. Ihr könnt zum Beispiel große Mengen an Karma oder fehlgeleiteter Energien aus vergangenen Leben durch das Anrufen und die Arbeit mit der Violetten Flamme umwandeln. Wenn die Energien erst einmal umgewandelt sind, müsst ihr euch nie mehr in eurem gegenwärtigen Leben damit befassen, einfach deswegen, weil diese Energien in Liebe und Freude umgewandelt wurden, als ihr liebevoll und mit Absicht die Attribute des Violetten Feuers angerufen habt. Wenn ihr mit dieser Energie aus der Liebe und den Feuern eures Herzens heraus arbeitet, verteilt sich die Energie des Violetten Strahls und erlöst unbalancierte Energien in eurem Energiefeld, wie auch aus eurem bewussten, unterbewussten und unbewussten Verstand. Sie kann viele Umstände in eurem Leben heilen.

Die Violette Flamme kann Karma erlösen, wenn ihr erst einmal das volle Verständnis aus den gelebten Erfahrungen und den geschaffenen Energiemustern gewonnen habt. Mit ihren Energien könnt ihr auch wundervolle Schönheit erschaffen, denn sie setzt sich zusammen aus Energien der Kraft und der Liebe. Ebenso inbegriffen in der Aktivität des Violetten Strahls ist die Flamme der Vergebung und des Mitgefühls, die auch sehr relevant ist, um Harmonie und Manifestation in euren Leben zu erzeugen.

Es gibt auch noch andere Attribute der Violetten Flamme, so wie die Flamme des Wohlergehens, die Flamme der Diplomatie und der Zeremonien. Dies sind alles Aktivitäten des siebten Strahls. Wann immer ihr Wohlbefinden erzeugt, egal in welcher Form, wendet ihr eine Aktivität des siebten Strahls an. Wir nennen die Violette Flamme auch „die Flamme der Freiheit und Liebe“. Über was für eine Art von Freiheit sprechen wir hier? Wir reden über spirituelle Freiheit. Wenn ihr spirituelle Freiheit gewinnt, werdet ihr grenzenlos und alle Attribute eurer Göttlichkeit stehen euch zur Verfügung. Dies ist eine Art Freiheit, nach der ihr euch alle sehnt, nicht nur Freiheit in einem Aspekt, sondern vollkommene Freiheit. Die Violette Flamme ist ein lebendiges Werkzeug für euren spirituellen Fortschritt und eure spirituelle Evolution.

Was genau meinst du, wenn du über den Prozess des spirituellen Erwachens sprichst. Wie können wir beginnen, die Violette Flamme zu unserer eigenen Heilung und der Heilung unseres Lebens anzuwenden?

Versteht, dass es in der Natur des siebten Strahls liegt, bei der Reinigung von Substanzen und der Lebensenergien zu helfen. Ihr könnt die Violette Flamme konstruktiv und wirkungsvoll auf viele Arten anwenden. Ihr könnt sie durch Gebete und Anrufungen anwenden; ihr könnt sie auch in eurer Meditation visualisieren und dadurch eine Infusion dieser Energie in alle Aspekte eures Seins erhalten.

Ihr könnt sie in jede Zelle, in jedes Atom und jedes Elektron eures Körpers einatmen. Ihr könnt jeden Gedanken und jedes Gefühl in eurem Aurafeld reinigen und klären. Seid kreativ und beginnt, eure eigenen Gebete und Anrufungen diesbezüglich zu schreiben. Wenn diese aus den Feuern eures eigenen Herzens kommen, sind sie mächtiger als diejenigen, die von anderen Menschen geschrieben worden sind. Von anderen geschriebene Gebete sind hauptsächlich für ihre Urheber geeignet. Arbeitet jeden Tag damit und fangt an, Wunder der Liebe in euren Leben zu erschaffen.

Anrufung der Violetten Flamme

Ein Beispiel wäre: „Im Namen der geliebten, mächtigen ICH BIN - Gegenwart Gottes in mir, rufe ich die Tätigkeit der Violetten Flamme der Umwandlung, des Mitgefühls und der Vergebung in meinem Aurafeld an, um Reinigung und Klärung jedes Gedankens und jedes Gefühls in meinem Solarplexus und in allen meinen

Chakren zu erfahren. Ich bitte die Tätigkeit der Violetten Flamme, jede Zelle, jedes Atom und jedes Elektron meines Vier-Körper-Systems in diesem Moment und zu allen Zeiten meines Lebens, an jedem Tag, in allen 24 Stunden des Tages, an 7 Tagen in der Woche zu durchdringen und Heilung für alle Unvollkommenheiten aus der Vergangenheit und der Missverständnisse der Gegenwart zu bringen. Ich bitte die Energien des Violetten Feuers mit der Heilung aller Unvollkommenheiten in meinem physischen Körper, meinem Emotionalkörper und in meinem Mentalkörper zu beginnen. Mit großer Dankbarkeit bitte ich jetzt die Tätigkeit des Violetten Feuers sich in meinen Energiefeldern in voller Kraft zu manifestieren. Und so sei es."

Ihr könnt diese Anrufung nutzen oder auch eure eigene kreieren. Sitzt still, während ihr visualisiert und einatmet. Indem ihr den Atem auf bewusste und beständige Weise einsetzt, könnt ihr die Energien greifbarer und kreativer in eurer Aurafeld einbringen. Dann könnt ihr die Violette Flamme bitten, ihre Aktivität für den Rest des Tages aufrechtzuerhalten und sie wird für euch weiterarbeiten, während ihr eure täglichen Pflichten erfüllt. Ihre Tätigkeit wird ununterbrochen weitergehen, so lange ihr in Harmonie bleibt. Wann immer ihr eine Flamme Gottes anruft und darum bittet, dass ihr Fluss erhalten bleibt, wird sich ihre Aktivität fortsetzen, so lange bis ihr in eurer fühlenden Welt wieder in einen Zustand der Disharmonie verfallt. Die Schwingung wird dann unterbrochen, bis ihr wieder Frieden in euch selbst findet und sie wieder anruft. Solange ihr in euren Gedanken und Gefühlen harmonisch bleibt, wird die Flamme weiterarbeiten. Wenn ihr in eine disharmonische Situation geratet, ruft sie wieder an, um euch bei der Wiederherstellung eurer emotionalen Balance zu helfen.

Je mehr ihr sie visualisiert und während eurer Meditation in eurem Herzen bleibt, umso stärker baut sich ihre Tätigkeit auf. Hinsichtlich früherer Anrufungen gab es eine Zeit im letzten Jahrhundert, zu der die Menschen keine besonders große Bereitschaft zur Meditation zeigten. Daher formulierten wir eine Reihe von Anrufungsvorgaben für Zusammenkünfte, an denen viele Menschen täglich, manchmal stundenlang, die Violette Flamme oder andere Flammen anriefen. Leider wurde für viele Menschen diese Art Anrufung ein Verstandesritual, das die wahre Inbrunst des Herzens entbehrte. Obwohl diese Menschen es gut meinten und ernsthaft waren, ist es das Beste, eine Vorgabe oder ein Gebet nur einmal zu sprechen, mit aller Inbrunst die das Herz aufbringen kann, und sich Zeit zu nehmen, die Alchemie der Liebe zu erschaffen. Wenn ihr eine Anrufung oder ein Gebet sprecht, gestattet euch selbst, die Energie vollkommen in eurem Herzen zu fühlen und sie mit Liebe zu versehen, und dann erlaubt der Energie, ihre perfekte Arbeit zu tun.

Im letzten Jahrhundert hat es mehrere tausend Menschen gegeben, die ihren Aufstieg vollzogen haben, indem sie jeden Tag, Jahr um Jahr, die Violette Flamme angerufen haben. Sie riefen sie mit viel Liebe und Inbrunst in ihrem Herzen an, ohne sich jemals ganz klar darüber zu sein, was sie da eigentlich umwandelten. Sie erlaubten ihren Schatten in ihrem Bewusstsein an die Oberfläche zu kommen, ohne sie jemals zu bewerten und übergaben die Energien, indem sie diese in das Violetten Feuer legten. Diese lieben Seelen hatten keinen Zugriff auf die ganzen Hilfsmittel und Informationen, die ihr zu dieser Zeit habt. Sie erlangten dies durch Vertrauen und Beständigkeit, die sie bis zu ihrem letzten menschlichen Atemzug aufrechterhielten. Durch diesen stetigen Prozess wandelten sie Stück für Stück all die negative Energie aus vielen Leben, aus der Vergangenheit und der Gegenwart in goldenes flüssiges Licht. Als sie auf die andere Seite des Schleiers kamen, vollzogen sie unverzüglich ihren glorreichen Aufstieg. Heute sind sie unter uns, sie tragen Roben aus Licht und genießen alle Glorie der 5. Dimension.

Muss man sich voll bewusst darüber sein, was man umwandelt?

Nicht immer. In manchen Fällen ist es gut, Bescheid zu wissen, aber es ist nicht immer eine Bedingung, so lange ihr es in Liebe tut. Es ist immer die in eine Situation eingebrachte Liebe, Vergebung und Hingabe, die sie zum Besseren umwandelt und eine negative Situation in eine positive umkehrt, bei der man die Weisheit erlangt, dass diese Energien da sind, um uns zu lehren. Wenn ihr mit jemandem ein Problem habt, schickt ihm oder ihr Wellen der Violetten Flamme. Wenn ihr Wellen der Liebe, der Hingabe, der Vergebung und der Segnung in eine Situation hineinschickt, ist es für die Situation schlichtweg unmöglich, dieselbe zu bleiben; das universelle Gesetz erfordert Entschlossenheit für alles, was auch immer Liebe und Segnungen empfängt.

Das Segnen ist auch eine Form der Umwandlung und eine Aktivität des siebten Strahls.

Wenn ihr beginnt, alles in eurem Leben zu segnen, was sich in einem Zustand manifestiert, der geringer ist als göttliche Perfektion, transformiert und wandelt ihr negativ erscheinende

Situationen in etwas Positives um; ihr erschafft die göttliche Lösung und die Win-Win Situation manifestiert sich letztendlich für alle. Das ist es, was Umwandlung bewirken kann, sie erschafft Transformation und macht jeden zum Gewinner.

Wie kann jemand, der ein Problem mit seinem Ehepartner oder seinem Chef hat oder einem anderem, der seine Gefühle gekränkt hat, die Violette Flamme anwenden, um die Situation zu heilen oder zu transformieren?

Zuallererst müsst ihr euch von dem gewünschten Resultat lösen. Wenn ihr beginnt, Veränderungen vorzunehmen und euch ein bestimmtes Resultat wünscht, werdet ihr höchstwahrscheinlich „den Zug verpassen". Darum ist es immer weiser, um die richtige göttliche Lösung zu bitten. Wenn ihr unbedingt ein exaktes Resultat wollt, ist es wichtig, auch einem anderen Resultat Raum zu geben und dem Gebet oder der Absichtserklärung hinzuzufügen: „Dies oder etwas Besseres geschehe, gemäß dem göttlichen Willen". Euer Höheres Selbst sieht und kennt das gesamte Bild, das vor euch verschleiert ist. Angenommen eine Ehe scheint zu zerbrechen. Dann sagt ihr: „Ach du liebe Güte! Ich habe so viel gebetet und die Violette Flamme wegen dieser Situation angerufen, ich habe alles getan, was ich konnte, um liebevoll zu sein und voller Mitgefühl, und um mit Liebe und Vergebung eine Lösung auf den Weg zu bringen, und jetzt scheint es, als hätte ich eine Situation, die sogar noch herausfordernder ist."

Jetzt denkt darüber nach: Fragt euch, ob das Beenden einer Ehe ein Fehler war oder ein spiritueller Sieg. Ich sage, wenn ihr euer Bestes getan habt und die Situation nicht auf die erhoffte Weise ausging, war sie vielleicht karmisch und hat ihre Vollendung erreicht. Vielleicht ist euer Höheres Selbst jetzt bereit, euer Leben für etwas zu öffnen, was angemessener für euren Pfad und euer Glück ist. Die Ehe war sicher ein spiritueller Erfolg, kein Fehlschlag. Und durch die gründliche innere Arbeit, wurde das Recht verdient, sich zu etwas, das euch mehr erfüllt weiterzubewegen. Das Gefühl des Verlustes oder des Versagens ist nichts anderes, als eine temporäre menschliche Illusion.

Zwei Jahre später findet ihr euch selbst in einer wundervollen Beziehung wieder, in der ihr viel glücklicher seid und es viel mehr Übereinstimmung und Harmonie gibt. Werdet ihr euch dann an die Zeit der Anrufungen der Violetten Flamme erinnern, die euch den neuen Weg in eurem Leben bereitet hat? Es gibt Zeiten, zu denen karmische Situationen erlöst werden und es ansteht weiterzugehen. Und dies ist die Weise, auf die eure Gebete erfüllt werden; ihr seid nun „frei“ etwas Besseres zu erfahren, anstatt in einer Beziehung zu verharren, die ihren Zweck erfüllt hat. Sehr oft ist es notwendig, Situationen loszulassen, die euch nicht länger dienen. Die göttliche Lösung mag zuerst nicht immer als das erscheinen, was ihr euch wünscht, aber was immer daraus entsteht, wird zum Nutzen eures spirituellen Fortschritts sein und immer das beste Resultat erbringen. Die Violette Flamme ist auch bekannt als „Wunder-Arbeiterin“.

Wenn ihr die Person segnet, mit der ihr ein Problem habt, sagen wir, einen Ehepartner oder einen Nachbarn, euren Chef oder jemanden in eurem Arbeitsumfeld oder irgendeinen Verwandten, stellt euch die Person vor, wie sie von der Violetten Flamme der

Liebe und Umwandlung umhüllt wird. Bekräftigt die Freiheit dieser Person, frei von ihren eigenen Lasten zu werden und zu ihrem vollen Potenzial zu erwachen. Tut dies mit Mitgefühl und Vergebung. Wendet in euren Interaktionen mit anderen auch die Flamme der Diplomatie an, dies ist alles Teil der Aktivität des siebten Strahls. Wenn ihr beginnt, den siebten Strahl mit allen seinen Attributen anzuwenden und ihr keine persönliche andere Agenda habt, als das bestmögliche Resultat gemäß des göttlichen Willens zu wünschen, werdet ihr erstaunt über die Wunder sein, die sich in eurem eigenen Leben und im Leben eurer Mitmenschen ereignen können. So wird der Frieden auf Erden erschaffen werden.

Ich kenne viele Menschen, die es schwierig finden, das persönliche Wollen loszulassen, da sie alles auf ihre Weise erreichen möchten.

Die meisten von euch sind so auf die von ihnen erwünschten Resultate fokussiert, dass sie dazu neigen, das aus den Augen zu verlieren, was sie loslassen müssen, damit die innere Göttlichkeit in richtiger Weise tätig werden kann. All die vielfältigen Flammen Gottes enthalten göttliche Intelligenz oder Bewusstsein. Sie sind sich des gesamten Bildes bewusst und sie wissen, was für euch das Beste ist. Es gibt Hüterwesenheiten, buchstäblich hunderttausende oder Millionen von Meistern, die mit jeder Flamme arbeiten.

Es zu euren Bedingungen erschaffen zu wollen ist, als würde man sagen: „Nun, Gott, ich möchte das, aber ich möchte es wie ICH will, auch wenn es schlussendlich nicht zu meinem höchsten Wohle ist." Wenn ihr darauf besteht, seid nicht überrascht, wenn ihr es so bekommt. Gott möchte euch immer eure Herzenswünsche erfüllen und bald danach mögt ihr herausfinden, dass das Empfangene nicht wirklich das ist, was ihr an erster Stelle gebraucht hättet. Diese Flammen möchten die höchstmagischen Resultate in euer Leben einbringen, doch wenn ihr darin verhaftet bleibt, es nach eurem Geschmack zu wollen, wird sich oft euer Wille manifestieren. Wenn ihr so versessen darauf seid, es auf eure Weise zu bekommen, wird euch das Universum dies oft gestatten und ein paar Monate später werdet ihr möglicherweise herausfinden, dass ihr etwas viel Besseres verpasst habt.

Wir sehen, wie dies ständig auf dem Planeten geschieht, die Menschen haben solche Angst, ihr eigenes persönliches Wollen loszulassen und die Weisheit ihres Höheren Selbstes zuzulassen. Sie haben Angst davor, Gott zu vertrauen und sie trauen auch den Meistern nicht. Sie fühlen sich im Vertrauen auf ihr irregeleitetes menschliches Ego nur allzu wohl, anstatt einer höheren Intelligenz zu vertrauen.

Erinnert euch, Mangel an Vertrauen war die Energie des ursprünglichen Falls im Bewusstsein von allen und die Erfahrungen, die ihr mit diesem Vertrauensmangel hattet, waren in der Tat sehr schmerzvoll. Dieses Verlangen, immer die Kontrolle zu haben, statt das Zuzulassen, was gerade geschieht, hat viel Disharmonie erzeugt. Der höhere Aspekt des „Du“ liebt euch vollständig und möchte für euch nichts als Glücklichsein und euch zurückführen in den Zustand der Erleuchtung und Meisterschaft. Dieser höhere Aspekt des „Du“ weiß genau, wie er in euer Leben die Einweihungen und Umstände einbringen kann, welche die „Tür zu allem was ist“ weit öffnen wird. Aber euer konstanter Widerstand gegen das Klären eures Pfades von den Geröllblöcken eurer Ängste hat Scheuklappen erschaffen, die euch davon abhalten, diesen wundersamen Durchgang wahrzunehmen, der schon die ganze Zeit in eurer Reichweite ist. Auch wenn ihr durch viele dunkle Nächte eurer Seele gehen müsst, überantwortet euch dem göttlichen Willen, meine geliebten Freunde. Lasst die Ängste gehen und vertraut dem Prozess.

Die Menschen haben Angst, die dunkle Nacht ihrer eigenen Schöpfung zu erfahren. Was die Menschen vor allem anderen in Schwierigkeiten brachte, war dieser Mangel an Vertrauen. Als sie entschieden, Gott nicht länger dahingehend vertrauen zu wollen, drei Mahlzeiten am Tag zu erhalten und beschlossen, sich ihr Essen selbst zu besorgen, entstand eine fehlerhafte Ausrichtung. Als sie aufhörten, auf die Stimme ihres eigenen Geistes zu hören, trennten sie sich selbst vom göttlichen Fluss ab. Jetzt, ein paar tausend Lebenszeiten später, gibt es das Vertrauen in die Einheit des göttlichen Geistes und Willens nicht mehr und fast jeder lebt in irgendeiner Art in Furcht und Mangel. Jetzt ist es für euch an der Zeit, durch Erfahrung und Akzeptanz, und dem äußeren Anschein zum Trotz, die Energie des Vertrauens wiederzugewinnen und zu erlernen. Durch Absicht und Loslassen, durch das Zulassen dessen, was ist, werden die „Geröllbrocken“, die ihr euch erschaffen habt und welche die „Tür zu allem was ist“ blockieren, aus dem Weg geräumt und ihr werdet frei sein „einzutreten“. Ihr werdet endlich zu Hause sein.

Ist dies die Fußnote bezüglich der Heilung die in unseren Herzen und Seelen stattfinden soll?

Genau. Und bald wird die Menschheit beginnen, ihre Lektionen auf viel umfassendere Weise zu lernen. Ereignisse werden über diesen Planeten hereinbrechen und die Menschen werden große Entscheidungen zu treffen haben, die größten Entscheidungen seit vielen Lebenszeiten. Eure Mutter Erde wird die Art Trennung bald nicht länger tolerieren, die hier auf ihrem Körper stattgefunden hat und die Menschen werden sich entweder anpassen oder weichen müssen. Die „Neue Weltordnung" für diesen Planeten liegt nicht in dem, was eure derzeitigen Weltführer projizieren, sondern es wird ein Leben in völliger Einheit mit dem Gottselbst und dem Schöpfer sein. Der göttliche Wille wird hier sehr bald wiederhergestellt werden.

Ereignisse, die als ungerecht oder unfair erscheinen mögen, sind gewöhnlich Spiegel des menschlichen Bewusstseins. Sie werden immer mit den Energien des kollektiven Bewusstseins erzeugt. Zum Beispiel mögen in eurem Land *(Amerika)* viele eure Regierung nicht; sie möchten nicht in irgendeine politische Aktivität involviert werden, weil das als zu negativ wahrgenommen wird. Ihr habt jede Menge Bücher und Webseiten, die alle das Unrecht und die Korruption eurer Regierung beschreiben.

Obwohl das, was der Öffentlichkeit dort präsentiert und geschrieben wird in der Regel wahr ist – denn eure Regierung ist bis in den innersten Kern korrupt – solltet ihr euch in Erinnerung rufen, dass eure Regierung immer das Bewusstsein der Menschen widerspiegelt. Wenn Menschen im Kollektiv ihr Bewusstsein in höhere Integrität anheben, ziehen sie nicht länger die Art Regierung an, die ihr jetzt habt. Dies gilt nicht nur für die USA, sondern trifft auf die meisten Länder dieses Planeten zu. Wenn die Kataklysmen kommen, ist es das Gleiche. Kataklysmen sind nichts anderes, als ein Weg der Natur, durch das Kollektivbewusstsein erschaffene Ungleichgewichte oder Toxizität zu reinigen. Ihr ehrt die Erde nicht. Ihr überzieht ihren Körper mit Unrat, erzeugt viel Umweltverschmutzung und gebraucht ihre Ressourcen nicht weise. Indem ihr das tut, erzeugt ihr größere Ansammlungen aus unbalancierten Energien, die früher oder später freigesetzt und durch die Kataklysmen gereinigt werden müssen, die ihr so oft auf dem Planeten erfahrt.

Wenn sich diese ausgleichenden Kataklysmen manifestieren, werden sie von Wellen der Violetten Flamme begleitet, die erfüllt von Gottes klärendem Feuer sind. Nach einem Krieg gibt es eine immense Menge von persönlichem und planetarem Karma, das ausbalanciert werden muss. Größeres Verständnis wird erlang. Obwohl es nicht offensichtlich erscheinen mag, wenn die Wahrheit durch die Augen derer betrachtet wird, die immer noch danach streben, euren freien Willen zu kontrollieren. Sicher, viele Menschen haben gelitten, aber sie haben auch ihr persönliches Karma in diesem Prozess ausbalanciert. Nach dem Zweiten Weltkrieg, als so viel Karma auf diesem Planeten ausbalanciert worden war, öffnete sich der Weg für eine Ausdehnung und neue Technologie und für größere Erleichterungen, die ihr heute genießt. Obwohl das Leben noch für viele von euch schwierig sein mag, ist es doch leichter, als es noch vor tausenden von Jahren gewesen ist.

Meinst du, dass alles, was wir in unseren persönlichen Beziehungen oder als Gesellschaft, als Kultur oder als Land erfahren, ein Spiegel ist, der geschaffen wurde, um das Selbst und das kollektive Bewusstsein zu reflektieren?

Alles was passiert, sei es auf persönlicher oder globaler Ebene, ob es nun ein Vulkanausbruch oder ein Erdbeben ist oder ein Aufruhr in einer eurer Städte oder Krieg, reflektiert immer die unbalancierte unterdrückte Energie, die Menschen in sich tragen. Es reflektiert den in den Seelen der Menschen getragenen Ärger, die Ängste, den Betrug, die Gier, die menschlichen Ungerechtigkeiten, den Kummer etc. Alles ist ein Spiegel, nichts anderes als ein Spiegel von allem, was auf der menschlichen Ebene „aus dem Ruder" läuft.

Die meisten Menschen verstehen nicht, wie wir unsere Realität erschaffen. Sie sagen, dass, wenn sie ihre eigene Realität erschaffen würden, sie einen perfekten Körper hätten, das perfekte Haus oder den perfekten Lebenspartner und Geld in Fülle etc.

Das Problem ist, dass die Menschen noch nicht verstanden oder realisiert haben, WIE sie es erschaffen. Auch entstammt ihre Schöpfung nicht notwendigerweise nur aus dieser Lebenszeit und „Karma" oder Mangel an Verständnis muss erst ausgeglichen werden, bevor Perfektion sich manifestieren kann. Die Menschen kreieren beständig und permanent durch ihre Gedanken und Gefühle aus dem Moment heraus, auch durch ihre Worte und Handlungen und auch durch die inneren Dialoge, die sie mit ihrem Verstand während ihrer Wachstunden führen. Die

Menschen sagen vielleicht: „Ich möchte den perfekten Körper oder die perfekte Ehe", doch die Gedanken und Gefühle, die sie die meiste Zeit innehaben, unterstützen diese Wünsche nicht. Wenn es ihnen in einer Momentaufnahme gezeigt werden würde, wie ihre realitätserschaffenden Gedanken und Gefühle gewesen sind, würden sie verstehen, warum sie nicht den gesunden oder perfekten Körper haben, den sie sich wünschen oder die perfekte Beziehung und die Fülle, die sie möchten.

Die Menschen müssen sich wirklich ihrer Gedanken, Gefühle, Worte und Handlungen bewusst werden. Worte sind sehr machtvoll und ihr verstärkt damit ständig die Energie eurer Gefühle. Manchmal entsprechen auch die Worte nicht euren Gefühlen. Ihr mögt sagen „ich möchte mehr Geld haben", aber innerlich fühlt ihr euch arm. Ihr möchtet eine bessere Beziehungen haben, aber in euch drin fühlt ihr, dass ihr sie nicht verdient und ihr seid nicht willig, den Garten eurer Seele von Unkraut zu befreien, um den richtigen Lebenspartner anzuziehen. Ihr sagt „ich möchte einen perfekten Körper", aber in eurem Inneren liebt ihr euch nicht. Ihr liebt euren Körper nicht so, wie er ist und ihr seid nicht in Akzeptanz der Lektionen, die ihr mit eurem Körper in seiner gegenwärtigen Form zu lernen habt.

Der Körper kann nur auf Liebe antworten und fast alle von euch lieben oder kümmern sich nicht so um ihren Körper, wie wir es hier in Telos tun. Sehr wenige von euch lieben sich selbst genug, um sich selbst und ihren Körper angemessen und beständig zu nähren. Die meisten von euch geben ihrem Körper nicht die angemessene Ernährung, die er braucht, um sich zu verjüngen und auch gute Gesundheit auszustrahlen. Wie könnt ihr dann erwarten, für euch selbst einen perfekten Körper zu erzeugen? Ihr bestätigt permanent das, was ihr nicht wollt.

Ihr lebt in einem Haus aus Spiegeln und das Universum gibt euch viel Gleiches von dem zurück, was ihr durch eure Gedanken, Gefühle und Worte erschafft. Wenn ihr bezeugt „ich bin krank und müde in Bezug auf dies und jenes", erschafft ihr sehr machtvolle Affirmationen, die euch die eben genannten Energien zurückbringen. Ihr kreiert konstant Affirmationen über Dinge, die ihr nicht wollt. Seid euch bewusst, dass das Universum euch hört und ehrt, was ihr sagt. Wenn jemand sagt, er sei krank oder müde und dies mit so viel Stärke und Macht affirmiert, muss er bekommen, was er will. Er wird es erhalten. Und so bekommt ihr häufig dasselbe und die Spiegel kommen zu euch zurück.

Eine Frage hinsichtlich der Anwendung der Violetten Flamme zur Ausbalancierung von Karma. Wir haben offenbar noch die Lektionen aus dem Karma zu lernen. Wie können wir die Lektionen lernen, wenn wir einfach die Violette Flamme anwenden, um sie loszuwerden?

Die Violette Flamme wird sie nicht einfach „loswerden". Das ist nicht der Sinn der Sache. Die Violette Flamme wird dabei helfen, sie „auszubalancieren", aber sie wird euch auch die Lektionen lehren, die ihr zu lernen habt, nur auf angenehmere Art und Weise. Wenn ihr in Ablehnung der Lektionen und des Verständnisses über den Lerngehalt eurer herausfordernden Situationen verharrt, wird euch die Anwendung der Violetten

Flamme nicht die gewünschten Resultate bringen. Sie kann nicht dazu missbraucht werden, euch das Erlangen der Erfahrung und Weisheit zu ersparen, die letztendlich die wahre Bedeutung von Karma sind.

Es gibt immer noch den Unterschied zwischen dem Erlernen einer Lektion auf sanfte Art, durch weise Führung, die ihr annehmt, im Gegensatz zum Durchleben einer sehr schwierigen Erfahrung, um das gleiche Verständnis zu gewinnen. Erkennt ihr den Unterschied? Die Violette Flamme kann euch Raum geben, eure Lektionen auf sehr liebevolle und sanfte Art zu lernen, in der ihr die gleichen wertvollen Lektionen auch noch mit Leichtigkeit und Gnade verinnerlichen könnt. Es muss nicht so schmerzhaft und schwierig sein, wie ihr es derzeit wählt, eure Lektionen zu lernen. Euer Widerstand, euch den höheren und leichteren Wegen zu öffnen ist es, was die Härten in eurem Leben erzeugt.

Eine weitere Anrufung der Violetten Flamme

Hier ist eine weitere Art, die Violette Flamme für die Welt anzurufen. Ihr könnt folgende Anrufung sprechen: „Im Namen der ICH BIN - Gegenwart in mir, rufe ich den geliebten Saint Germain, den Hüter der Violetten Flamme, damit er die Welt mit Wellen des Violetten Feuers erfülle, um jeden Partikel des Lebens, jeden Mann, jede Frau und jedes Kind auf diesem Planeten in ein aurisches Feld der Violetten Flamme einzuhüllen, um sie zu schützen und zu erwecken. Ich bitte darum, dass dieser Vorgang aufrechterhalten werde, so lange bis die Perfektion wieder hergestellt ist. Und so sei es."

Ihr könnt diese Anrufung in euren täglichen Gebeten sprechen und Millionen von Engeln der Violetten Flamme rufen, die nur auf eure Absichtsbekundung warten, um an die Arbeit gehen zu können. Schickt sie in die ganze Welt und erfüllt sie mit Violettem Feuer. Ihr wisst, Engel dürfen nicht eingreifen, bis der Aufruf dazu von eurer Ebene aus ergeht. Schickt sie an die Arbeit, sie warten nur darauf, auf eure Bitte zu antworten. Die Engel der Violetten Flamme können diesen Planeten buchstäblich mit Violettem Feuer überfluten und viel Schmerz lindern. Arbeitet mit den Engeln der Violetten Flamme in eurem täglichen Leben und bittet sie, eure persönliche Welt mit der Energie der Violetten Flamme zu durchstrahlen. Viele Waldbrände wurden schon eingedämmt, weil einige Menschen die Violette Flamme zur Einschreitung anriefen, als riesige Feuer unkontrolliert wüteten.

Es erscheint wichtig, die Energie der Violetten Flamme zu jedem Mann, jeder Frau und jedem Kind auf dem Planeten zu senden und aus unserem Herzen heraus die Erde mit dieser Energie zu fluten. Ja, und vergesst nicht die Tiere, die Bäume, die Elementarwesen, die Naturgeister und das Königreich der Pflanzen. Die Elementarwesen brauchen eure Unterstützung, eure Liebe und eure Anrufungen der Violetten Flamme, um in der Lage zu sein, die Balance des Planeten aufrechtzuerhalten. Sie brauchen dies jetzt mehr denn je während dieser Zeit des Übergangs. Die Elementarwesen sind sehr darin eingebunden, der Evolution des Planeten in die höhere Oktave zu assistieren; sie sind eure Helfer. Je intensiver sie die Violette Flamme umgibt und je mehr Liebe sie von der Menschheit erhalten, desto sanfter werden die Übergänge für die Erde selbst und für alle auf ihrem Körper lebenden Königreiche.

Adama, nutzen die Lemurianer die Violette Flamme auch in Telos, um den Status der Perfektion aufrechtzuerhalten, den ihr dort alle habt?

Darauf kannst du wetten. Wir arbeiten konstant mit den Energien der Violetten Flamme. In verschiedenen Tempeln in Telos werden die Energien der heiligen Feuer unaufhörlich von den Mitgliedern der Priesterschaft angerufen und auch von vielen Freiwilligen. In unserem Haupttempel, dem Tempel von Ma-Ra, haben wir spezielle Bereiche, die jeweils einer der heiligen Hauptflammen zugeordnet sind. Unsere Leute wechseln sich ab und betreuen und nähren diese Flammen rund um die Uhr. Wir leben im Bewusstsein dieser Flammen und nehmen beständig ihre gesamten Energien auf. Im Gegenzug werden wir über alle Maßen vom Leben gesegnet.

Außerhalb von Telos, in der Gegend der 5-dimensionalen lemurianischen kristallinen Lichtstadt, haben wir Tempel für jede einzelne dieser heiligen Hauptflammen. Diese Tempel sind in der Regel sehr groß und die Wesenheiten, die in diesen Gegenden leben, versorgen und nähren diese Flammen ebenfalls rund um die Uhr mit ihrer Liebe, ihrer Demut und ihren Anrufungen. Die Bevölkerung der 5. Dimension ist ziemlich groß und die Meister und Engel der heiligen Feuer wie auch die Priesterschaft jener Tempel wechseln sich damit ab, die Qualitäten und Attribute dieser Flammen zu nähren und anzurufen. Sie tun dies für sich selbst wie auch für den Planeten, die Menschheit und die benötigte Energie, um den Stand der Perfektion der Dimension, in der sie leben, zu erhalten und zu erhöhen. Diese Art Ritual, ihr Lieben, wird in jeder Dimension vollzogen. Engel der heiligen Feuer und Engel aus verschiedenen Chören kommen auch dazu, um die vielen heiligen Flammen zu unterstützen, die wir nähren, und das ist es, was die höheren Dimensionen so schön macht und so wundervoll, um darin zu leben. Diese Aktivität wurde auch zu den Zeiten von Lemuria, Atlantis, Ägypten und in allen früheren Goldenen Zeitaltern und Zivilisationen durchgeführt.

Bald wird es sehr wichtig werden, dass ihr auf der Oberfläche damit beginnt, euch auch am Nähren und der Ausdehnung dieser Flammen zu beteiligen, zunächst innerhalb eurer selbst und dann für den Planeten. Wir haben dies für uns getan, aber auch für euch und das für sehr lange Zeit. Sehr bald wird von euch allen auf der Oberfläche – von allen, die sich als Anwärter für den Aufstieg in ein Stadium des 5-dimensionalen Seinszustandes betrachten – erwartet werden, dass ihr in eine weiterentwickelte Ebene spiritueller Meisterschaft eintretet. Von euch wird erwartet, dass ihr auch beginnt, mit diesen Flammen umzugehen und sie weiterzuleiten, für euch selbst, für die Menschheit und für den Planeten. Dies ist eine Bedingung in der 5. Dimension für alle, die hier anwesend sind.

Seid ihr jetzt bereit für die Meditation?

Meditation

Die Reise zum Tempel der Violetten Flamme in Telos

Ich bitte euch nun, euch in eurem Herzen zu zentrieren und eure Absicht und den Wunsch zu äußern, von den wundervollen Energien eurer göttlichen Präsenz erfüllt zu werden. Ihr könnt dies auf folgende Weise tun: „Im Namen meiner göttlichen Gegenwart ICH BIN bitte ich nun darum, dass jede Zelle, jedes Atom und jedes Elektron meines Vierkörpersystems, alle meine subtilen Körper, jeder Lebenspartikel dessen, was ich in allen Dimensionen und Bewusstseinszuständen bin, mit den Wundern und dem Zauber der Energien der Violetten Flamme der liebenden Freiheit erfüllt werde. Ich bitte nun darum, beständig davon durchströmt zu werden, 24 Stunden am Tag und dies an jedem Tag meines Lebens. *(Atmet dies ein).*

Während ihr von den Energien der Violetten Flamme erfüllt werdet, richtet eure Absicht darauf, gemeinsam mit eurem Höheren Selbst mit uns auf eine Reise zu gehen, zum schönen und wundervollen Tempel der Violetten Flamme in der 5. Dimension nach Telos. Dieser Tempel hat eine ätherische, 5-dimensionale, physische Struktur und unsere Leute können ihn jederzeit besuchen und so könnt ihr dies auch in eurem Lichtkörper tun. In diesem Tempel brennt die Violette Flamme unaufhörlich, genährt durch die beständige Liebe und Demut unserer Leute, alles Leben segnend, jeden Menschen auf dem Planeten segnend. Dies ist ein Ort, an dem Meister Saint Germain viel Zeit mit seiner Zwillingsflamme Portia verbringt, ebenso mit Legionen von

Engeln der Violetten Flamme aus allen verschiedenen Chören, und die Energien dieser wundervollen Flamme Gottes für diesen Planeten besucht und wieder auflädt.

Atmet diese Energie weiterhin ein, so gut ihr könnt, so dass ihr diese Energie mit zurück in euren physischen Körper nehmen könnt, wenn ihr wieder in euer Tagesbewusstsein zurückkehrt.

Nun seht euch selbst, wie ihr in einem großen runden Raum mit einer hohen Decke steht, in dem die Violette Flamme überall präsent ist. Die Wände sind aus reinem violetten Amethyst und der Boden besteht ebenso aus Amethyst-Kristallen einer feineren Zusammensetzung und helleren Farbe. Durch die Amethystwände seht ihr eine große Anzahl violett getönter Lichter, die euch das Gefühl einer mystischen Sternenvision geben. Der Raum ist hell und ihr seht Dutzende Fontänen aller Größen und Formen, die violetten feinen Nebel in allen möglichen Schattierungen abgeben, in einem magischen Spiel an Farben und Tönen. Die Wasser-Feen haben großen Spaß daran, mit diesen Energien zu spielen. Seht, wie sie in der Freude ihres Spiels aufgehen. Die Blumen-Feen spielen ebenso und erschaffen mit dieser Lichtenergie wunderschöne Blumen in allen Schattierungen von Weiß, Gold und Violett. Seht, wie sie euch einige davon zuwerfen; das ist ihre Art euch zu segnen und willkommen zu heißen. Gesellt euch hinzu, um an ihrer Freude und Glückseligkeit teilzuhaben.

Seht auch die vielen Engel der Violetten Flamme, die das Violette Feuer mit ihrer Liebe und Anbetung versorgen. Dieses große Feuer der liebenden Flamme ist nicht heiß, es ist eher etwas kühl. Es gibt hier mehrere Stühle im Raum und wir bitten jeden von euch, sich einen auszusuchen, in dem Bereich, in dem ihr euch am wohlsten fühlt und zu dem es euch hinzieht. Die Stühle bestehen aus reinem violetten Kristall und unter jedem befindet sich eine Violette Flamme, die aufsteigt, um euch zu durchlodern und sich in euch zu entfalten. Da sie von unten nach oben lodert, dringt sie durch die unteren Chakren in alle Teile eures Körpers und durchstrahlt ihn. Dann gibt es noch eine Flamme, die von oben herabkommt, die euer Kronenchakra durchdringt und jede Zelle eures Körpers durch alle der höheren Chakren durchstrahlt.

Wenn ihr sie bewusst in euer Herz einatmet, werdet ihr von der Violetten Flamme der Freiheit durchlodert, wie noch niemals zuvor. Um euch herum sind mehrere Engel der Violetten Flamme, die jeden von euch umgeben und Gefäße mit Liebe und mit Violettem Feuer in eure Energiefelder und in die verschiedenen Aspekte eures Lebens, die der Heilung bedürfen, ausgießen. Die Erfahrungen werden für jeden von euch unterschiedlich sein. Atmet weiterhin die Energie ein. Jetzt seht ihr Meister Saint Germain mit seiner Lady Portia und Lady Quan Yin, der Göttin der Barmherzigkeit und des Mitgefühls, und sie erfüllen euch mit ihrer Liebe und prägen euer Aurafeld mit der Flamme des Mitgefühls, die auch eine Energie des siebten Strahls darstellt.

Wir bitten nun jeden von euch, sich selbst einer höheren Ebene des Mitgefühls für eure eigene Heilung und für die Heilung derer zu öffnen, die ihr liebt. Was auch immer es ist, von dem ihr glaubt, dass es in eurem Leben der Heilung bedarf, ruft die Energien des Mitgefühls und der Vergebung an und erlaubt die Wandlungen, von denen ihr euch wünscht, dass sie stattfinden mögen. Bleibt in diesem Gefühl der Glückseligkeit, so lange ihr möchtet. Redet mit uns, redet mit Saint Germain oder mit Quan Yin und bekundet eure Absicht, euch vollständig zu heilen und alle Traumata aus der Gegenwart und der Vergangenheit zu heilen. Dieser Raum ist mit wundersamer Heilenergie angefüllt und indem ihr darin sitzt und in ihr badet, nehmt ihr Wellen dunkler Energie im Aurafeld um euch herum und in euch selbst wahr. Wo auch immer es Probleme gegeben hat, Trauma oder Schmerz, fühlt, wie die Energie beginnt sich zu lösen. Fühlt, wie die Schwere von euch geht und ihr euch zunehmend leichter fühlt. Fühlt die Leichtigkeit und die große Freude, die euer Sein durchdringt. Wenn ihr die zunehmende Freude fühlt, verringert ihr eure Bürden. Gestattet dieser Leichtigkeit, dieser Schönheit, der Liebe und Kraft, euch auf alle erdenkliche Weisen zu nähren. Atmet sie weiterhin ein. Weist die Violette Flamme bewusst an, was sie für euch tun soll. Manchmal ist es notwendig, dass zwischen eurer Bitte und deren Erfüllung Klärungsprozesse stattfinden, doch ihr arbeitet euch Schritt für Schritt auf euren Sieg zu. Fühlt euch nicht gedrängt, nehmt euch alle Zeit, die ihr braucht.

Wenn ihr fühlt, dass ihr soweit seid, könnt ihr euch umschauen, es gibt geistige Führer, Meister und Engel, die euch gerne weiterhelfen, wenn ihr eine Frage habt. Übrigens kommen die Engel, besonders diejenigen, die mit den Menschen arbeiten, mehrere Male in der Woche hierher, um sich mit der Schwingung der Violetten Flamme aufzuladen; viele kommen sogar täglich. Die unbalancierte Energie auf dem Planeten schwächt ihr Kraftfeld und sie kommen hierher, um es zu reinigen und wieder aufzubauen. Wir laden euch ein, das Gleiche zu tun. Bleibt bei uns, so lange ihr möchtet und wenn ihr soweit seid, kehrt wieder zurück zu eurem Tagesbewusstsein. Seid nun achtsam, um in eurem Leben nicht erneut durch eure Gedanken, Gefühle und Worte die Energien zu erzeugen, die ihr gerade umgewandelt habt.

Wir laden euch ein, jederzeit, wann immer ihr es wollt, in diesen Tempel in der 5. Dimension zu kommen. Die Tür ist nun für euch geöffnet. Der große Meister Saint Germain wird immer da sein und seine Engel sind stets liebevoll bereit, euch zu empfangen und euch zu assistieren, in welcher Form auch immer. Es ist ihnen ein großes Vergnügen, euch ihre Unterstützung zukommen zu lassen.

Wenn wir jetzt unsere Unterhaltung an diesem Tag beenden, ehren wir euch alle für eure Offenheit, wir senden euch Segnungen der Liebe, des Mutes und der Weisheit. Wir gesellen uns auch zu unserem lieben Freund Saint Germain, der beginnt, Wellen der Violetten Flamme in die Herzen all derer zu senden, die dieses Material später lesen werden. Und so sei es.

Die Ausübung großer Macht
ist nicht notwendig,
noch ist es das Begreifen
großer Gedankengänge.
Alles, was für den Aufstieg
auf individueller oder planetarer Ebene
benötigt wird,
ist das Erwachen eures Herzens
zur Wahrheit.

Adama

8. Kapitel

Der Übergang der Seele, genannt „Tod" und der Verlust eines geliebten Menschen in den kommenden Zeiten

Da es bald auf diesem Planeten viele Veränderungen geben wird und weil so viele Seelen auf Seelenebene eine bewusste Entscheidung getroffen haben, ihre physische Inkarnation zu dieser Zeit zu verlassen, weiß ich, dass viele von euch sich dem physischen Übergang von einem oder mehreren Lieben gegenüber sehen werden. Es sind diejenigen, die zu dieser Zeit ihres Evolutionsweges eine andere Entscheidung getroffen haben, als ihr sie euch für ihren Seelenweg wünschen würdet und ich würde euch gerne ermutigen, den Übergang der Seelen, den ihr „Tod" nennt, aus einer anderen Perspektive zu betrachten.

Ihr wisst alle, dass es so etwas wie den „Tod“ nicht gibt. Natürlich gibt es einen Übergang der Seele aus der Erfahrung in einem physischen Körper in ein anderes Stadium, das von euch als „Tod“ wahrgenommen wird, aber letztendlich ist es für die Seele einfach ein Übergang. Es ist fast immer eine Zeit der Freude, des Loslassens und der Wiedervereinigung mit anderen Aspekten des Selbst. Es ist eine Zeit der Befreiung, der Reflexion und neuer Anfänge und niemals ein Katastrophen-Ereignis. Wenn ihr dies erst einmal vollkommen versteht, werdet ihr euch selbst eine Trauerperiode gestatten, denn dadurch ehren wir die Energie derer, die gegangen sind, aber sie werden euch niemals wieder Leid tun. Ihr werdet euch völlig in Akzeptanz fühlen mit der Entscheidung, die von euren Lieben getroffen wurde und werdet sie vollkommen gut heißen. Ihr werdet euren Lieben für die gemeinsame Zeit in der Inkarnation danken und sie wahrhaftig auf ihrem Weg in eine neue Erfahrung segnen, in eurem Herzen wohl wissend, dass die Trennung nur eine Illusion des 3-dimensionalen Verstandes ist. Ihr werdet ohne Zweifel wissen, dass ihr sie jederzeit auf der Inneren Ebene wiedersehen und bei ihnen sein könnt und dass eure Verbindungen mit denen, die ihr liebt, niemals zerbrochen werden können, bis in alle Ewigkeit nicht.

Diejenigen, die einander in einer Inkarnationserfahrung sehr tief lieben, sind in der Regel jene, die sich schon seit Äonen kennen, einander lieben und in den gegenseitigen Lebenserfahrungen inkarnieren. Ihr habt den physischen Verlust voneinander wieder und wieder erfahren und ihr habt euch gegenseitig in allen Zeiten wiedergefunden und als Freunde oder Familie wieder miteinander gelebt.

Manchmal geschieht der Übergang – oder „Tod" – scheinbar durch Unfall oder wegen eines Verbrechens, durch einen Krieg oder durch ein natürliches Ereignis, das ihr Tragödie nennt. Alle Übergangsformen, egal, was für eine Form sie annehmen, sind von der Seele in einer anderen Dimension geplant. Diese Entscheidungen werden aus verschiedensten Gründen getroffen, gemäß des Seelenpfades oder des Ausbalancierens karmischer Verantwortlichkeiten, die derjenige, der geht, willentlich von der anderen Seite des Schleiers aus getroffen hat. Auf der Seelenebene ist diese Zeit des Übergangs im Allgemeinen eine Zeit großer Aufregung und Erwartungsfreude und er oder sie kann es fast nicht erwarten, sich auf den Weg in seine neue Erfahrung und sein Abenteuer der großen Reise zu begeben, die „Leben" genannt wird.

Hier ist die Geschichte einer uns gut bekannten Frau, die ihren einzigen Sohn bei einem Autounfall verloren hat. Sie war innerlich durch diesen Verlust völlig verstört und konnte sich selbst nicht in ein normales Stadium emotionaler Balance zurückbringen. Schließlich bat sie Aurelia, mich, Adama, zu channeln, um herauszufinden, warum eine solche Tragödie in ihr Leben hereingebrochen war. Sie betrachtete dieses Ereignis als große Ungerechtigkeit und wollte denjenigen, der ihres Erachtens nach für den Tod ihres einzigen Sohns verantwortlich war, gerichtlich belangen.

Nachfolgend ist das aufgeführt, was ich ihr durch meinen Channel geantwortet habe. Ich möchte euch auch noch mitteilen, dass diese Antwort für ihr Herz eine große Erleichterung und Heilung bedeutete. Indem sie meine Antwort las, war sie endlich in der Lage, einen großen Teil ihres Schmerzes und Kummers ziemlich schnell loszulassen. Sie war in der Lage, das Leben wieder mit erneuerter Freude und Hoffnung zu betrachten, in dem Wissen, dass es ihrem Sohn auf der anderen Seite des Schleiers gut geht, dass er sie mehr denn je liebt und dass er genau das getan hatte, was seine Seele sich als nächsten Schritt gewünscht hatte.

Ich fühle, dass es für euch alle wichtig ist, den Prozess des Übergangs, den ihr „Tod" nennt, auf tieferer Ebene zu verstehen. Wir wissen, dass viele von euch früher oder später einer ähnlichen Situation, entweder in ihrem eigenen Leben oder im Leben jemandes in ihrem Umfeld, begegnen werden. Diejenigen, die dieses Verständnis vollkommen in ihrem Herzen und ihrer Seele angenommen haben, werden in der Lage sein, sich selbst in wahrer Meisterschaft auszurichten, wenn sie mit einer ähnlichen Situation in ihrem Leben konfrontiert werden. Ihr werdet dann auch in der Lage sein, den anderen um euch herum, die noch nicht die Gnade solcher Erleuchtung und solchen Verständnisses des physischen Übergangs angenommen haben, Beistand zu leisten.
Hier folgt nun die Antwort.

Adama antwortet aus seinem Heim in Telos

Liebe lemurianische Schwester,

hier ist dein Bruder und Freund Adama. Es ist mir eine Freude, an diesem Tag von Herz zu Herz mit dir zu kommunizieren. So, wie ich dir mein Herz öffne, bitte ich dich auch, mir dein Herz zu öffnen und ebenso der Wahrheit deines Seins.

Ich fühle deine tiefe Sorge und den tiefen Schmerz hinsichtlich des Verlustes deines geliebten Sohnes. Es ist eine ganz normale Reaktion für das Herz einer Mutter, Kummer über den Verlust ihres Kindes zu fühlen. Meine Liebe, es ist wichtig, dass du dir selbst erlaubst, den Schmerz und den Kummer zu fühlen, weil es weder physisch noch spirituell gesund ist, Schmerzen zu leugnen oder zu unterdrücken. Wenn du dann nach einer Weile soweit bist, ist es aber noch wichtiger, dass du den Schmerz gehen lässt und wieder in deine Freude kommst. Das Leben muss für alle weitergehen, denn es endet nie.

Du hast ein wunderschönes, offenes Herz, liebe Schwester, und der Schmerz über den Verlust deines geliebten Sohnes ist ein Katalysator, der deinem Herzen dabei hilft, zu einer größeren Öffnung zu gelangen. Du weißt, meine Liebe, dass es so etwas wie den „Tod" nicht gibt. Das ist eine Illusion aus einer 3-dimensionalen Wahrnehmung. Wenn du hinter den Schleier blicken könntest, würdest du wissen, dass dein Sohn lebt, dass es ihm gut geht und dass er bewusster ist, als jemals zuvor. Dein Sohn hat jetzt die Fähigkeit zu verstehen, was dir gegenüber in seinem physischen Ausdruck zu kurz gekommen ist und er hat die Erlaubnis erhalten, dir und deinem Herzen näher zu kommen, als er das in seinem Erdenleben jemals war. Er ist sich jetzt wahrhaftig deiner tiefen und wahren Liebe zu ihm voll bewusst und sein eigenes Herz ist viel offener geworden. Er realisiert auch, dass er deine Liebe nicht so erwidert hat, wie er es hätte können, in der Weise, die du dir erhofft hattest, und dies motiviert ihn auf dieser Seite des Schleiers in hohem Maße, die Lektionen, die er in seiner nächsten Inkarnation lernen will, ernsthaft anzuschauen.

Du hast tausende von Inkarnationen auf diesem Planeten im Zuge deiner Evolution gehabt und du hattest tausende von Kindern. Du bist mit einer großen Anzahl von ihnen immer wieder inkarniert und niemals wirklich sehr lange von denjenigen getrennt gewesen, mit denen du Herzensverbindungen gehabt hast. Dein Sohn ist schon zuvor viele Male Teil deines Lebens gewesen und er wird es wieder sein, insbesondere weil die Schleier zwischen den Dimensionen so viel dünner werden. In den kommenden Jahren werden sich die Schleier komplett heben und alle von euch werden ihre Lieben wieder von Angesicht zu Angesicht sehen. In einer nicht allzu weit entfernten Zukunft wirst du, da du dich deinem Aufstieg verpflichtest, die große „Freude“ darüber erfahren, dich selbst eines Tages von Angesicht zu Angesicht mit all deinen Lieben wiederfinden, welche die physische Welt verlassen haben. Du wirst sie wieder berühren können, ohne deinen physischen Körper verlassen zu müssen. Kannst du dir das Spektakel und die Freude vorstellen, die diese große Wiedervereinigung bereiten wird? Es ist Teil des Plans, meine Freundin. Lass die Kerze der Liebe und Hoffnung weiter brennen. Fühle die Gegenwart deines Sohnes um dich herum und die Liebe, die er dir jetzt erwidert. Seit seinem Übergang hat er vieles an Verständnis gewonnen, das ihm fehlte, als er noch in seinem physischen Körper war. Dein Sohn hat beim Karmischen Lichtrat um Erlaubnis ersucht, sehr oft an deiner Seite sein zu dürfen und auch darum, einer der Führer werden zu dürfen, die dir in deinem nächsten evolutionären Schritt assistieren.

Ich, Adama, bitte dich, das Gefühl der Tragödie loszulassen. Soweit es deinen Sohn betrifft, war der ihm geschehene Unfall ein Ereignis aus der Bestimmung heraus, im Gegensatz zu dem, was er zu sein schien. Der Mann, der mit ihm zusammenstieß, war das Mittel zur Ausführung einer karmischen Absprache. Wisse, dass, wenn es nicht eine Entscheidung deines Sohnes auf Seelenebene gegeben hätte, diese gegenwärtige Inkarnation zu verlassen und sich auf die nächste Ebene zu begeben, der Unfall nie geschehen wäre. Schlussendlich war es kein Unfall, sondern die Ausführung einer Seelenentscheidung für einen Schritt zur Weiterentwicklung.

Auf Seelenebene war es für deinen Sohn noch nicht an der Zeit, in den Aufstiegsprozess einzutreten, den du für dich selbst gewählt hast. Es gab noch zu viele Angelegenheiten, die aus einer anderen Perspektive heraus zur Ausarbeitung kommen mussten. Wisse, dass es für ihn extrem schwierig geworden wäre, sie in der von ihm gerade verlassenen inkarnierten Erfahrung heraus anzugehen. Indem er gewählt hat, seinen Körper zu dieser Zeit zu verlassen, hat dein Sohn die Gelegenheit, sich mit viel größerer Weisheit und größerem Verständnis seine Ziele für die nächste Inkarnation zu setzen und sie vorzubereiten. Er wird in ein paar Jahren als eines der wundervollen Kinder der „Neuen Welt“ zurückkommen, um den Planeten zu segnen und anderen zu helfen. In seiner nächsten Inkarnation wird er emotional viel besser dafür ausgerüstet sein, seine Träume wahrzunehmen. Er wird in der Lage sein, die Ziele seiner Seelenagenda mit viel größerer Leichtigkeit anzugehen, als er diesmal dazu in der Lage gewesen wäre.

Wisse, dass, indem er die Entscheidung traf jetzt zu gehen, er in der Lage sein wird, im nächsten Leben ohne die ganzen Schmerzen, Schwierigkeiten und Härten aufzusteigen, die er zu dieser Zeit hätte überwinden müssen, wenn er geblieben wäre.

Und auf Grund der großen Liebe, die du für ihn gehalten hast, erhielt er eine großartige Hilfe, dieses spezielle Zugeständnis für die nächste Inkarnation zu bekommen. Er ist dir sehr dankbar für die Liebe, mit der du ihn so bedingungslos beschenkt hast, während er in der physischen Form war.

Wisse, dass dein Sohn dich für diese Liebe unermesslich ehrt. Er hilft dir dabei, den Weg für dein Nachhausekommen vorzubereiten. Weil du deinen Sohn so sehr liebst, ohne etwas zurückzuhalten, gestatte ihm nun die Entscheidung, die er getroffen hat, um sich zum nächsten Schritt zu begeben. Aus unserer Perspektive und aus der Perspektive der Seelenagenda, war das Verlassen der Inkarnation für ihn eine zeitliche und positive Entscheidung. Dein Sohn liebt dich sehr und er wünscht sich wahrhaftig, dich glücklich und in Freude zu sehen. Dein Sohn möchte nicht, dass du deinen Kummer verleugnest, aber er wünscht sich, dass du seinen Weggang als das Beste betrachtest, was ihm zu dieser Zeit passieren konnte.

Er sagt dir gerade jetzt: „Mama, ich bin immer noch am Leben und ich fühle mich so viel besser. Das Leben ist wundervoll hier und ich bereite mich für unser nächstes Zusammenkommen vor, das physisch und berührbar sein wird. Es wird nicht so lange dauern, bis wir uns wieder von Angesicht zu Angesicht treffen und du wirst wissen, dass ich niemals wirklich gegangen bin. Während meiner scheinbaren Abwesenheit aus deinem physischen Leben nimm dir nun Zeit, dich selbst noch viel mehr zu lieben, all die Liebe zu werden, die du bist und dann weiterzugehen in deine Freude und deine Lebendigkeit." Dies ist deine nächste Prüfung und Bestimmung.

Dein Sohn möchte, dass du mehr als jemals zuvor deine Glaubenssysteme um die Lebenserfahrung herum, die „Tod" genannt wird, überdenkst. Dieses Ereignis ist auch eine Gelegenheit, im Selbst einen neuen Bewusstseinssprung zu erschaffen, als Resultat aus dem Übergang in die nächste Welt. Frage dich selbst: Gibt es so etwas wie den Tod oder ist es einfach ein Übergang aus einer physischen Erfahrung in eine größere Realität? Besitze ich meinen Sohn wirklich oder gehört er Gott, wie alle anderen sich hier und anderswo in der Evolution befindlichen Seelen? War meine Rolle als seine Mutter in erster Linie, seine Seele in einer zeitlichen Inkarnationserfahrung zu unterstützen und ihr zu assistieren und haben wir deshalb Bande der Liebe entwickelt, die bis in alle Ewigkeit bestehen bleiben werden? Ist mein Sohn wirklich tot oder lebt er und schwingt mehr denn je auf einer anderen Bewusstseinsebene? Ist unsere Trennung eine permanente oder ist es nur eine temporäre Illusion? Kann ich wählen, mein Leben weiterhin in Liebe und Umarmung meiner göttlichen Präsenz zu führen und mein Leben wirklich wieder genießen, ohne dass mein Sohn physisch auf der Erde präsent ist oder werde ich mich für großen Kummer entscheiden, anstatt mich davon zu trennen und ihn loszulassen?

Liebste Schwester, ich kenne dein Herz und ich umfange dich mit meiner Liebe. Akzeptiere die Gabe des Friedens von Adama und bewege dich weiter in deine Freude. Betrachte den körperlichen Tod deines Sohnes als eine Verpuppung, die zu einem völlig neuen und glücklichen Schmetterling mutiert. Werde selbst ein Schmetterling und bald werdet ihr beide zusammen in Gottes Garten spielen, frohlocken und lachen.

Ich bin Adama, der Vater von allen.

Teil 2

Andal und Billicum

Galatril von Posid

Hyrham von Telos

Die Kinder von Telos

Celestia und Ahnahmar

Antharus, der blaue Drache

Lasst euer Herz
auf den Ruf eurer Seele hören
und ihr werdet wissen,
was der wahrhaftige Sinn
eurer Lebenserfahrung ist.

Adama

9. Kapitel

Bruderschaft der Eiche und Schwesternschaft der Rose

Andal und Billicum

Grüße und Segnungen an unsere Brüder und Schwestern der Inneren Erde und an jene, die auf der Oberfläche von Mutter Erde leben! Wir sind Andal von der Bruderschaft der Eiche und Billicum von der Schwesternschaft der Rose. Wir kommen heute zu euch als Sendboten unserer Leute mit der Absicht, euer Bewusstsein hinsichtlich eines anderen Königreiches auf diesem Planeten zu erweitern, über das ihr wenig wisst. In der Tat sind wir uns bewusst darüber, dass ihr noch viele weitere Königreiche auf eurem Planeten zu entdecken habt, so wie sich euer Bewusstsein ausdehnen und die Liebesschwingung in größerem Maße annehmen wird. Die Entdeckung anderer Königreiche, von deren Existenz ihr niemals etwas gewusst habt, wird euch viel Freude und euren Herzen neue Lieder bringen.

Gemeinsam, als eine sehr große Familie, umfassen wir eine Energieansammlung, die sowohl die Pflanzen- als auch die Kristallkönigreiche beinhalten (einschließlich der Steine und Mineralien). Wir sind eine Rasse von, sagen wir, Forscherwesenheiten, welche die vollkommene Ausstrahlung der Energien und Schönheit verinnerlicht, gespeichert und ausgeteilt hat, die in diesen Königreichen zu finden ist.

Unsere Mission ist schon seit vielen Jahrtausenden im Gange und wir haben seit der Zeit von Lemuria eine aktive Rolle in der Geschichte dieses Planeten gespielt. Unsere Existenz ist älter als Lemuria, aber unser Erwachen zum Dienst als solches geschah erst mit der Erweckung des Herzens von Lemuria. Wir sind Wesenheiten, die euch in der Statur kleiner erscheinen würden, als die Bilder, die ihr von unseren lemurianischen Verwandten habt, aber unsere Energiesignatur ist sehr umfangreich. Wenn ihr uns in unserem Reich sehen könntet, würden wir von der Bruderschaft der Eiche ähnlich wie eure „Hobbits" aus der beliebten Literatur aussehen. Und wir von der Schwesternschaft der Rose würden sehr euren Zeichnungen von Feen ähneln.

In den ätherischen Reichen jedoch erscheinen die Angehörigen der Bruderschaft als sehr große, grünlich schimmernde Wesen, die eine extrem kraftvolle Energie abgeben, welche sich mit eurem 3. Chakra (oder Solarplexus) verbindet und von da aus abwärts durch eure niederen Chakren in die Erde selbst fließt. Die Schwesternschaft erscheint wie pulsierende rosarote Energiekugeln, die sich mit eurem Herzchakra verbinden und nach oben durch euer siebtes Chakra fließen, um sich wiederum mit der göttlichen Quelle zu verbinden.

Gemeinsam nähren wir die Energien der menschlichen Wesen, welche die Erdoberfläche bewohnen, wann immer sie in die Naturreiche reisen, in denen wir existieren.

Diese Reisen können in den physischen oder in den ätherischen Reichen vorgenommen werden. Wir sind erreichbar, wann immer wir gerufen werden, bei euch zu sein und werden eure physischen und ätherischen Körper mit den Ausstrahlungen der Pflanzen- und Kristallkönigreiche durchdringen. Um uns zu kontaktieren und mit uns zu arbeiten, setzt ihr einfach die Absicht, uns in eure Energien einzuladen. Dies wird uns erlauben, euren gegenwärtigen energetischen Zustand nachzuvollziehen und euch im Gegenzug zu schicken, was auch immer an Energien notwendig ist, um die Balance in euren Energiefeldern wieder herzustellen. Wir arbeiten eng mit dem Bewusstsein jeglicher Kristalle zusammen, die sich in eurer Umgebung befinden mögen, ebenso mit den Energien der Pflanzen und Bäume, die um euch herum wachsen.

Wir haben unsere Inkarnationen auf diesem Planeten damit verbracht, die vielfältigen Formen und Methoden der vollen Ausstrahlung jeder pflanzlichen und kristallinen Spezies auf diesem Planeten zu erforschen, zu katalogisieren, zu verstehen und zu erzeugen. Jede individuelle Spezies, sei es nun aus Flora oder Fauna, Fels oder Äther, hat ihre eigene Farbe, ihr eigenes Ausstrahlungsspektrum, ihre eigene Schwingungsstrahlung, mit der sie konform geht. In diesem Set von Charakteristika gibt es auch individuelle Varianten, wenn ihr zum Beispiel die beträchtliche Vielfalt der Rosen durchgeht. Wir haben sie alle erforscht und die Einzelheiten und Qualitäten von jeder einzelnen gespeichert. Als Resultat daraus repräsentieren wir die lebende und atmende Bibliothek der Pflanzen- und Kristallkönigreiche.

In diesem Zusammenhang arbeiten wir auch eng mit allen Wesenheiten der Inneren Erde zusammen, um die Umgebungen zu balancieren und zu harmonisieren, die zu ihrer Unterstützung geschaffen wurden. Wir arbeiten auch mit allen Wesenheiten auf der Oberfläche zusammen, die sich mit unseren Energien in Einklang bringen können und wollen. Eines dieser Wesen kennt ihr sehr gut unter dem Namen Edward Bach, der in eurer jüngst vergangenen Erdgeschichte lebte. Seine Arbeit mit den Blütenessenzen wurde durch den Austausch mit uns von den ätherischen Reichen aus geführt. Seine Gärten und Wälder in der Gegend von Großbritannien waren Lieblingsplätze für unsere Anrufungen zur Verbreitung an das Pflanzenreich.

Viele andere haben sein Repertoire an Essenzen weitergeführt und erweitert, was einen Teil des „Wiedererscheinens" der Pflanzenenergien und ihrer Verwendung darstellt, um der Oberflächenbevölkerung zu assistieren. Das Wissen, das durch uns über diese Energien gehütet wird, steht allen zur Verfügung, die es erfahren und damit arbeiten möchten. Alles, was ihr tun müsst, um diese Information zu erhalten, ist, uns zu kontaktieren. Ebenso können dieselben Energien auch zu euch gezogen werden, indem ihr einfach die Essenz oder die Energie bei ihrem Namen ruft. Das Gleiche gilt für alle Energien und Essenzen des kristallinen und mineralischen Königreiches.

Unsere Arbeit mit den Hütern der Inneren Erde wurde getan, um diese Schwingungen gegen die Zerstörungen abzusichern, die ein Teil der Evolution der Erdoberfläche gewesen sind. Jeder von uns ist ein Bewahrer einer speziellen individuellen Schwingung. Wir halten diese Schwingung von Geburt an und geben sie zur Zeit unseres Übergangs in ein anderes Reich an jemand anderen weiter.

Wir existieren überall auf dem Planeten und wir sind auch Teil eines Netzwerkes der Gesellschaften der Inneren Erde, die seit Anbeginn des Erdbewusstseins existiert haben.

Wir sind in Kontakt mit all diesen anderen Gesellschaften und wir formen eine virtuelle Universität für Information, Erfahrungen und Schwingungsprägungen für alle, die dies zu erfahren wünschen.

Wir leben meistenteils in einer Dimension, die nur unwesentlich jenseits eurer liegt. Sowie die 3. Dimension in die 4. übergeht, sind wir sozusagen nur „gerade noch" außerhalb eurer Sicht, aber wir können leicht von denen wahrgenommen werden, die schon in der Lage sind, durch den Dimensionsschleier hindurchzublicken. Obwohl wir unsere Schwingung absenken können und relativ leicht in eurer Dimension in Erscheinung treten können, entscheiden wir uns im Allgemeinen dafür, dies nicht zu tun, denn wir sind Teil einer Arbeitsgemeinschaft, die euch stattdessen helfen will, eure Schwingung zu erhöhen. Wenn alle von uns aus der 4. und 5. Dimension euch gegenwärtig erscheinen würden, gäbe es keine Motivation mehr für euch, euch über eure

Dimension hinaus zu bewegen. Deshalb winken wir euch lieber mit einer Karotte, um euch zu motivieren und bitten jeden von euch darum, die notwendigen Schritte zur Anhebung seiner Schwingung zu vollziehen und sich hier zu unserer Dimension hin und darüber hinaus zu gesellen.

Die Erde selbst hat denselben Schritt der engen Zusammenarbeit mit uns getan, indem sie alles in ihrer Macht stehende tat, um sich selbst und die Menschheit auf die nächste Ebene anzuheben und letztendlich in ihren Zustand vollkommener Aufgestiegenheit zu gelangen. Es ist höchst wichtig, dass wir alle mit demselben Ziel zusammenarbeiten, nämlich ihr bei dieser höchst ehrfurchtgebietenden Reise beizustehen.

Wir laden euch ein, uns anzurufen, wann immer ihr dies wünscht.

Ihr könnt die Energien jeglicher Blume oder jeglichen Baumes anrufen und darum bitten, dass euch das Mitglied der Bruderschaft erscheint, das die Signatur davon hält. Dasselbe gilt für die Energie jeglichen Kristalls. Ruft einfach die Energie und bittet das Mitglied der Schwesternschaft, das die Energie trägt, euch zu erscheinen. Dies kann auf der ätherischen Ebene oder auch auf der physischen Ebene geschehen; es hängt ganz von eurer Offenheit und Empfangsbereitschaft ab, doch ihr könnt sicher sein, dass der Kontakt da sein wird. Die Anwendung der Blumen- und Kristallessenzen wird euch auch helfen, den Kontakt herzustellen, denn sie stellen dem physischen Körper eine erkennbare Signatur zur Verfügung, in die er sich einschwingen kann.

Wir haben auch damit begonnen, heute jedem auf der Oberfläche geborenen Kind ein Set Charakteristika zur Verfügung zu stellen, welches diese Schwingung in dessen DNS hält. Eure „Kristallkinder", die jetzt inkarnieren um diese Schwingungen zu halten und überhaupt jedes der Kinder hält die Schwingung eines speziellen Kristalls. Weitere Generationen werden fortgesetzt vielfältige Aspekte dieser Energie einbringen, so lange bis die volle Ausstrahlung des kristallinen Königreiches in der DNS der inkarnierten Menschen präsent ist. Bald wird die Oberflächenbevölkerung eine lebendige Kristallmatrix von Energien werden, die das Bewusstsein der Erde in Balance halten.

Generationen von „Rosen-Kindern", die bereits auf der Oberfläche eures Planeten inkarnieren, tragen die reine Essenz der Erdenliebe in ihrer DNS. Sie kommen, um den Emotionalkörper der Erde zu heilen und sie wieder mit der Wahrheit ihres göttlichen Ursprungs zu verbinden. Durch diese Heilung werdet ihr die Wiederkehr des Paradieses auf der Oberfläche manifestieren, nach der ihr euch so sehr gesehnt habt. Nach einer gewissen Zeit werden alle, die hier inkarnieren, die volle Ausstrahlung all dieser Schwingungen tragen und unsere Zeit des Dienens auf diesem Planeten wird zu einem Ende kommen.

Diejenigen, die innerhalb der Erde wohnen, haben diese Energien lange mit sich getragen, und dies macht die Erschaffung und Manifestation der Kristallstrukturen möglich; der glorreichen, freudvollen und reichhaltigen Ökosysteme und der balancierten Energien in ihrer gesamten Umgebung. Es handelt sich um eine Lebensweise, die, wenn sie vollkommen verinnerlicht und verstanden wird, die Oberflächenwelten transformieren wird, denn die wahre Natur eines Kristalls liegt darin, den wahrhaftigen Ausdruck der göttlichen Quellenenergie zu absorbieren und zu halten oder als Generierungslinse dafür zu fungieren. Die wahre Natur des Herzens ist es, zu erschaffen was man liebt und zu lieben, was man erschafft, und dies bedingungslos.

So, wie eure Brüder und Schwestern, die im Inneren der Erde leben und deren Anliegen es ist, euch bei der Öffnung zur Ganzheit eurer Schwingung behilflich zu sein, arbeiten auch wir zusammen, um euch mit den wundersamen Hilfsmitteln für euer Erwachen auszustatten.

Unsere Beziehung mit den gegenwärtigen Bewohnern von Telos ist kollegial. Wir sind hier, um ihnen bei der Harmonisierung der Schwingungen auf der Oberfläche zu helfen, so dass sie in naher Zukunft in Erscheinung treten können, um sich wieder zu den vielen inkarnierten Lemurianern zu gesellen, die in der Gegend um Mount Shasta und auf dem gesamten Planeten leben.

Wir stellen auch zum Teil unsere Unterstützung zur Verfügung, indem wir spezifische Energien dem Gitternetz hinzufügen, das sich von Telos aus über Mount Shasta ausbreitet. Dieses Gitternetz wird von Adama verwaltet und seine Ausrichtung ist die Unterstützung der energetischen Wiederanbindung bei all denen, die in der Gegend um Mount Shasta leben und ebenso in allen anderen Gegenden des Planeten, in denen Menschen bereit sind, ihre volle Christuspräsenz zu verkörpern.

Dieses Gitternetz hat viele Komponenten und viele unterschiedliche Energie-Ebenen. Eine große Vielzahl von verschiedenen Wesen sind in diese Arbeit eingebunden, um Adama den größtmöglichen Spielraum hinsichtlich der Übermittlungen über das Netz zu ermöglichen. Das Gitternetz selbst ist multidimensional und tatsächlich sind auch die Einwohner von Telos selbst ein Teil davon und werden ebenso selbst durch dessen Energien transformiert. Wir sind alle Teil eines viel größeren Ganzen und dieses Gitternetz hält einen der vielen Wege bereit, auf dem derzeit Energien auf diesem Planeten harmonisiert werden können.

Adama und sein Team in Telos, die das Gitternetz mit der höheren energetischen Lebenskraft speisen, die notwendig ist, um die dichtere Dimensionsform auf der Oberfläche zu durchdringen, wenden unser Wissen und die Bibliothek von Schwingungssignaturen aus unterschiedlichen Pflanzen und Kristallen an. Wir erzeugen eine Energiewelle für jede Signatur, die dann durch das Gitternetz geschickt wird, so dass ihre Intensität auf die erste verfügbare Stufe oberhalb der gegenwärtigen Schwingung der Oberflächenzivilisation ausgerichtet werden kann. Manchmal wird diese Welle auch auf einer zwei Stufen höheren Intensität oberhalb der Oberflächenschwingung geschickt. Dies sind dann Zeiten von weitaus schnellerer Transformation und im Allgemeinen sind zwei Stufen „darüber“ das Höchste, was wir übermitteln können, wenn die Mehrheit der Oberflächenwesen in der Lage sein wird, dies zu integrieren.

Unsere Aktivitäten dehnen sich auf alle Städte des Agartha-Netzwerkes aus, wie auch in die Mittlere und Innere Erde. In Telos haben wir durch unsere Arbeit in hohem Ausmaß zur exquisiten Schönheit beigetragen, die hier erschaffen wurde, einschließlich der Materialien, die hier für die weit entwickelte Technologie verwendet werden, die unterschiedlichen Transportmethoden und die Technologie für die schnelle Erneuerung des Nahrungsmittelnachschubs, um Menschen und Tiere zu ernähren. Wir helfen auch bei der Erschaffung der wundervollen Kristalle, welche die Struktur der meisten Tempel bilden, und der schönen Steine, die als Material verwendet werden, um die wundervollen Heimstätten zu bauen. Wir können eng mit den Einwohnern zusammenarbeiten und ihnen dabei helfen, beständig Wunder in ihrem Leben zu erschaffen, denn ihre Schwingung ist von stetiger Liebe und Harmonie.

Auch mit euch teilen wir immer die Liebe und Unterstützung für eure Reise, geradeso, wie es eure Brüder und Schwestern in Telos tun. Unter uns sind viele, die unter den ersten Wellen sein möchten, die aus den Reichen des Lichts innerhalb der Erde hervortreten, um sich persönlich mit euch zu treffen. Und dies, meine Freunde, planen oder hoffen wir, bald tun zu können. Es ist nun an der Zeit für alle, die diesen schönen Planeten bewohnen, in Liebe und Brüderlichkeit / Schwesterlichkeit als eine Familie zusammenzukommen. Auf der ätherischen Ebene haben wir dies schon getan und nun ist es Zeit, dies auch in eurem Reich zu tun. Eure Wahrnehmung, euer Bewusstsein, das ist alles was gebraucht wird, damit es geschehen kann.

Wir leben in einem Land aus reiner Magie, in einem Reich, in dem Einhörner und Drachen in vielfarbigen Wäldern leben, und in dem die Lieder der Vögel Ruhekissen erschaffen, auf denen ihr dahingleiten könnt. Wir leben an einem Ort, an dem ihr ganz natürlich mit den Wolken ziehen könnt, die eure Liebe zurück zur Quelle von Allem tragen werden. In unserer Dimension kennen und trauen alle Wesen ihrer ureigensten Natur, und der Glanz der unserer Liebe und Harmonie entspringt, formt eine Hülle aus Energie, die jeden von uns nährt. Wir laden euch ein, uns hier zu besuchen wann immer ihr dies wollt und das Bewusstsein dieses Reiches in eurem Bewusstsein an jedem einzelnen Tag zu erfahren. Wir laden euch ein, die Gärten eurer Herzen zu bepflanzen, die Blumen eurer Träume zu hegen und die Kristalle eurer Seele zu entdecken. Wir ehren euren Lebensbaum im Wald, der aus allen von uns besteht.

Viele, viele Segnungen und guten Wünsche der Freude für eure sichere Rückkehr nach „Hause“ in das Land der Liebe und der Magie! Wir sind Andal und Billicum, und wir haben mit euch die Energien der Bruderschaft der Eiche und der Schwesternschaft der Rose geteilt

10. Kapitel

Wir sind Kristallwesenheiten

Billicum

Die Schwesternschaft der Rose existiert, ebenso wie viele andere Gesellschaftsformen von Energiearbeitern der Kristallmatrix, um der Menschheit und der Erde selbst den Raum zu ermöglichen, sich in die Ganzheit ihrer kristallinen Strukuren hineinzubewegen. Das magnetische Gitternetz, das schon früher in diesem Jahr vollendet wurde, ermöglichte die Wiederenergetisierung des Kristallgitternetzes innerhalb des Planeten. Und dieses Kristallgitternetz befindet sich jetzt wieder in einem Zustand des Wachstums.

Strukturell betrachtet wachsen Kristalle, indem sie an Größe zunehmen. Dieser Prozess bezieht die Energien der Transformation durch Elementale des Feuers, der Erde und des Wassers mit ein, was nichts anderes ist, als ein Zusammenschließen und eine Verschmelzung von maskulinen und femininen Energien. Die pure kristalline Form wird dann ein Übermittler dieser kombinierten Energie. Innerhalb der Struktur der menschlichen DNS beginnt nun der gleiche Prozess sich zu entfalten. Ihr fügt eurer Struktur die Formationen hinzu, die gebraucht werden, um eine höhere und reinere Schwingung halten zu können.

Die Menschen beginnen nun, sich vollständig zu öffnen und innerhalb von sich selbst die kombinierten maskulinen und femininen Energien zu verschmelzen. Sie beginnen auf energetischer Ebene zu verstehen, dass die innerhalb ihres eigenen Seins und die auf dem Planeten selbst existierende Dualität tatsächlich eine Polarität ist, die das volle Spektrum der Harmonien repräsentiert. Sie sind jetzt willens, diese Polarität anzunehmen und in eine neue Entwicklungsphase einzutreten.

Die Evolution der Erde jenseits des Konzeptes und der Erfahrung von Dualität hat begonnen.

Viele der bekannten Energieplätze auf dem Planeten, wie Sedona oder ganz speziell Mount Shasta, haben ihre Energiecharakteristik von einer speziell männlichen oder weiblichen Schwingung hinweg angehoben in eine verschmelzende Schwingung, welche die gesamte Resonanz des göttlichen Funkens und des heiligen Weiblichen hält. Und die Menschheit selbst hat nun die gleiche Reise angetreten. Wir von der Schwesternschaft der Rose, ebenso wie unsere Gegenpole in der Bruderschaft der Eiche, sind Wesenheiten, die dem gesamten Planeten dienen. Wir haben unsere planetaren Hauptsitze innerhalb Mount Shasta und arbeiten sehr eng mit allen Zivilisationen der Inneren Erde zusammen, was auch die lemurianischen Energien beinhaltet. Es ist die lemurianische Energie, beschrieben als das „Herz von Lemuria“, die den Weg in ein vorwärtsstrebendes Bewusstsein weist und die so einen großartigen Dienst für den Planeten und seine Menschheit leistet, in Vorbereitung auf die große Wiedervereinigung. Zusammen mit allen Zivilisationen der Inneren und Mittleren Erde arbeiten wir gemeinsam daran, die ganzen Energiestrukturen einzubringen, die für die Rückkehr der Erde in ihre eigene göttliche Einheit notwendig sind und wir statten alle die Erdbewohner mit der Gemeinschaft des Herzens aus, die hier bereits einmal existiert hat. Die Kinder, die heute inkarnieren, besitzen bereits diese neuen Strukturen. Sie haben schon ein verinnerlichtes Verständnis der Welt jenseits der Dualität. Sie verbinden sich bereits miteinander durch ein Verständnis der Stärke des verschmolzenen maskulinen und femininen Prinzips der Aspekte, die wir fortgesetzt ehren, da sie die menschliche Erfahrung unterstützen.

Diejenigen unter euch, die schon hier sind, haben die größte und in gewisser Hinsicht wichtigste Aufgabe.

Ihr habt in euren Systemen die Resonanz der Erde und ihren gegenwärtigen Schwingungslevel am längsten gehalten. Während sie sich in eine höhere Bewusstseinsebene entwickelt, seid ihr es, mit denen sie sich am meisten identifiziert. Ihr alle seid zur jetzigen Zeit aus diesem signifikanten Grund hergekommen. So, wie jeder von euch an Struktur zulegt, legt sie auch in ihrer Struktur zu. So, wie jeder von euch sein Bewusstsein und Herz zur Vollständigkeit der jetzt stattfindenden Anhebung öffnet, gewinnt sie Ressourcen für ihre eigene Evolution.

Eure Inkarnationsverbindung zu denjenigen unter uns, die auf ätherischer Ebene diese reinen kristallinen Energien halten, ist dazu bestimmt, diese gleichen Energiestrukturen im physischen Bereich auszudrücken. Wir sind hier, um euch darüber zu unterrichten und anzuleiten, aber wir können nicht für euch den Pfad vorhersagen oder auswählen, den diese Reise nehmen wird. Es ist die Sache jedes einzelnen Individuums, den Kurs zu bestimmen, der für seine oder ihre Energien am besten passt. Wir können für euch den Raum dazu zur Verfügung stellen und wir tun dies auch und stehen euch bei allen Optionen und existierenden Potenzialen zur Seite.

Ihr habt allerdings die wichtigste Aufgabe, denn es ist die physische Ebene, auf der sich die größte Veränderung abspielen muss, um dem Planeten bei seiner Evolution und seinem Erwachen zu helfen. Ihr werdet in euren physischen Körpern viel Anhebung fühlen. Manche von euch mögen empfinden, dass bestimmte Organe nicht einwandfrei funktionieren oder dass bisher ziemlich stabile Energiebereiche sich nun ganz anders anfühlen. Ihr mögt ein großes und sofortiges Bedürfnis haben, eure Nahrungsaufnahme hinsichtlich Menge und Qualität zu ändern. Ihr werdet einen großen Wunsch verspüren, eure Körper auf emotionaler und physischer Ebene von Toxizität zu reinigen, die sich Lebenszeit um Lebenszeit aufgebaut hat.

Allen diesen physischen Anhebungen muss Rechnung getragen werden und der Impuls, eure physischen Körper zu nähren, muss gehegt werden. In naher Zukunft wird es viele Produkte geben, und einige davon gibt es bereits, die euren Körper auf eine viel tief greifendere Ebene nähren werden, als es in eurer kommerziellen

Gesellschaft an der Tagesordnung ist. Es ist wichtig, dass ihr nach diesen Produkten sucht und dann die Information darüber an euren eigenen Kreis und eure Gemeinschaften weitergebt.

Ihr habt in eurem Leben immer die Kristallgemeinschaften geehrt und verkörpert. In den modernen Zeiten sind wir in eure Kommunikationsmittel und Computer gekommen und haben in dem von euch getragenen Schmuck Raum genommen. Viele von euch haben uns auch in unserer natürlicheren Form erkannt und uns in ihre Heimstätten und Tempel gebracht.

Diejenigen unter euch, die uns im ätherischen Zustand sehen, haben unsere menschlicheren Formen wahrgenommen und uns als solche willkommen geheißen. Bitte nehmt zur Kenntnis, dass, welchen Weg auch immer ihr wählen mögt um unsere Energien einzuladen, wir immer da sind, um euch beim Erreichen der Gesamtheit eures Potenzials zu unterstützen. Wir sind hier bei euch, um auch den Planeten beim Erreichen seines höchsten Potenzials in physischer Form zu unterstützen.

Der große zentrale Kern des Planeten, bekannt als die innere Zentralsonne, ist in der Tat ein riesiger Kristall. Er existiert in einer 5-dimensionalen Schwingung und sendet an den Planeten die Schwingung aus, in die er sich hinein entwickeln wird.

Die große zentrale Kristallsonne innerhalb des Kerns dieses Planeten ist in ihrer Schwingung der großen zentralen Kristallsonne dieses Universums ähnlich und wird energetisch von ihr unterstützt, was allerdings in einer noch viel höheren Dimension und energetischen Struktur vonstatten geht. Die

Wesenheit, die als der große Kristallmeister bekannt ist, verkörpert diese Energie aus dem innersten Kern der Kristallsonne dieses Universums und strahlt sie nährend an alle anderen Kristallsonnen dieses Universums aus. Wenn man ein Vokabular benutzt, das euch verständlich ist, könnte man sagen: Er ist der oberste Meister, der Herr des gesamten kristallinen Bewusstseins in diesem Universum. Im Dienst des Vater-/Mutter-Gottes dieses Universums, von Alpha und Omega, stellt er derzeit viel von seinen Energien und Taten zur Verfügung, um die große Anhebung zu unterstützen, die eben stattfindet, um die Wiederherstellung und Wiedereinbindung dieses Planeten in seinen göttlichen Ursprung zu vollziehen. Ein wichtiger Anteil seines ausgedehnten Bewusstseins ist jetzt hier, innerhalb der Erde, und stellt eurer lokalen inneren kristallinen Zentralsonne Energie zur Verfügung und ebenso den anderen Kristallen.

Um den Planeten herum befinden sich andere 5-dimensionale Kristalle, die Energien aus dem großen zentralen Kristall halten. Die Kristalle der 3. und 4. Dimension, die auf dem Planeten existieren, gewinnen ihre Form aus diesem Ring von 5-dimensionalen Kristallen. Wir auf der ätherischen Seite sind das Bewusstsein in Form eines großen zentralen Kristalls. Wir sind eine der vielen Repräsentationen der Liebe und des Lichts, das aus dem Herzen des Planeten scheint.

Als die Anhebung des magnetischen Gitternetzes erst einmal vollendet war, sahen wir uns in der Lage, mit der nächsten Phase unserer Arbeit auf dem Planeten zu beginnen. Wir haben angefangen, mit Gruppen von Individuen zu arbeiten – einige davon groß, andere wiederum klein – und sie in die Arbeit mit dem kristallinen Gitternetz einzuführen und in die vielen Heilungs- und Transformationstechniken, die durch diese Ausweitung verfügbar werden. Jede dieser Gruppen wird bald beginnen, diese übermittelte Information auf globaler Ebene mitzuteilen.

Die Funktion der kristallinen Energien ist immer zweifaltig gewesen. Wir sind Übermittler von Energien jenseits der physischen Welt und wir sind Informationsspeicher. Heute beginnen wir mit dem höchst wichtigen zweiten Teil unserer Arbeit, da das Bewusstsein der Menschheit und des Planeten zur Wahrnehmung der von uns gehaltenen Information erwacht, an der wir euch so gerne sehnsuchtsvoll teilhaben lassen möchten.

In den kommenden Monaten werdet ihr hören, wie wir mit vielen Namen gerufen werden. Viele Gruppen werden uns kontaktieren und unterschiedliche Teile unserer Mission auf der physischen Ebene manifestieren. Die Arbeit, die jeder von euch leistet, ist Teil genau dieser gleichen großartigen Arbeit. Wir werden uns euch präsentieren, in welcher Form auch immer es am Besten für die Gruppen oder Individuen sein mag, denn jeder von euch trägt noch immer sein eigenes Set aus Bildern und Formen in sich, durch die wir uns mit euch verbinden müssen, um euch dann auch erreichen zu können.

Wir bitten euch darum, eurer eigenen Erfahrung nicht die Bilder, Formen oder Namen aufzuprägen, die euch von anderen mitgeteilt wurden, ohne sie zuvor durch euer eigenes Wissen zu prüfen. Jetzt ist für alle Wesenheiten die Zeit da, in der sie auf ihr eigenes Wissen vertrauen müssen, welche Form auch immer es annimmt. Die Botschaft eures Herzens ist der wichtigste Aspekt dieser Information, nicht das Etikett oder das Bild, das sich selbst eurem bewussten Verstand präsentiert.

Das Ego des menschlichen Wesens ist eine machtvolle Kraft, eine notwendige Kraft, aber auch eine, die in das Ganze integriert werden muss, nicht nur eine Stimme, der man folgt. Die nun wichtigste Arbeit in dieser Hinsicht ist daher eure Selbsterkenntnis. Wir werden mit euch durch euer eigenes kristallines Zentrum kommunizieren. Wählt für euch selbst einen oder auch mehrere physische Kristalle aus und arbeitet mit ihnen, um die Schwingungen eures eigenen kristallinen Zentrums zu erfahren. Bittet diese Kristalle, sich auf eure Kernvibration einzuschwingen und euch dann zu helfen, diese Schwingung in der Geschwindigkeit auszudehnen und weiterzuentwickeln, die für euch als Individuum angemessen ist. Wenn ihr eure Arbeit mit einem Satz von Kristallen beendet, seid offen für neue Kristall-Lehrer, die auf eurem Weg erscheinen.

Dies ist nicht die Zeit, in der alle ein und demselben Modell oder Modus der Transformation folgen sollen. Dies ist eine Zeit, in der jeder Einzelne seiner eigenen Vorstellung folgen und dabei gewiss sein soll, dass seine oder ihre Arbeit einen Beitrag zum Ganzen leistet, woraus ein neues Modell oder Paradigma für den Planeten entstehen wird. Die Arbeit, die ihr als Individuen leistet, erzeugt die Gruppenarbeit, und die Arbeit, die Gruppen gemeinsam leisten, erzeugt die Arbeit der Gesellschaft. Und wenn Gesellschaften zusammenarbeiten, steigt der Planet auf.

Ich bin Billicum von den kristallinen Wesen und es ist mir eine Ehre, einer eurer Lehrer sein zu dürfen.

11. Kapitel

Botschaft aus Posid

Galatril

Seid gegrüßt meine geliebten Brüder und Schwestern! Ich bin Galatril, Mitglied der dritten Ebene des Rates von Posid, unterhalb von Mato Grosso im Land Brasilien. Ich habe diese Position schon seit vielen eurer Lebenszeiten inne und ich habe viel von meinem Dienst geleistet, um die Energien der Vergangenheit und ebenso der Gegenwart zu heilen.

Wir, die Bewohner der wiedererstandenen Stadt Posid, die jetzt eine wundervolle und schöne Wohnstätte des Lichts in der 5. Dimension ist, und alle von uns, die in anderen Städten atlantischer Energie innerhalb der Erde wohnen, erkennen, dass es noch immer großes Misstrauen von vielen gegenüber unserer Schwingung gibt, welche die Katastrophe des Falls von Atlantis miterlebt haben.

Viele von euch, welche die Kataklysmen des Untergangs von Atlantis erfahren haben, tragen immer noch die Erinnerungen von emotionalem Trauma und körperlichem Schmerz mit sich.

Die Energien dieser Zeit, und die maskuline Überwältigung von Verstandesenergien über die feminine Balance des Herzens, erzeugen immer noch Emotionen der Angst und Qual in vielen von euch, die jetzt daran interessiert wären, jegliche Art von Kommunikation zu beginnen.

Aus diesem Grund bitten wir euch, es euch selbst zu gestatten, die frühere Verbindung mit uns, die ihr noch im Gedächtnis habt, loszulassen und dafür die Energien unserer tiefen Liebe zu euch wieder in euer Herz hineinzubringen. Seit der Zerstörung unseres Kontinentes haben wir viel Arbeit geleistet, um unser Bewusstsein weiterzuentwickeln und die Energien der Herzensliebe zu verinnerlichen. Wir haben lange und standhaft hart gearbeitet, um die Energien wieder auszubalancieren, mit denen wir in der Vergangenheit so achtlos umgegangen sind. Heute danken wir euch mit viel Freude und tiefer Anerkennung dafür, dass ihr uns die Gelegenheit gebt, euch zu erreichen und zu eurem Herzen zu sprechen. Wir kommen jetzt von einem Ort der Liebe und wenn ihr es erlaubt, können wir euren Seelen viel Heilung von den Traumata der Vergangenheit bringen, denen so viele von euch, wenn nicht sogar die meisten von euch auf der Oberfläche in der Vergangenheit ausgesetzt waren.

Wir, die uns selbst im alten Atlantis mit solcher Hochachtung begegneten, und die wir unseren Planeten so gefahrvoll durch unser Ego und den Missbrauch von Technologien erschütterten, haben seither viel von unserer Zeit im Dienste der Erde und des Erdinneren verbracht. Wir waren den Elementarwesen und den Naturgeistern dieses Planeten zu Diensten und auch unseren geliebten lemurianischen Brüdern und Schwestern, um den Schaden und die tiefen Schmerzen zu berichtigen, die wir für sie und für alle von euch ausgelöst haben. Wir haben auch viel über das Flehen der Seele um Wissen gelernt und wie diese Wünsche durch das tiefere Wissen des Herzens ausbalanciert werden müssen.

Nach dem Sinken von Atlantis waren es unsere lemurianischen Brüder und Schwestern, die sich selbst und ihre Einschätzung angeboten haben, um unsere Mentoren für den nächsten Schritt der Weiterentwicklung zu werden. Viele der Führer, Heiler und Lehrer, welche die Energien des Mitgefühls, der Weisheit und des Verständnisses in unserem Namen hielten, um uns zu erlauben, uns aus unseren früheren Tragödien hinaus weiterzuentwickeln, waren aus Telos. Viele waren auch aus anderen lemurianischen Städten. Für eine sehr lange Zeit war ihre Unterstützung, ihre Liebe und ihre Akzeptanz für uns für viele, mich selbst eingeschlossen, das einzige Licht, das an einem sehr dunklen Ort in unserem Herz und in unserer Seele schien. Unsere Verbindung zu ihnen war das Band, das uns höher und höher in das Bewusstsein der Liebe und der wahren Brüderlichkeit getragen hat. Wir laden nun die Menschheit ein, dasselbe zu tun.

***Wir leben unter der Region von Brasilien,
da die Erde dort eine hoch kristalline Natur hat.***

Wir sind nun hier als Hüter dieser Energien, um sie vor erneuter Manipulation durch diejenigen zu bewahren, die den göttlichen Plan weder reflektieren noch verstehen. Während wir in der Vergangenheit darauf bestanden hätten, die mächtige Kraft dieser Energie für Macht, Dominanz und Kontrolle zu nutzen, sind wir nun ihre Beschützer. Es ist nun sehr angebracht für uns, die Hüter dieser Energien zu sein, weil wir jetzt ein sehr großes Verständnis für sie haben und auch weil wir die negativen Auswirkungen ihres Missbrauchs erfahren haben. Wir können ihrem Fluss durch Beobachtung mit großer Vorhersagbarkeit folgen. Dies tun wir im Dienst für unsere lemurianischen Brüder und Schwestern, die wir nun als unsere „geliebte Familie" betrachten. Sie sind die Verbindungsglieder und die Harmonisierer dieser Energie zur jetzigen Zeit der planetaren Transformation.

In vielen Aspekten ist unsere Lebensart derer der Telosianer sehr ähnlich. Alle von uns haben in unserer Gemeinschaft verantwortungsvolle Positionen und wir verbringen auch viel Zeit mit dem Dienst für den Planeten und für unsere Brüder und Schwestern, die jetzt zu dieser Zeit auf der Oberfläche des Planeten inkarniert sind. Ein großer Teil unserer Arbeit besteht darin, dass wir viele der Kristall-Hilfsmittel programmieren, die zurzeit auf der Oberfläche auftauchen. Wir haben die Technologie, um aus der organischen Struktur der subterranen Städte der Erde eine neue Form von Kristall zu erschaffen, die eine viel höhere Schwingung aussendet, als die Kristalle, die bisher auf der Oberfläche erhältlich waren.

Diese Kristalle beginnen jetzt, an die Oberfläche zu kommen, und sie werden mit der Umgebung in die sie treffen in Wechselwirkung treten, um eine entgiftende Auswirkung auf alle Ebenen dichterer Schwingungen zu haben. Sie sind sehr offen für die bewussten Absichten der Individuen, die mit ihnen arbeiten möchten und sie werden mit allen arbeiten, die sie darum bitten. Jedoch werden sie nur eine Absicht auf einmal ausdrücken und nur innerhalb der Schwingungen des göttlichen Plans. Dies ist die erste Reihe der Heilwerkzeuge, die in naher Zukunft hervorkommen wird. Diese Kristalle werden auch die Farbschwingung der individuellen Person reflektieren, die gerade mit ihnen arbeitet und können ihre Farbschwingung auch ändern, wenn sie an eine andere Person weitergereicht werden.

Unsere Gebäude in Posid sind aus einem sehr ähnlichen Kristall-Material hergestellt. Diese Energie hat in großem Ausmaß im Bereich, in dem wir leben, zur Heilung sowohl unserer toxischen Gefühle als auch der toxischen Gefühle der Erde selbst beigetragen. Wir tragen in unseren Herzen den großen Wunsch, die Oberflächenbevölkerung zu unterstützen, wenn die Zeit dafür reif ist. Wir möchten euch bei der Erschaffung eurer eigenen Lichtstädten mit den gleichen Materialien begleiten und dies unterstützen. Außerdem werden diese Kristalle fähig sein, euren Boden zu heilen, alle eure Nahrungsquellen wieder zu energetisieren und sie werden noch viele andere Dinge tun können.

Wir möchten euch versichern, dass alle von uns den sehr großen Wunsch in ihrem Herzen tragen, in allen unseren Handlungen und Wechselbeziehungen mit euch, die Liebe und das Mitgefühl zu manifestieren, welches benötigt wird, um eine vereinte Zivilisation auf diesem Planeten zu erschaffen.

Es ist unser höchstes und innigstes Ziel, zur Manifestation dieser Einheit des Bewusstseins in allen ihren Dimensionen und Reichen beizutragen. Wir wünschen uns, mit euch wieder die Liebe, die große Freude und Gnade für alle von euch auf der Oberfläche lebenden zu erfahren, von Angesicht zu Angesicht, und diesen Planeten mit euch und uns allen, die wir im Inneren der Erde leben, zu teilen.

Es ist nun angebracht für uns zu sagen, dass in den höheren Reichen der 5. Dimension Atlantis und Lemuria in vollständiger Weise die Energien des ursprünglichen Plans für diese Kontinente manifestieren. Atlantis, das die Energien des göttlichen Vaters repräsentiert, und Lemuria, das die Energien der göttlichen Mutter repräsentiert, sollten ihrer Bestimmung nach im Bewusstsein der göttlichen Vereinigung zusammenarbeiten, um der Liebe und der Einheit des Bewusstseins zu assistieren und nicht nur den Menschen auf den entsprechenden Kontinenten. Sie sollten auch liebende Führer und Mentoren werden, Vorbilder der Einheit für andere Zivilisationen, die sich hier entwickeln, für jüngere Seelen mit weniger Erfahrung.

In Anbetracht der vielen Lebenszeiten, die viele von euch damit verbracht haben, sich von den ursprünglichen Schwingungen von Atlantis zu lösen, bitten wir euch darum, jetzt mit uns eine einfache meditative Übung zu machen. Wir hoffen, dass diese Meditation euch bei der Reinigung der sehr alten Schwingungen hilft, so dass die neue Schwingung sich selbst im entwickelnden Bewusstsein des Planeten einbringen kann.

Es gibt viele Fertigkeiten und technologische Ressourcen, die wir in Atlantis geschaffen haben und viele von euch haben direktes

Wissen darüber. Es ist nun für diese Technologien an der Zeit, wieder an die Oberfläche zu kommen; allerdings in der Schwingung von Liebe und Dienst, nicht von Ego und Macht. Wenn ihr eure Widerstände gegen die alten Energien und Erfahrungen klärt, wird durch euch alles, was gut war, alle Wunder von Atlantis, wieder an die Oberfläche kommen.

Weder der Kontinent von Atlantis noch der Kontinent von Lemuria werden wieder auf der physischen Ebene aufsteigen.

Sie werden stattdessen durch die Energien derer wiedergeboren werden, die in dieser Zeit inkarniert sind. Die Gaben und Ressourcen dieser Zivilisationen werden wieder manifestiert werden, in neuen leuchtenden Formen, durch diejenigen, die heute auf der Oberfläche leben.

Wir laden euch ein, nun mit uns in das kristalline Herz eurer Seele zu reisen. Stellt euch ein leuchtendes Zentrum vor, das hinter eurem Herzen liegt und das Energie in wogenden, pulsierenden Wellen durch alle eure Körper übermittelt und auch in das kristalline Zentrum der Erde selbst. Euer kristallines Zentrum schwingt in Resonanz mit dem kristallinen Zentrum der Erde. Wenn ihr euch auf eure eigene kristalline Zentralsonne ausrichtet, richtet sich euer Wissen mit eurer Liebe auch auf die kristallene Zentralsonne im Kern der Erde aus.

Folgt dem Pfad der Energie, wie er sich von euch ausdehnt und in die Erde hinein reist und achtet auf die Bilder, die entlang dieser Energiewellen erscheinen. Diese Bilder können euch als Farben oder Klänge erscheinen. Sie können Szenen aus der Zeit von Atlantis sein. Sie können geometrische Formen oder Bilder von

Menschen sein, die ihr gekannt habt. Verbindet euch in jedem Augenblick mit diesen Bildern und umgebt sie mit den pulsierenden Wellen der Liebe, die aus eurem kristallinen heiligen Herzen aufsteigen.

Versucht nicht, diese Bilder zu erklären oder zu interpretieren. Das Wissen darum wird zu der Zeit kommen, wenn es angemessen ist. Entwickelt einfach diese Bilder, diese Energieübermittlungen aus den Zeiten von Atlantis, mit der überwältigenden Liebe, die ihr nun im Dienst dem Planeten und der Menschheit anbietet. Bringt alle Überreste dieser verwaisten Energien in die Einheit, die zwischen eurer Zentralsonne und der Zentralsonne der Erde existiert.

Erlaubt der reinen Energie des Göttlichen,
diese Energien zu heilen und zu reformieren.

Lasst dies zu und übergebt es an den göttlichen Plan, der uns alle in seinen liebenden Händen hält. Und vor allem, erlaubt euch selbst, Äonen von Schmerz und Traurigkeit zu entlassen, von Schuld und Schande. Ihr, die ihr jetzt inkarniert seid, tragt nicht die Verantwortung für die Irrtümer, die während der Zeit von Atlantis begangen wurden.

Ihr seid nicht dafür verantwortlich, alles Falsche zu berichtigen, denn in Wahrheit gab es nichts Falsches. Es gab nur die von einer Zivilisation gelernten Lektionen, die den Pfad des Verstehens gewählt hatte. Und dieser Pfad beinhaltete eine der größten kollektiven Einweihungen, die es auf diesem Planeten jemals gegeben hat. Wir, die wir in der Zeit von Atlantis gelebt haben, und viele von euch waren bei uns, haben uns für dieses Leben entschieden, durch das wir aus jedem Winkel die Trennung zwischen Verstand und Herz erfahren haben. Wir wählten Erfahrungen, die unser Verständnis erhöhten und wir gingen aus freiem Willen in sie hinein.

Heute nehmen wir wieder Verbindung auf - mit größerem Wissen –, um euch alles mitzuteilen, was wir gelernt haben. Wir bitten diejenigen unter euch, die bei uns waren, auch wieder ihr Verständnis aus diesen Zeiten hervorzuholen und es mit denen zu teilen, die um sie herum leben. Wir wollen nicht wieder die alten atlantischen Städte aufbauen, doch wir wollen mit euch neue Gemeinschaften bilden; Gemeinschaften, die aus unserer gemeinsamen Liebe heraus wachsen und sich entwickeln, und aus dem Wunsch heraus, dies gemeinsam zu tun.

Wir werden euch niemals wieder Technologien erschließen, die eine Trennung von Verstand und Herz nach sich ziehen.

Wir werden euch diese Technologien erst dann wieder ins Bewusstsein rufen, wenn ihr selbst eine verankerte Schwingung von Liebe und Gemeinschaft erreicht habt. Ihr werdet dann diese Hilfsmittel auf der 4- oder 5-dimensionalen Ebene eurer Existenz wieder erschaffen. Ihr werdet ihnen auch selbst neue und wunderbare Hilfsmittel und Technologien hinzufügen.

Wir haben viel Weisheit aus unserer früheren Zivilisation gewonnen, die durch unseren Mangel an Voraussicht umgekommen ist. Wir sehnen uns danach, das, was wir gelernt haben, mit denen zu teilen, die eure Oberflächenregierungen zu dieser Zeit verwalten. Offenen Herzens laden wir all diejenigen unter euch ein, die es wollen, und alle, die Verbindungen mit uns haben aus Inkarnationserfahrungen unseres früheren Kontinentes, uns hier in Posid zu besuchen. Besucht uns in euren ätherischen Körpern und studiert mit uns das Bewusstsein, das zum Fall und der letztendlichen Zerstörung von Atlantis führte. Wir öffnen nun unsere Türen und haben spezielle Viertel in unserer Stadt eingerichtet, um alle von euch zu empfangen, die sich wieder mit uns verbinden und in Beziehung mit uns treten wollen. Wir laden euch ein zu kommen und mit Liebe und unverbindlich die damals erschaffenen Schwachstellen und Ungleichgewichte anzuschauen und diese Lektionen mit an die Oberfläche zu nehmen, an der die gewonnene Weisheit das Bewusstsein jener prägen kann, die gerade eure Dimension regieren und die Neigung haben, die gleichen Fehler wieder zu machen.

Während die Zentren der Besucher und der nächtlichen Schulungen in Telos mit einer ständig wachsenden Zahl von euch überquellen und sich eure Zahl im Tausenderbereich fast jeden Monat um jene verdoppelt, die euer neues Training und die Rückverbindung mit so vielen früheren Freunden und Familienmitgliedern genießen, sind unsere fast leer.

Mit großer Hingabe und Liebe laden wir euch ein, in euren Traumzuständen hierher zu kommen und auch uns in unserem atlantischen Wohnsitz zu besuchen.

Es gibt so vieles in unseren Herzen, was wir mit euch teilen möchten. Wir versprechen euch, eure Aufnahme ebenso vergnüglich und herzlich zu bereiten, wie ihr sie von unseren lemurianischen Brüdern und Schwestern in Telos kennt. So, wie ihr euch danach sehnt, euch wieder mit eurer lemurianischen Familie zu verbinden, so sehr sehnen auch wir uns danach, uns wieder von Herz zu Herz mit euch allen zu verbinden. Fast alle von euch, falls nicht sogar wirklich alle, hatten mehrere Inkarnationen in Atlantis, ebenso wie ihr sie in Lemuria hattet, und wir betrachten euch ebenfalls als unsere früheren Familienmitglieder.

Die frühere auserlesene Schönheit, die Posid einmal auf der physischen Ebene hatte, ist durch uns in der 5. Dimension wiederhergestellt worden, und natürlich mit einem noch viel größeren Ausmaß an Schönheit und Perfektion. Ihr werdet genauso entzückt sein, Posid zu besuchen, wie Telos oder andere lemurianische Städte. Auch wir führen ein Leben der Magie und des Paradieses, das wir gerne in eurer nahen Zukunft mit euch teilen möchten.

Die Tore von Posid stehen jetzt für alle von euch offen, welche die Freundschaften der Vergangenheit wieder entfachen wollen.

Letztendlich werden auch wir unsere Rolle im Zuge des lemurianischen Erscheinens auf der Oberfläche spielen und wieder bei euch sein. Wir danken euch für das Verständnis und für diese Gelegenheit, durch diese Veröffentlichung gehört zu werden. Wir segnen euch um eurer Herzen Willen, die uns immer noch lieben.
Ich bin Galatril, euer atlantischer Bruder aus der Vergangenheit. Im Namen meiner Brüder und Schwestern übersenden wir euch unsere Liebe und unser Mitgefühl und ebenso unsere tiefste Freundschaft und Unterstützung.

Weisheit ist so gütig und klug,

dass – wo auch immer ihr hinschauen mögt –

ihr etwas über Gott lernen könnt.

Warum sollte der Allgegenwärtige nicht

auf diese Weise lehren?

Hl. Katherina v. Siena

12. Kapitel

Die Kinder von Telos

Celestia, eine der Älteren von Telos

Grüße aus Telos, ich bin Celestia. Heute haben wir hier eine Klasse mit jüngeren Kindern und älteren Kindern, die viele der Fragen beantworten möchten, die ihr habt. Ich brauche euch nicht zu sagen, dass sie dabei sehr aufgeregt sind. Unsere Kinder verbringen viel Zeit damit, die Situation auf der Oberfläche zu studieren, weil auch sie mit viel Eifer eure Kinder verstehen und mit ihnen kommunizieren wollen.

Das erste, von dem die Kinder möchten, dass ich es euch, und speziell den Kindern auf der Oberfläche, mitteile, ist, dass sie in vieler Hinsicht neidisch sind auf die Erfahrungen, die dort gemacht werden können, obwohl Neid als solches nicht wirklich eine Emotion ist, die wir hier in Telos haben. Die Kinder der Oberfläche erfahren ein höchst aufregendes Abenteuer während ihrer Inkarnation. Sie haben sich entschieden, zu einer Zeit zu inkarnieren, in der außergewöhnliche Veränderungen auf der Erde stattfinden, zu einer Zeit, in der die Energien jedes Einzelnen so wichtig für diese Veränderungen sind.

Wir leben alle in einer Zeit, in der die Transformation nicht nur ein Wunsch oder ein Ziel ist, sondern eher eine wachsende Realität. Jedes Individuum, das zu dieser Zeit auf der Oberfläche lebt und in einem 3-dimensionalen Körper inkarniert ist - der bald ein 4- und 5-dimensionaler Körper werden wird - ist ein Entdecker, der neue Welten und neue Arten des Seins erfährt.

Ihr, die Kinder der Erde, habt euch in diesem Leben zusammengefunden, in vielen Sprachen und an vielen Orten, um, sagen wir, ein Gruppenprojekt zu erschaffen oder ein Fundament aus Gruppenenergie, das rein ist und sich deutlich von den derzeitigen Energien auf der Oberfläche unterscheidet. Ihr habt euch zusammengefunden, um gemeinsam an großen Feierlichkeiten der Kreativität teilzuhaben und jeder von euch hat neue und wundervolle Gaben in diese Versammlung eingebracht. Jeder von euch trägt ein wertvolles Stück der Vision, die dieser Planet bald erfahren wird. Ihr seid hierher gekommen, um die Brücke zwischen der alten und der neuen Welt zu bilden.

In Wahrheit hat der Wechsel bereits auf vielen Ebenen und in vielen Dimensionen stattgefunden.

Jetzt geht es für jeden auf der Oberfläche nur noch darum, damit zu beginnen, das Bewusstsein dieser Veränderungen zu erfahren, und der Entscheidung, die ihr alle getroffen habt, um diese neuen

Energien in die Realität umzusetzen. Jeder, der zu dieser Zeit inkarniert ist, besitzt das Wissen dieser neuen Realität. Ihr habt euch zu dieser Zeit auf der Oberfläche und in diesem Raum nicht aus dem Geist des Opfers heraus inkarniert. Euer Herz ist dankbar und freudvoll über die Transformation, deren Teil ihr werdet.

Viele von euch haben dieses Abenteuer hier in den Schulungen und Kursen von Telos trainiert. Mit uns habt ihr die Kulturen und Energiemuster der Oberflächenwelt studiert. Ihr habt mit Wesen auf der Oberfläche kommuniziert, die schon viele Jahre als vorausgehende Pfadfinder dort gelebt haben, die, sagen wir, den Raum vorbereitet und gehalten haben für dieses große Abenteuer. Ihr habt die Seelenstrukturen vieler Familiengruppen ausprobiert und erörtert, bevor ihr entschieden habt, wo und in welcher Familie ihr inkarnieren würdet. Viele von euch, die auf der Oberfläche inkarniert sind, kommunizieren regelmäßig mit ihren Studiengruppen hier in Telos, denn es besteht in der Tat eine fortgesetzte Gruppenarbeit zwischen der Oberfläche und den Gemeinschaften der Inneren Erde und ihrer Kinder.

Ihr schickt regelmäßig Berichte über eure Aktivitäten auf der Oberfläche und insbesondere über eure Reaktionen und Gefühle innerhalb der Intensität einer 3-dimensionalen Inkarnation. Ihr schickt uns ebenso geistige Darstellungen und visuelle Bilder, wie das Verständnis, das ihr aus der Arbeit in den dichteren Energien der Oberfläche gezogen habt. Diese Information ist von großer Wichtigkeit für die Kinder hier in Telos. Sie sind nicht nur daran interessiert zu erfahren, wie euer Abenteuer vorankommt, sondern auch daran, wie sie euch am Besten bei den Transformationen, die ihr auf der Oberfläche angeht, assistieren können.

Luriel

Luriel ist einer der älteren Jungs in der Klasse und er hat eine Botschaft für euch.

Herzliche Grüße von euren Brüdern und Schwestern, von Spielkameraden und Klassenkameraden aus Telos! Wir stehen fast neben uns vor lauter Aufregung und Freude darüber, mit euch direkt kommunizieren zu dürfen. Obwohl wir getrennt von euch zu sein scheinen, sind wir während vieler Abenteuer auf der Oberfläche tatsächlich direkt neben euch. Wir folgen begierig der Arbeit, die durch die übersinnlichen Kinder getan wird, wie sie von euren Älteren genannt worden sind. Sie sind unsere Freunde, die viel Bewusstsein zu Menschen aller Altersgruppen auf der Oberfläche bringen. Diese Kinder sind in der Tat sehr alte Seelen, die in absoluter Verzückung sind über diese Gelegenheit, ihr Wissen und ihr Bewusstsein mit dem Planeten zu teilen und sie tun dies in Gestalt eines Kindes, ohne die Verantwortlichkeiten und Bürden, die so viele der Erwachsenen auf der Oberfläche zu belasten scheinen.

Sie sind in der Lage, ihre Mission als Spiel auszuführen und dies ist das wundervollste Beispiel von allen auf der Oberfläche. Sie tun ihr Bestes, um die Wahrheit auszuleben, die wir hier in Telos leben, nämlich dass alle Arbeit Spiel ist und alles Wissen aus der Unschuld der Erfahrung kommt, nicht aus der Mühsal. Freude ist eine wahrhaftig unschuldige Erfahrung und eure übersinnlichen Kinder sind hier, um euch das vorzuleben.

Alle Kinder, die jetzt auf der Oberfläche inkarnieren, tragen eine höhere Schwingung und leben in ihr. Ihre DNS ist aufgerüstet worden, sagen wir, um höhere Ebenen der Kommunikation und des Bewusstseins zuzulassen. Sie sind in diese Inkarnation nicht getrennt von dem Wissen eingetreten, wer sie wirklich sind und warum sie diesmal auf der Oberfläche sind.

Ihnen sind viele Namen gegeben worden, von Indigo-Kindern, übersinnlichen Kindern und Kristall-Kindern bis zu Violetten Seelen und noch weiteren. In Wirklichkeit beziehen sich diese Namen auf die Klassen, in die sie gehen.

So, wie ihr auf der Oberfläche alle in Schulen geht als Teil einer künftigen Graduierungsklasse, wie z.B. die Klasse von 2004, ist jedes Kind Teil einer Klasse, in die es vor der Inkarnation hineinkam. Jeder Klasse wurde eine unterschiedliche Zuordnung auf der Oberfläche gegeben und jede Zuordnung trägt eine andere Schwingung. Alle Klassen, alle Zuordnungen und alle Schwingungen sind jedoch Teil derselben Schule, genauso wie wir in Telos Teil dieser selben Schule sind.

Alle Klassen sind durch ein Gitternetz verbunden. Dies ist teilweise das Netz, über das ihr schon so viel von den übersinnlichen Kindern gehört habt, die es benutzen, um miteinander zu kommunizieren. Aber das gesamte Netz ist viel größer als alle seine individuellen Teile, und es formt ein Kommunikationssystem für das komplette Universum. Dieses Netz ist eine Schöpfung der Energien des göttlichen Plans und es kann durch die Energien des Herzens betreten werden. Es verbindet alle Wesenheiten im Universum in vielerlei Hinsicht, so wie das Internet dies auf der Oberfläche tut. Das Internet ist in der Tat eine 3-dimensionale Darstellung dieses Netzes, obwohl seine wahre Funktion und sein Gebrauch erst noch richtig entdeckt und vorangebracht werden muss. Dies wird sich letztendlich auch transformieren, wenn sich das Bewusstsein auf der Oberfläche transformiert.

Einige der übersinnlichen Kinder haben Zeit in Telos oder anderen lemurianischen Lichtstädten verbracht. Weitere kommen von anderen Seelen- und Planetengruppen. Aber sie sind alle hier, um Spaß, Gemeinschaft und Freude zu pflegen. Ungefähr ein Drittel der Kinder, die in der Umgebung von Mount Shasta leben, sind aus unseren eigenen Reihen in Telos ausgesandt worden. Wir haben auch viele Kinder zu anderen Städten und Familien rund um den Planeten geschickt. Wir könnten das in der Tat als Studenten-Austausch bezeichnen, oder als Studienreise, wie ihr es in einigen eurer Schulen pflegt. Hier betrachten wir dies als unglaubliche Gelegenheit, alles anzuwenden, was wir gelernt haben, und ein außergewöhnliches Abenteuer zu erleben, das bei weitem alles übersteigt, was wir uns vorstellen konnten.

Viele von uns sind in die Reihen der Sendboten berufen worden, wie wir es in unserer Schulung hier in Telos nennen. Ich bin einer von ihnen. Wir sind Botschafter der 5-dimensionalen Energien, die ausgedehnte Reisen unternehmen, um die Liebesschwingung zu generieren und zu halten, so dass die Einwohner auf der Oberfläche diese Schwingung erfahren können und, wie man es uns gelehrt hat, sich anpassen können. Wir tun dies im Rahmen von Aufträgen, die sich von Tagen bis Jahren erstrecken können (im Zeitrahmen eurer Oberfläche). Es geschieht in Gruppen oder individuell, doch wir berichten immer alle Informationen, Beobachtungen, Erfahrungen und Erkenntnisse an die gesamte Klasse. Die Klasse selbst präsentiert dann alles, was sie erhält, den Einwohnern von Telos und dem Hohen Rat. Wir sind auch ein Teil der fortlaufenden Arbeit von Telos.

Die Studenten auf der Oberfläche sind in der Regel von der Gesellschaft getrennt. Ihr studiert viele Jahre lang und dann unternehmt ihr durch die Graduierung den Sprung in die Gesellschaft. Die Studenten in Telos sind immer Teil der Gesellschaft und tragen eine besondere und spezielle Energie zu allen Diskussionen und Entscheidungen bei, die unsere Welt bestimmen.

Einige der jüngeren Kinder wünschen, dass ich euch ihre Liebe übersende und bitten mich, dass ich euch die Vision eines Bildes übermittle, das sie alle mit sich an einem speziellen Ort in ihren Herzen tragen. Die Vision ist eine große Höhle, die in einem Berg gelegen ist. Sie ist nach Oberflächenmaßstäben so enorm, dass ihr ihre Seiten oder die Decke nicht sehen könnt, also erscheint es euch nicht, als ob ihr drinnen wäret, sondern eher so, wie auf der Oberfläche. Es gibt viele verschiedene Orte, an die man in der Höhle reisen kann, aber der, von dem die Kinder wollen, dass ihr hingeht, ist das Ufer eines sehr großen Sees. Ringsum sind Hügel und Täler, aus denen Wasser in grandiosen Farben fällt und dann in den See fließt. Die Regenbogen, die in diesen Wasserfällen leuchten, setzen sich in den Wassern des Sees fort und erschaffen kleine glänzende Wellen aus Farbe, die auf den vielfarbigen Sand, auf dem die Klasse sitzt, auftreffen und ihn verschönern.

Alle Kinder dieser Klasse sind zu einem Picknick gekommen und sie laden euch ein, daran teilzuhaben. Das Picknick ist zum Studieren und Spielen, denn sie möchten, dass ihr erkennt, dass dies alles das Gleiche ist. Die jüngeren Schüler bringen sich selbst die Lektionen von heute bei und die Lehrer und Älteren sitzen alle zwischen den Studenten, um sich auch an der Klasse zu erfreuen. Jede Lektion wird in Form einer Geschichte oder eines Liedes gelehrt, die von den Schüler erstellt wurden.

Sie laden euch ein, diesen Geschichten und Liedern zuzuhören und dann selbst eine Geschichte oder ein Lied zu entwerfen und es dann der Klasse vorzutragen. Sie bitten darum, dass die von euch erschaffene Lektion, eine Lektion der Oberfläche sei, aus eurer derzeitigen Inkarnation auf der Oberfläche. Obwohl sie alles aufzeichnen, was sich über dem Grund abspielt, sind eure Eindrücke für sie doch einzigartig. Sie wünschen sich, direkt von euch aus den Wundern des Abenteuers, das ihr gegenwärtig auf der Oberfläche lebt, zu erfahren, daraus zu lernen und daran zu wachsen.

Ihr dürft uns, wann immer ihr wollt, bei unserem Picknick besuchen, denn alle werden sich versammeln, wenn wir euch rufen hören. In der Multidimensionalität, in der wir hier in Telos existieren, können wir uns zugleich an vielen Orten versammeln, in vielen Aspekten auf einmal, um Freude an euren Geschichten und Liedern zu haben, auch wenn wir gerade mit etwas anderem beschäftigt sind, wenn ihr ruft. Wir segnen euch und freuen uns darauf, in Telos mit euch zu spielen, wann immer ihr zu Besuch kommen wollt. Und bald werden wir alle auf der Oberfläche zusammen spielen, wenn das Bewusstsein genügend angehoben wird, dass wir hervortreten können. Aber für jetzt laden wir euch ein, mit den Kindern um euch herum zu spielen, denn wir sind auch unter ihnen. Herzliche Segenswünsche.

Angelina

Eine unserer Lehrerinnen, Angelina, eine Meisterheilerin und eine Ältere in Telos, würde gerne eine Frage ansprechen, die sich anlässlich der Hyperaktivität der Kinder auf der Oberfläche stellt.

Ich bin Angelina und möchte heute sowohl mit den Kindern als auch mit den Erwachsenen auf der Oberfläche über die Hyperaktivität und den Gebrauch bestimmter Medikamente sprechen, die eingesetzt werden, um die Hyperaktivität „unter Kontrolle" zu bringen. Hyperaktivität wird von euren so genannten „Autoritäten" nicht verstanden. Viel von dieser Hyperaktivität, die sich in der Generation der Kinder der heutigen Zeit zeigt, ist in der Tat ihre Reaktion auf die überwältigend ungesunde Umgebung, in der sie leben. Durch die synthetische Art, auf die ihr das Leben auf dem Planeten angeht, sind eure kostbaren Kinder gezwungen, eine permanente abnormale „Überstimulierung" ihrer Hypophyse und physischen Sinne zu erfahren.

Es wurde viel über Ernährung und die Wechselwirkung mit euren Medien des Fernsehens, der Musik und der Filme gesprochen und dies sind ebenso ernste Anliegen.

Die ständige Bombardierung der Sinne durch Wellenformen, die in euren energetischen Körper wie auch in euren physischen Körper eindringen – aus Mikrowellen-Technologien, die euer Fernsehen, die mobilen Telefone und die Mikrowellengeräte produzieren –, zerreißt die wichtige fortgesetzte Transformation der Struktur, deren Manifestierung vorzunehmen all die Kinder gekommen sind. In euren Großstädten ist die Spaltung so groß, dass es ein Wunder ist, dass Kinder und Erwachsene überhaupt damit zurechtkommen. Weiterhin bringt jeder Tag eine neue Invasion durch menschengemachte Energien in eure Basis-Energiestrukturen, und diese menschengemachten Energien stehen nicht besonders gut im Einklang mit dem göttlichen Fluss.

Vielmehr suchen diese Energien ihrer Natur gemäß, in eure euch umgebenden ureigensten Basisenergien einzudringen und diese zu überwältigen. Diese Erfindungen und Technologien sind nicht von dunkler Natur, aber der Gebrauch oder Missbrauch davon hat viel Dunkelheit erschaffen und die Energiemuster zerstört, von denen ihr und eure Kinder umgeben seid, einfach durch den Eingriff in eure inneren Energiemuster.

Es ist sehr wichtig, dass ihr Verantwortung übernehmt, um eine Umwelt zu erschaffen, die so rein wie möglich ist, damit eure Kinder darin leben können und speziell darin schlafen können. Schlafzimmer, die mit Fernsehern, Video- und CD-Systemen, mobilen oder elektronischen Telefonen, elektronischen Weckern und anderen solchen Dingen gefüllt sind, müssen vermieden werden. Kindern muss eine balancierte und reine Umgebung gegeben werden, in der sie schlafen und sich regenerieren können, und in der sie nachts auftanken können. Der Grad an Toxizität, in dem sie gegenwärtig leben und dem ihre Körper durch eure Nahrungsmittel, Baumaterialien, Umwelt und durch weitere Dinge ausgesetzt sind, muss angeschaut und korrigiert werden. Dies ist der Art und Weise, in der ihr Körper gebraucht wird, um ihre Ziele, für die sie gekommen sind, zur Reifung zu bringen und zu manifestieren nicht förderlich.

Die Einlagerung von Schwermetallen in den Systemen eurer Kinder ist ein Hauptverursacher von Hyperaktivität, ebenso wie andere nervenaufreibende und auf das gesamte System wirkende Bedingungen.

Wasser, klares Wasser, ist eine tägliche Notwendigkeit für diese Kinder, ebenso für alle anderen. Im Allgemeinen sind die Flüssigkeiten, die ihr und eure Kinder täglich zu euch nehmt, schädlich für eure Körper und Seelen, und der Gehalt an Schadstoffen im Körper erhöht sich mit jedem weiteren Tag. Ihr müsst daran arbeiten, eure Wasserreservoirs zu reinigen und die toxischen Chemikalien, wie z.B. Fluoride, aus eurem Trinkwasser zu entfernen. Diejenigen unter euch, die in Großstädten leben, müssen das Wasser filtern, bevor sie es trinken und auch beim Baden Produkte verwenden, die toxische Chemikalien filtern.

Es sind zurzeit viele natürliche und wirkungsvolle Produkte erhältlich, die das Ausmaß der Toxizität reduzieren können und ihr solltet sie täglich anwenden und sie den gängigen Produkten vorziehen und sicherstellen, dass jedes Familienmitglied vitale Lebenskraft und ein balanciertes System hat. Ihr müsst das Ausmaß an süßen Limonaden, künstlichen Getränken, Kaffee, alkoholischen Getränken und anderen toxischen Substanzen reduzieren oder ganz weglassen, an die ihr euch als Bestandteil eurer täglichen Ernährung so gewöhnt habt. Reines Wasser bleibt immer noch eure Hauptflüssigkeitsquelle, die euch dabei hilft, euren Körper wieder in seinen natürlichen und gesunden Zustand zu bringen.

Im Augenblick ist die Lösung für jedes einzelne Kind, es „nicht unter Medikamente zu setzen", jedoch die Unbalanciertheit in seinem Körper durch die Umgebung zu korrigieren. Was benötigt wird, um diese Balance zu erreichen, ist für jedes Kind unterschiedlich. In Heilkrisen hat das Individuum eine Anzahl von Charakteristika, die eine besondere Auswahl an Heilwerkzeugen erforderlich macht. Der Prozess der Heilung sollte durch den gemeinsamen Wunsch von Eltern und Kindern eingeleitet werden. In vielen Fällen wird das Kind die Diagnose der Hyperaktivität nicht erkennen, sondern nur wissen, dass es sich nicht auf die Art und Weise verhält, wie die Erwachsenen und die Gesellschaft es für angemessen halten. Dies erzeugt Schuldgefühle und Scham im Kind und es ist daher dringlich, das Thema anzugehen.

Wir sind alle Wesen, die sich Balance wünschen,
und je eher einem Kind ein Modell nahegebracht werden kann,
durch das diese Balance erreicht werden kann,
desto mehr wird es danach streben.

Die neuen Kinder sind hier, um uns zu führen, so wie wir sie zu einem größeren Verständnis darüber führen können, was sie derzeit auf der Oberfläche in Balance bringen kann, was sie aufrechterhält und was die Energien ins Gleichgewicht bringt. Sie sind hier, um uns zu einem besseren Management unseres Lebens und des Lebens aller Menschen zu führen und zu einer herzzentrierteren Annäherung in allen Beziehungen, sowohl persönlicher als auch gesellschaftlicher Natur.

Mein erster Vorschlag ist, eure Kinder zu einem Heiler/ Heilpraktiker zu bringen (so wie ihr auf der Oberfläche die intuitiven Mediziner nennt), der Erfahrung mit Kindern hat. Bittet um eine Auswertung der gegenwärtigen energetischen Situation eures Kindes, denn es ist wichtig, sich daran zu erinnern, dass die physischen Symptome der Hyperaktivität einfach die Reaktion des Körpers auf eine physische Unbalanciertheit sind. Es gibt viele natürliche Methoden, die angewandt werden können, um die Energiekörper eures Kindes ins Gleichgewicht zu bringen und diese schließen Kräuter, Blütenessenzen, Übungen, Meditation, Yoga und andere Formen der Arbeit wie z.B. Qi Gong und Tai Chi ein. Sie werden in großem Ausmaß vom Mineralreich profitieren und von einer ausgeglichenen Ernährung aus guten Früchten, Gemüse, Körnern und einem angemessenen Anteil von Protein, weil heranwachsende Kinder in eurer Umgebung immer noch einen ausreichenden Anteil an hochwertigen Proteinen benötigen. Ihre Ernährung sollte ein ausgeglichenes Maß aller Faktoren beinhalten, ebenso wie eure Ernährung ein ausgewogenes Säure/Basen-Verhältnis haben sollte, eher natürlicher Art, als durch raffinierten Zucker und bevorzugt durch pflanzliches als durch tierisches Protein. Des Weiteren sollte sie ausreichend lebendige Nahrung anstelle von industriell hergestellten Nahrungsmitteln beinhalten.

Es gibt viele Möglichkeiten, die auf energetischer Weise genutzt werden können, auch durch die Balancierung der Chakren, durch Farb- und Kristalltherapien. Das Tönen und Trommeln sind für die Systeme der Kinder sehr unterstützend. Musiktherapie ist eine sehr beruhigende Form der Harmonisierung hyperaktiver Kinder und auch für alle anderen. Sessions in Gruppen oder Einzelsitzungen, die Gesprächstherapie wie auch energetische Therapie beinhaltet, ist ihrer Ausbalancierung ebenfalls sehr zuträglich. Kreative Therapieformen wie Kunst- und Schreibtherapie sind auch sehr vorteilhaft. Videospiele und exzessives Fernsehen sind nicht die Antwort.

Die Kinder, die auf der Oberfläche inkarniert sind, arbeiten jetzt daran, ihre Gehirnchemie wieder ins Gleichgewicht zu bringen, ebenso ihre endokrinen Systeme und ihre physischen Sinne, um eine höhere Schwingung zu erlangen und aufrechtzuerhalten. Sie sind mit anderen limbischen Systemen in diese Inkarnation gekommen, als ihr sie besitzt, und auch mit einer klareren Vorstellung dessen, wie sich das Leben anfühlen sollte.

Sie werden gegen alle Versuche rebellieren,
die sie in eine Daseinsart zwingen wollen,
welche sich für sie nicht wahrhaftig anfühlt oder nicht
mit ihrer wahren göttlichen Natur in Resonanz steht.

Sie werden sich in einem größeren Ausmaß „kurzschließen“ als jede Generation zuvor, wenn sie nicht ein angemessenes, aufbauendes, beruhigendes und unterstützendes Umfeld bekommen. Ihr Bedürfnis nach Gemeinschaft, einer Gemeinschaft die durch wahrhaftige Herzen gestützt wird, ist auch sehr groß. Die Bande, die sie von Gemeinschaften wie aus Telos und anderen Gemeinschaften mit sich bringen, werden in ihren Emotionalkörpern stark schwingen und sie müssen angemessen aufgebaut werden. Sie werden sich jedoch nicht nur zu Gruppen aus Kindern ihres eigenen Alters zusammenschließen, sondern noch lieber zu Gruppen aus Menschen aller Altersgruppen. Sie werden viel Gewinn aus allen Situationen ziehen, die sie dazu ermutigen, auf einer schöpferischen und verantwortlichen Weise an den Dingen teilzuhaben, weit über das hinaus, was ihr gegenwärtig euren Kindern zugesteht.

Die Zusammenarbeit älterer Kinder als Lehrer mit jüngeren, und die Zusammenarbeit der Kinder mit Erwachsenen als Führer und Vorbilder ist eine ganz wundervolle Arbeit. Es wird einen langen Atem brauchen, um das innerste Herz eurer Gesellschaft zu transformieren.

Tatsächlich sind alle Dinge, die euren hyperaktiven und auch anderen Kindern helfen werden, um euch herum verfügbar, ohne den Einsatz von pharmazeutischen Drogen. Ihr braucht nur ein paar positive Veränderungen in eurer Umgebung und in der eurer Kinder vorzunehmen. Es gibt keine Notwendigkeit, ihre Systeme mit Drogen zu narkotisieren, die lediglich auf eine sehr synthetische Art und Weise das Verhalten kontrollieren, das eure Gesellschaft als unangemessene Symptome bewertet und zudem ablehnt, die zugrunde liegenden Ursachen zuzugeben und zu benennen. Die Lösung kommt aus dem Fokus eurer Absicht und der Verwendung der Mittel und Hilfsmittel, die ihr schon um euch herum habt, um euren Kindern zu helfen.

Diese Kinder sind hier, um euch die Gelegenheit zu wechselseitiger Hilfe und Kooperation zu geben.

In Telos sind wir ebenfalls da, um euch und sie zu unterstützen. Wir sind hier, um euch ein Vorbild darin zu sein, wie ihr eure und ihre Leben ausbalancieren könnt.

Wir, die Lehrer, die Heiler und die Kinder von Telos sind jeden Tag für die Kinder der Oberfläche da. Wir senden ihnen unsere Liebe und unsere Segnungen. Wir freuen uns auf die Zeit, wenn der Kontakt und die Kommunikation direkter werden. Wir laden die kostbaren Kinder der Oberfläche ein, uns in ihren Träumen in Telos zu besuchen und wir teilen mit ihnen unseren Herzenswunsch, zusammen in einer Schwingung von Frieden und Mitgefühl, von Liebe und Licht zu spielen. Bis wir wieder miteinander sprechen, wünschen wir den Kindern und euch allen viel Freude und Lachen.

Botschaft von den Kindern aus Telos

Celestia, Angelina und Muriel

Wir sind die Kinder des Sturms; wir sind die Kinder des Feuers. Wir sind die Kinder des Regens. Wir begegnen euch in euren Träumen und wollen euch sagen, dass wir euch lieben. Wir möchten euch von Zeiten singen, die kommen werden und von Zeiten, an die man sich erinnern wird, wenn wir wieder eins sein werden. Die Seele erinnert sich; und dann setzt sie wieder an, um ein Lied zu erschaffen, an das wir uns alle erinnern werden. Wir wollen, dass ihr euer Lied kennt und die Elemente dessen, wer ihr seid, jetzt, da wir durch Zeit und Raum in allen Farben des Regenbogens reisen, um bei euch zu sein. Wir sitzen euch zu Füßen, während ihr uns führt; wir streicheln eure Köpfe mit Liebe und Zuwendung, während wir euch führen. Wir sind die Kinder aller Nationen der Erde. Wir sind die Kinder aller Rassen und vieler Planeten. Wir sind die Kinder der Galaxien, die erst noch geboren werden müssen, und derer, die schon lange vergessen sind.

Wir senden euch unsere Botschaft des Friedens und des Verstehens durch jede Blume, die euch grüßt und durch das Lied jedes Vogels entlang eures Weges. Wir stehen hier Arm in Arm mit unserem göttlichen Gastgeber und sammeln unsere Botschaft in einem liebenden, glänzenden Strom, der sich wie ein kristallener Nebel ausbreitet, um jedes Herz zu berühren; und jede Vision von morgen. Wir übermitteln eine vibrierende, funkelnde Energie der Vergebung und bedingungslose Akzeptanz für alle Wesen der Erde. So, wie euer Herz und euer inneres Wissen die Frequenz dieser Übermittlung empfangen, bitten wir nur darum, dass ihr zuhört, dass ihr den Puls unserer Energien in eurer Seele fühlt.

Wenn wir sprechen, dann sprechen wir auch mit euren Stimmen. Und wenn wir singen, hört ihr lang vergessene Worte, die ihr einmal gesungen habt. Ihr fühlt, wie unsere Melodien, die wir einst zusammen gesungen haben, euren Seelen Zärtlichkeit bringen und ihr beginnt, neue Melodien aus den alten zu erschaffen. Wir alle singen als ein Chor gemeinsam in einer Harmonie, die nie zuvor erfahren worden ist. Während wir singen und diese neuen Lieder bilden, stimmen die Wale, der Sonnenwind und die Legionen der Engel mit ein. Und während wir weiter singen, mit Stimmen, die mit jedem vorübergehenden Tag stärker werden, erheben sich alle Wesen zur Feier dieser neuen Schwingung, die den Planeten umkreist. Wir feiern mit einer Freude, die lange verloren war, aber heute in jedem von euch wiedergeboren wird.

Manche mögen fragen, wie lange es dauern wird, bis der Planet sich beruhigt, bevor das Kämpfen und der Streit durch Bruderschaft und gemeinsamen Dienst ersetzt werden. Und wir sagen euch, dass jeden Tag die Zeit näher rückt, denn in Wahrheit ist sie schon da. Was ihr euch vorstellt und worum ihr betet, ist in der Zeit eurer Entscheidung schon geschehen. Wir gehen durch das, was raue Zeiten zu sein scheinen, und doch sind sie tatsächlich die hellsten. Denn das Lied hat aufs neue begonnen und einmal angefangen, kann es nicht mehr angehalten werden. Die Familie und Freunde aus der Inneren Erde und von fernen Sternen, die danach hungern, wieder mit euch zusammenzukommen, singen bereits mit euch. Ihr müsst einfach nur die Frequenz wiedererkennen.

Lauscht den Tönen, die wir euch senden. Ihr werdet sie in euren Ohren hören und in eurer Vorstellung denken, dass sie das Produkt einer Mechanik sind. Aber das sind sie nicht; wir kontaktieren euch in eurer Seele. Wir weisen euch wieder an, diese Frequenzen in eurer täglichen Welt wiederzuerkennen. Ihr mögt ein Klingeln oder ein Läuten hören. Ihr mögt Harfen oder einen Hintergrund sanfter Stimmen hören. Ihr mögt ein Summen oder einen einfachen Ton hören. Diese Geräusche mögen einen Augenblick dauern oder viel länger. Wisset, dass es die Kinder sind, die euch erreichen wollen. Indem wir euch das Lied wieder vorspielen, das wir alle singen werden, schulen wir eure Ohren und euren menschlichen Geist, damit ihr abermals diese Schwingung wiedererkennt und mit ihr kommuniziert.

Wenn ihr nachts im Bett liegt und die Welt aus von Menschen gemachten Objekten um euch herum ruhig ist, schärft euer Hören und euer Herz. Ruft uns durch eure Absicht und wir werden antworten. Horcht auf das Lied, das uns alle nach Hause zu einer wundervollen Zusammenkunft der geliebten Wesen ruft. Ihr werdet es dann klar hören. Und bald wird euch der Klang vertraut werden und ebenso Teil eurer wachen Stunden sein.

Singt mit uns und singt für uns. Singt über uns, wie wir über euch singen. Unsere Liebe für euch kennt keine Grenzen und unsere Herzen spielen immer mit euren. Wir lieben euch.

Wie öffnete jemals die Rose ihr Herz
um ihre ganze Schönheit dieser Welt zu geben?
Sie fühlte die Ermutigung des Lichts in ihrem Sein,
ohne diese würden wir alle zu ängstlich bleiben.

Hafiz

13. Kapitel

Antharus, der blaue Drache, spricht

Aurelia Louise

Ich grüße dich, meine Liebe, ich bin Antharus, der blaue Drache. Du und ich, wir kennen uns schon seit sehr langer Zeit, und unsere frühere Freundschaft hat die Prüfung der Zeit bestanden.

Ich bin vor ungefähr einem Jahr von den Plejaden zur Erde zurückgekehrt, um wieder Zeit an deiner Seite zu verbringen, auch wenn du noch nicht in der Lage bist, mich mit deiner derzeitigen Sichtweise wahrzunehmen. Ja, ich habe deinen Planeten vor über 100.000 Jahren verlassen, als man begann, die Drachen zu fürchten und zu jagen und als eine große Anzahl Menschen auf dem Planeten ihre Verbindung zur göttlichen Quelle verlor. Diese Ära war die zweite Phase dessen, was ihr den „Fall des Bewusstseins" nennt und in der die Menschheit weiter in die Dichte und Dualität eintauchte.

Ich möchte dich wissen lassen, dass du und ich in einer sehr weit zurückliegenden Vergangenheit auf diesem Planeten sehr gute Freunde waren, als die Drachen noch geehrt, geliebt und als Hüter und Beschützer eurer Zivilisation und der Erde geschätzt wurden. Dieser Qualität von Freundschaft halber, die du und ich in Lemuria für sehr lange Zeit geteilt haben, bin ich nun zurückgekehrt, um dir wieder meine tiefe Freundschaft anzubieten und meinen Beitrag zur Transformation eures Planeten zu leisten; auf eine Weise, die ihr noch nicht verstehen könnt. Es ist meine Absicht, euch zu helfen, mehr Magie und Spaß in eurem Leben zu entwickeln und bald, meine Geliebten, werdet ihr beginnen zu verstehen, wovon ich spreche. Ich bitte euch jetzt, euch selbst zu gestatten, Zugang zu den Erinnerungen an diese wunderbaren Zeiten zu erlangen und euch wieder ins Gedächtnis zu rufen, wie viel Freude wir damals erschaffen haben.

Wie du dir vorstellen kannst, bin ich ein Lichtwesen, das für sehr lange Zeit bis zum heutigen Tag im 5-dimensionalen Bewusstsein gelebt hat und folglich noch nicht sichtbar für jene bin, die ihre innere Sicht noch nicht geöffnet haben. Ich habe meine 9 Meter hohe Statur aufrecht erhalten und wenn meine Schwingen ausgebreitet sind, würdet ihr ein Maßband brauchen, das ungefähr 22 Meter lang ist, gemessen von einer Flügelspitze zur anderen.

In der Zeit von Lemuria war ich der Anführer einer Gruppe von Drachen, die treu und gnadenvoll deinen Palast und viele wundervolle Tempel gehütet haben.

Wir, als Drachen, haben in der Zeit von Lemuria für hunderttausende von Jahren unseren Dienst am Leben genossen, als sich alles Leben noch in vollendeter Harmonie befand. Trotz unserer enormen Größe haben die Menschen uns nicht gefürchtet, und für die Kinder war es höchstes Entzücken, zu uns zu kommen und mit uns zu spielen. Wir haben ihnen oft erlaubt, sich auf den sicheren Platz zwischen unseren großen Flügeln zu setzen, damit sie mit uns Flüge über das Land hinweg machen konnten.

Auch du, Aurelia, würdest es geradeso wie die Kinder genießen, in der sicheren Mulde der Knochenstruktur zwischen meinen Schwingen zu sitzen, und zusammen würden wir mit hoher Geschwindigkeit große Distanzen zurücklegen und durch den Himmel des Mutterlandes gleiten. Heute würde man im Bewusstsein eurer gegenwärtigen Gesellschaft solch einen Spaß als ziemlich gefährlich und als undenkbar erachten, selbst wenn ich völlig 3-dimensional und physisch vorhanden wäre. In unserer Zeit existierte Angst nicht auf dem Planeten. Wenn keine Furcht da ist, existiert vollkommene Sicherheit. Du hast meinen Körper und meine Flugkünste oft genutzt, um dich selbst von einem Ort zum anderen zu bringen. In eurer heutigen Umgangssprache könnte man sagen, dass du mich als eine Art Taxi-Dienst genutzt hast. Aber in jenen Zeiten gab es kein solches Konzept. Es war meine völlig willentliche Übereinstimmung und mir ein Vergnügen, dich dahin zu bringen, wohin auch immer und wann auch immer du reisen wolltest. Betrachte es als wechselseitige Zusammenarbeit, als zwei Freunde, die gemeinsam in die Lüfte abgehoben sind und Spaß und Freude miteinander teilten.

Halte dir auch vor Augen, dass in jenen glorreichen Tagen, vor dem Fall des Bewusstseins, die Menschen nicht in einer Welt gelebt haben, die so dicht war, wie es eure Welt heute ist. Fast jeder konnte seine Schwingung willentlich zwischen der 3- und 5-dimensionalen Frequenz anheben oder absenken, ganz entsprechend der Aktivitäten, mit denen er zu spielen wünschte.

Wenn du gekommen bist, um mit mir durch die Himmel des Mutterlandes zu fliegen, haben wir beide unsere Schwingung auf die 5-dimensionale Ebene angehoben und wurden daher schwingungsmäßig sehr leicht. Aus diesem Grund gab es keine Gefahr des Abstürzens, zudem hatten wir beide ja völlige Kontrolle über unsere Körper. Im Hinblick auf die gegenwärtige Dichte, welche die Menschen in ihre Körper integriert haben, wäre das Durchfliegen der Himmel auf den Schwingen eines Drachens nicht nur gefährlich, sondern ebenso unmöglich. In der Zeit, in der wir geflogen sind, gehörten das Teleportieren und Levitieren zum Allgemeinwissen, das für jedermann selbstverständlich erschien. Die Menschen zogen niemals in Betracht, wie das Leben ohne diese Fähigkeiten sein würde, die ein Teil eurer göttlichen Natur sind und ebenso euer Geburtsrecht zu eurer Freude bis in alle Ewigkeit.

In den Lebenszeiten, als die Drachen in andere Dimensionen abwanderten, verlor die Menschheit viel von ihrer Fähigkeit, ein Leben der Leichtigkeit und Gnade erfahren zu können. Was damals natürlich war, würde heute als Magie angesehen werden und die Gnade, mit der die Menschen in dieser zurückliegenden Zeit ihre Leben lebten, verblasste stetig zu einer bloßen Erinnerung an die Vergangenheit. Heute sind eure antiken Erinnerungen sogar vollständig unter einem dicken Vorhang der Angst und des Vergessens verschleiert, bis zu dem Zeitpunkt, an dem wir nun diese Wahrheiten der Menschheit wieder zurückbringen. Heute sehnt ihr euch danach zu wissen, wie ihr diese Magie wieder in eurem Leben manifestieren könnt, so wie ihr es in den antiken Zeiten getan habt. Und für jene, die für sich wählen, wieder ihre vollkommene Erleuchtung und Selbstwahrnehmung durch den Aufstieg in diesem Leben zu verinnerlichen, werden diese Gaben wieder zu ihrer Freude zur Verfügung stehen. Die von euch einst gekannte Magie wird zu eurem Genuss in sogar noch größerem Ausmaß zurückkehren, weil ihr diese Fähigkeit so lange entbehrt habt. Und dieses Mal, meine Geliebte, wirst du diese Gaben nicht mehr als selbstverständlich hinnehmen und sie missbrauchen, so wie das in der Vergangenheit geschehen ist. Das Verständnis, das du aus all diesen Lebenszeiten der Erfahrung gewonnen hast, in denen du von deiner göttlichen Natur abgetrennt warst, wird dich von jetzt an auf dem Weg halten. Die Lebenszeiten des Leidens und Strauchelns werden dieses Verständnis auf eine Art und Weise verstärken, wie reine Belehrungen es niemals hätten tun können. Letztendlich ist Erfahrung immer noch der beste Lehrer.

Ich kann deine Gedanken lesen und dein Verstand rast mit einer Geschwindigkeit von hundert Meilen in der Stunde herum und fragt, was du tun kannst und wohin du gehen kannst, damit ich mich physisch vor dir materialisiere. Ich fühle deine Aufregung. Zumindest hast du keine Angst, wie es so viele haben würden. Das gefällt mir. Nun, meine Geliebte, die Zeit ist noch nicht ganz reif, aber in zirka einem Jahr werde ich hoffentlich die Gelegenheit und die Erlaubnis haben, mich dir ziemlich berührbar zu zeigen, so dass du mich mit deiner physischen Wahrnehmung sehen und dich an mich erinnern kannst.

Ich habe mein Quartier diesmal hoch oben auf der Südseite des majestätischen Mount Shasta bezogen, in einer Gegend, in der es ruhig ist und ich ungestört leben kann. Da ich für niemanden sichtbar bin, ist alles sehr erfreulich. In der Tat ist die Gegend, in der ich jetzt lebe, ziemlich nahe an der Gegend gelegen, in der ich in der Zeit Lemurias viel von meiner Freizeit genossen und verbracht habe. Der 4-dimensionale Aspekt des Berges ist ein Ort von exquisiter Schönheit und ebensolchem Komfort. Eines Tages, wenn sich deine innere Sicht noch mehr öffnet, wirst du dies alles sehen und dich daran erfreuen. Du wirst in zwei Welten leben und letztendlich sogar in drei Welten und in noch vielen weiteren.

Wie kam es, dass die Drachen diesen Planeten verlassen mussten? Was geschah wirklich?

Als Drachen besitzen wir die volle Meisterschaft der Elementarreiche. Dies bedeutet, dass wir gleichermaßen in der Luft, an Land und unter Wasser zu Hause waren und noch sind und dass wir uns sogar ins Feuer stürzen können.

Wenn du einen Blick zurück in die Historie der Erde wirfst, würdest du sehen, dass fast jede Kultur mit den Drachen bestimmte Dinge in Verbindung bringt, zumindest in Geschichten oder in der Mythologie. Ich möchte hier bescheiden bleiben, aber ich muss die Tatsachen benennen. Die Schönheit, die Kraft und die

Majestät der Drachen war derart, dass die Menschen, die sich von ihrer Verbindung mit der Liebe und ihrer göttlichen Quelle abgesondert hatten, neidisch wurden und die Entscheidung trafen, uns unter die Dominanz ihres arroganten Geistes zu bringen. Viele dachten, sie könnten uns besitzen und kontrollieren und uns benutzen, gerade so wie es ihnen passte.

Nur wenige Wesenheiten, die derzeit auf der Erde lebten, konnten es an Intelligenz, Mitgefühl, Stärke und Schönheit mit den Drachen aufnehmen; vielleicht noch die schönen und sanften Einhörner.

Drachen lieben die Freiheit sehr und da wir damals schon einen hohen Stand an spiritueller Meisterschaft erreicht hatten, gab es keinen Weg für uns, auf dem wir uns hätten gestatten können, uns einer solchen Versklavung zu unterwerfen, nämlich dem Willen primitiver Menschen. Ja, ich sage primitiv, denn so kam uns das vor.

Weil Drachen Meister der Elemente waren, glaubte man, wir besäßen eine gewisse Form von Magie, die auf andere übertragbar sein könnte. Fast über Nacht wurden Menschen und Drachen zu Gegnern und das nach hunderttausenden von Jahren gegenseitiger Liebe und Zusammenarbeit. Natürlich betraf das nicht alle Menschen, und du, meine Geliebte, strebtest mit aller dir zur Verfügung stehenden Macht danach, die Drachen zu schützen, so sehr es nur möglich war. Du warst eine von denen, die heimlich Nahrung, Obdach und Asyl für viele von uns zur Verfügung gestellt haben. (Drachen waren Vegetarier, im Gegensatz zu den beliebten mythologischen Glaubenssätzen). Als Gegenleistung für die Gewährung von Asyl boten die Drachen wiederum ihren Wohltätern und Begleitern großen Schutz und Entgegenkommen an. Auf Grund deiner einflussreichen Position zu dieser Zeit hast du alles getan, was du konntest, um das Massaker und die Versklavung der Drachen zu beenden, aber du warst mit Sicherheit nicht in der Lage, die Ignoranz der Menschen zu beenden und in ihren freien Willen einzugreifen. Ich erinnere mich, wie viel Kummer dir das derzeit bereitet hat und auch noch sehr lange Zeit danach.

Es kam ein Zeitpunkt, an dem die Menschen den Schluss zogen, die Magie der Drachen würde aus unserem Blut entspringen, weil wir so viel Stärke und solche Langlebigkeit hatten. Und dann begann die Jagd nach unserem Blut. Die Gegner wurden nun zu regelrechten Feinden, als die menschliche Rasse anfing, jeden Drachen zu erschlagen, der zu finden war. Viele Drachen kamen um, während andere Asyl suchten, wo es möglich war, solches zu finden, meistens in sehr abgelegenen Regionen der Welt. Dieser Versuch, sich vor unseren Mördern zu verstecken, trug zu unserem Image als Einzelgänger bei, obwohl wir doch einmal so soziale Wesen waren. Die extremen Temperaturen unserer neuen Heimstätten änderten die Farbe unserer Haut und ihre Erscheinung. Letztendlich wurden die übrig gebliebenen Drachen von der damaligen Galaktischen Spirituellen Hierarchie eingeladen, auf die Plejaden gebracht zu werden, und dies war der Zeitpunkt, an dem auch ich mich entschied, die Erde auf der Suche nach einem freundlicheren Heimatplaneten zu verlassen. Viele der Drachen, die nicht umgekommen waren, entschieden sich dafür, auf die Plejaden auszuwandern oder auf andere Gastgeber-Planeten.

Ursprünglich hatten die Drachen eine grünlich-graue Farbe mit einer Hautbeschaffenheit, die der eines Elefanten ähnlich ist. Unsere Fähigkeit, die Elemente zu kontrollieren, ermöglichte uns, die farbenfrohere Reptilienhaut zu entwickeln, die ihr auf Abbildungen gesehen habt. Die Farbe unserer Haut passte sich der geographischen Gegebenheit unserer neuen Heimstätten an und es war nicht ungewöhnlich zu hören, dass ein blauer, grüner oder sogar ein roter Drache gesichtet worden war.

Die Drachen wahrten ihren Abstand von der menschlichen Bevölkerung, denn sie konnten ihr nicht länger trauen. Ihre große Anzahl schrumpfte auf wenige kostbare Exemplare. Wann immer ein großer Verlust wie dieser auf der Welt entsteht, wird das durch alle Reiche hindurch empfunden und dieser Verlust war keine Ausnahme. Die Menschen realisierten ihre Irrwege viel zu spät.

Es gibt viele Orte, an denen sich die Leylinien der Erde schneiden. Einige dieser Stellen ermöglichen die Verbindung von einer Welt mit einer anderen. Ihr mögt schon bestimmte Begriffe gehört haben, die sich auf das „Anheben der Schleier" oder "Nebel" beziehen. An bestimmten Orten und zu gewissen Zeiten ist es möglich, genau dies zu tun und buchstäblich in eine andere Welt oder Parallelwelt überzuwechseln. Die meisten der Drachen, welche die Erde nicht verlassen haben, gingen zu diesen Durchgängen und leben nun in Frieden auf der Erde, aber auf einer anderen Ebene oder Dimension, nicht wahrgenommen von der 3. Dimension.

Es gibt immer noch einige wenige Drachen in eurer Welt.

Sie leben in abgelegenen Höhlen, Kavernen und Gruben. Diejenigen, die sich entschieden haben hier zu bleiben, warten geduldig auf das Erwachen der Menschheit zur Wahrheit darüber, dass alle Wesen und alle Spezies Teil einer größeren Bruderschaft sind und dass eine Spezies nicht geringer oder mehr ist, als eine andere. In der Zwischenzeit wirkt ihre Energie sehr heilsam für den Planeten, da sie so elementar ausgeglichen ist. Einige wenige sind gesichtet worden, aber zum Glück stoßen die Berichte darüber auf Unglauben.

Derzeit sind viele Drachen zurückgekehrt, um dem Planeten und der Menschheit dabei zu helfen, wieder in Balance mit den Elementen zu kommen. Ohne diese Unterstützung und diese Balance könnten die Erde und die Menschheit die Anhebung in die höheren Dimensionen nicht ohne große Störungen für die Elementarkräfte vollziehen. Natürlich sind viele von uns physisch hier, aber dennoch unsichtbar für euch, da wir in der Frequenz der Lichtreiche der 5. Dimension schwingen. Auf diese Weise können wir unsere Arbeit in Frieden tun und ungestört durch die Beobachtung der Menschheit. Wir wissen, dass mehr als 99 % der Menschheit des Planeten große Angst bekommen würde, wenn wir plötzlich gesichtet werden würden, insbesondere, wenn das auch noch in größerer Anzahl geschehen würde. Und dann würden wir wieder gejagt werden.

Wir wissen auch, dass eine Zeit kommen wird, und diesmal ist sie gar nicht so fern, zu der die Menschen auf diesem Planeten sich wieder mit den vielfältigen Aspekten ihrer göttlichen Natur verbinden werden. Sie werden dann wieder alle fühlenden Wesen als vielfältige und gleichgestellte Aspekte der Schöpfung wahrnehmen. Und dann werden wir wieder für alle sichtbar werden, wenn Liebe und wahre Brüderlichkeit wieder unter denen regiert, die hier leben werden.

Aurelia: In meinem Herzen sehne ich mich zutiefst nach der Zeit, in der die Erde wieder ein „friedlicher Planet" werden wird. Ich sehne mich danach, Liebe und wahre Brüderlichkeit mit allen fühlenden Wesen wieder als natürliche Lebensweise erfahren zu können. Ich sehne mich danach, ein Ende des menschlichen Leidens und des Missbrauchs der Tiere zu sehnen. Während ich rede, werden Millionen von Tieren von gefühllosen Menschen misshandelt und missbraucht und das über den ganzen Planeten hinweg. Und dieses Wissen fügt meinem Herzen viel Schmerz zu.

Antharus: Ich kenne deine Liebe und ich kenne dein Herz. Ich weiß auch, wie sehr du alle fühlenden Wesen liebst, alle Tiere und all jene der Natur- und Elementarreiche. Ich weiß auch, dass du keine Angst haben wirst, wenn du mich siehst, weil dein Herz offen ist. Daher werde ich mich dir zeigen, sowie du deine innere Sicht noch etwas mehr geöffnet hast. Obwohl deine Sichtung von mir in einer höheren Frequenz geschehen wird, werde ich in dieser Schwingung sehr physisch erscheinen und du wirst mich als physisch wahrnehmen. Ich werde meine Schwingung weit genug absenken, dass du mich klar erkennen kannst und hoffentlich auch in der Lage sein wirst, mich durch Berühren zu fühlen.

Aurelia: Ich habe einen ganz speziellen Ort im Kopf, bei dem ich immer denke, dass ich dort die Überraschung erleben werde, dich zu sehen, wenn ich einen Spaziergang dorthin mache. Es wäre ein ziemlich sicherer Ort, um uns da zu treffen; niemand würde uns sehen oder dort etwas erwarten. Was denkst du darüber?

Antharus: Ja, ich lese deine Gedanken und ich weiß, an welchen Ort du dabei denkst, und du gehst ziemlich oft dahin. Ich habe dich schon gelegentlich dorthin begleitet, insbesondere wenn du alleine dorthin gehst. Obwohl du dir meiner Gegenwart nicht bewusst bist, sende ich dir Liebe und Schutz. Ist dir schon aufgefallen, dass du dort oft auf dem Boden einschläfst, wenn du dahin gehst?

Aurelia: Ja.

Antharus: Das liegt an der Magie, meine Liebe. Während du verweilst und schläfst und dein Geist deinen Körper verlässt, haben wir eine bewusste ätherische Plauderei, du und ich. Adama und Ahnahmar kommen auch sehr oft dazu und wir alle arbeiten an den Energiefeldern deines physischen Körpers, während dieser schläft.

Aurelia: Ich weiß, dass ich mich meistens ziemlich gut fühle, nachdem ich da geschlafen habe. Ich bin mir bewusst, dass Adama und Ahnahmar kommen und mit mir im Wald spazieren gehen, aber ich wusste nicht, dass auch du oft präsent bist. Also kennst du sie gut?

Antharus: Natürlich, Adama und Ahnahmar waren deine Familienmitglieder in der Zeit Lemurias und sie waren auch meine engen Freunde. Ich habe euch alle bewacht, auch deine Kinder.

Aurelia: Gehst du in den Berg nach Telos hinein oder treffen Adama und Ahnahmar dich außerhalb?

Antharus: Nun, beides ist der Fall. Als ich das erste Mal vor ungefähr einem Jahr zu dem Berg zurückkehrte, nahm ich telepathisch Kontakt mit Adama auf und er kam zusammen mit Ahnahmar und ein paar anderen heraus um mich zu begrüßen und mich zu meiner Rückkehr willkommen zu heißen. Natürlich fand dies auf der 5-dimensionalen Ebene in unseren Lichtkörpern statt. Wir treffen uns auch von Zeit zu Zeit auf den Plejaden. Adama geht ziemlich oft dorthin. Adama wusste, dass ich zurückkommen würde und während ich noch auf den Plejaden war, erzählte er mir, dass du wieder zum Berg zurückgekehrt bist und dass sie nun bewusster mit dir zusammenarbeiten würden, um ihre Lehren auf die Oberfläche zu bringen und den Weg für ihr letztendliches Erscheinen vorzubereiten.

Ich wurde auch eingeladen, in den Berg hineinzukommen, was ich auch tat. Ich bin im Vergleich zu denen in menschlichen Formen ziemlich groß, selbst verglichen mit denen, die innerhalb des Berges leben und die viel größer sind, als ihr auf der Oberfläche. Im Berg gibt es Orte, die speziell darauf ausgerichtet sind, Lichtwesen, so wie uns, zu empfangen und sogar noch größere; auf diese Weise können wir uns mit anderen Wesenheiten treffen, welche die verschiedensten Körperformen besitzen. Viele von den zurückkehrenden Drachen haben sich mit den Lemurianern und Mitgliedern von einigen anderen unterirdischen Zivilisationen getroffen, wenn sie uns ins Innere eingeladen haben. Sie haben einen sehr herzlichen Empfang vorbereitet, um uns zu unserer Rückkehr auf der Erde willkommen zu heißen. Wir waren alle sehr berührt, ein so inniges und warmes Willkommen zur Rückkehr zu erhalten. Wir haben eine großartige Beziehung zu den

Lemurianern. Weißt du, nicht alle Raumgeschwister des Lichts haben menschliche Formen wie ihr auf der Oberfläche des Planeten sie habt, aber die Wesenheiten der Inneren Erde sind mit allen sehr vertraut. Die Raumgeschwister kommen in allen Arten, Formen und Farben. Manche kamen in insektenähnlichen Körpern und viele von ihnen auch in Körperformen, von denen ihr euch keine Vorstellungen macht, nicht einmal in euren wildesten Phantasien.

Aurelia: Ich bin mir dessen bewusst. Ich habe schon mal etwas darüber gelesen. Ich denke nicht, dass ich Angst haben würde, auf der Straße ein großes insektenähnliches Lichtwesen zu treffen, aber ich muss zugeben, dass ich dessen nicht ganz sicher bin. Ich habe vor ein paar Jahren mal eine Frau getroffen, die mir erzählte, dass sie sich mit einem Wesen von den Sternen getroffen hätte, das ungefähr 3,60 Meter groß war und einen Körper hatte, der dem Insekt ähnelt, was als „Gottesanbeterin" bekannt ist. Sie sagte mir, dass sie selbst Angst gehabt hätte, ein solches Wesen zu sehen und zu treffen, aber die von diesem Wesen ausgehende Liebesschwingung war so intensiv, dass für Angst kein Raum mehr blieb. Sie war in der Lage, sich mit ihm zu treffen, ohne sich zu fürchten. Es hat den Anschein, dass sie eine multidimensionale Verbindung mit diesem Wesen hat. Vielleicht ist es Teil ihrer Seelenfamilie, auch wenn sie das nicht gesagt hat.

Bist du hier, um lange Zeit auf der Erde zu bleiben oder wirst du auf die Plejaden zurückkehren?

Antharus: Das steht noch nicht fest. Ich habe die Absicht, mindestens während der Hauptperiode des planetaren Übergangs hier zu bleiben, wobei es sich um ein paar hundert Jahre handeln wird. Höchstwahrscheinlich jedoch werde ich noch eine sehr lange Zeit darüber hinaus bleiben und wieder meinen Dienst an diesem Planeten weiterführen.

Aurelia: Eine hellsichtige Freundin von mir sagte mir einmal, dass sie von Zeit zu Zeit einen sehr großen blauen Drachen mit enormer Geschwindigkeit und sehr elegant am Himmel um den Berg herum fliegen sieht. Erzengel Raphael hat ihr gesagt, dass es Aurelias Drache sei. Ich vermute, dass du es bist. (Lachen)

Antharus: In der Tat bin ich das. Ich kenne sie auch und ich weiß, dass ihr Freundinnen seid. Aus diesem Grund zeige ich mich ihr ab und zu, wenn ich durch die Himmel dieser wundervollen Gegend fliege. Ich bin glücklich, dass sie in der Lage war, dir meine Anwesenheit zu bestätigen. Weißt du, wenn sich deine innere Sicht noch etwas mehr öffnet, wirst auch du so einige Dinge am Himmel um den Berg herum sehen. Ich bin nur eine von vielen Attraktionen, die du dann wahrnehmen kannst. Das wird ganz schön interessant und wundersam für dich werden. Deine ICH BIN - Gegenwart ist derzeit zögerlich, was die Öffnung deiner inneren Sicht betrifft. Es existiert die Befürchtung, dass du von deinem „neuen Spielzeug" so fasziniert sein könntest, dass es deiner Mission abträglich wäre. In dir ist solch eine Sehnsucht danach, dich an den anderen Dimensionen erfreuen zu können, dass du, sobald dir deine Sicht erst einmal offen steht, möglicherweise dort deine ganze Zeit mit der Freude an deiner neuen Wahrnehmung verbringen willst und du könntest das Interesse an den Hausarbeiten deines täglichen Lebens und deiner Mission verlieren.

Aurelia: Meine Freundin Jessica ist auch schon ganz aufgeregt bei dem Gedanken, dich physisch zu treffen. Ich habe ihr gesagt, was ich über dich weiß. Wir haben uns ausgemalt, dass wir eines Tages, wenn wir zusammen im Wald zu meinem „speziellen Ort" spazieren, gerade bevor wir um die letzte Ecke vor der Lichtung biegen, wo ich immer erwarte, dich eines Tages zu treffen, beide von der Überraschung überwältigt werden, dich plötzlich still im Gras liegen zu sehen, in Erwartung unserer Reaktionen und wahrscheinlich mit Lachen im Herzen.

Antharus: Du hast alles einkalkuliert. Ich bin ein Drachen und ich bin in keinster Weise, weder in Gestalt noch Form, begrenzt. Ich warne dich davor, dass ich dich auch noch auf andere Arten überraschen könnte und es könnte genauso gut an dem anderen Ort stattfinden, zu dem du dich oft in der Hoffnung begibst, die Einhörner zu sehen. Lass mich dir sagen, dass die Einhörner wissen, dass du sie sehen möchtest und ich wäre nicht überrascht, wenn sie sich dir in diesem kommenden Sommer nicht zeigen würden.

Aurelia: Du hast gesagt, dass viele der Drachen zurückgekommen sind. Werden sie wieder den gleichen Dienst für die Erde und die Menschheit übernehmen, den sie schon früher in der Zeit von Lemuria erfüllt haben oder werden sie etwas anderes tun?

Antharus: Weißt du, die Dinge haben sich auf dem Planeten in den letzten 100.000 Jahren geändert und sie werden dies weiterhin ziemlich drastisch tun. Man kann niemals an den selben Punkt zurückkehren und da alles sich beständig verändert, kann auch nichts über lange Zeitperioden hinweg gleich bleiben. Unser

Dienst am Leben wird diesmal anders sein und er wird dem gegenwärtigen Entwicklungsstand angemessen sein. Er kann nicht gleich sein. Ich nehme wahr, dass wir größtenteils, zumindest für geraume Zeit, unseren Dienst am Leben dadurch leisten, dass wir eurer Mutter Erde und der Menschheit dabei assistieren, die vier Hauptelemente in sich selbst auszubalancieren und euch dann über die vielen anderen Elemente unterrichten, die auch gemeistert werden müssen. Indem jede Person größere Meisterschaft mit den Elementen erlangt, hilft dies gleichermaßen der Erde, sich zu stabilisieren. Nichts ist getrennt und alles muss zusammenwirken, um wieder perfekte Harmonie auf eurem Planeten herzustellen. Als Rasse seid ihr ziemlich destruktiv und achtlos eurem Planeten gegenüber gewesen und speziell der Mutter gegenüber, die eure Evolution beherbergt. Euer Planet nähert sich einer Zeit großer Veränderungen und es ist essenziell für seinen sicheren Übergang, dass alle Elemente in Balance sind.

Unser Dienst am Planeten und an den Menschen wird sich selbst auf höhere Weise manifestieren, mit viel größerer Einheit, Liebe und Verständnis, was die vielfältigen Aspekte des Lebens, des Zusammenlebens und Zusammenarbeitens betrifft.

Mit diesen Gedanken verlasse ich dich jetzt und wünsche dir einen guten Abend. Ich werde dich in deinem Traumzustand treffen. Ruf mich jederzeit, wenn du meine Hilfe brauchst. Wisse, dass ich niemals weit weg von dir und stets bereit bin, dir zu assistieren, gerade so, wie ich es in der Vergangenheit getan habe.

Aurelia: Ich danke dir, mein lieber Freund, für deine Liebe und Rückkehr! Es freut mich sehr zu wissen, dass du um mich herum bist. Ich liebe dich.

Setz' alles aufs Spiel für die Liebe,

wenn du ein wahres menschliches Wesen bist.

Wenn nicht, verlasse diese Gruppe.

Rumi

14. Kapitel

Hypophyse und Zirbeldrüse

Celestia und Almahmar

Grüße an alle unsere geliebten Freunde und an die Familie.

Die Anhebungen, die im menschlichen Körper stattfinden, sind vielfältig. Sie umfassen eine nahezu vollständige Restrukturierung des menschlichen Systems und bezeugen den Bedarf einer neuen Energiematrix im menschlichen Körper, die weitaus mehr Energie in sich tragen kann, als die menschlichen Körper bis jetzt in der Lage waren zu halten. Viele Teams von Wesen aus verschiedenen Galaxien arbeiten mit dem menschlichen System, um es zu modifizieren und zu restrukturieren.

Diese Restrukturierungen an der Menschheit geschehen in Form von Ermächtigungen, die bewusst und in einigen Fällen auch unbewusst erteilt werden. Für diejenigen, die ihre persönliche

Transformation mit bewusster Absicht versehen haben, sind die Veränderungen weitaus größer. Aber die Menschheit als Ganzes geht ebenso durch eine globale Transformation, wie auch der Planet Erde. Die Kinder, die sich zu dieser Zeit und in zukünftigen Generationen inkarnieren, kommen mit physischen Systemen hier an, die hinsichtlich der DNS sowie der Organ- und Skelettstruktur bereits modifiziert sind.

Alle organischen und körpereigenen Abläufe werden während dieser gegenwärtigen Zeit neu organisiert. Selbst der physische Blutstrom und die Blutzusammensetzung ändern sich. Diese Neuorganisation besitzt zwei Komponenten. Die erste betrifft eine individuelle zellulare Ebene, da der Zellkern wieder mit seiner höchsten göttlichen Ebene vereinigt wird, mit seinem Gottselbst. Zweitens wird die Energiematrix jeder Zelle wieder an eine höhere kristalline Form angepasst, um die Integration von immer größeren Mengen reiner Energie zu ermöglichen.

Die physische Struktur kann sich nicht entwickeln, ohne dass sie sich zuerst einer direkten Erfahrung des Göttlichen öffnet. Äonen der Trennung zwischen dem physischen 3-dimensionalen Körper und dem vollen Spektrum der göttlichen Liebe sind vorüber. Der Prozess der Transformation, der nun beginnt, muss den göttlichen Aspekt beinhalten, andernfalls kann die kosmische Änderung durch die göttliche Gnade nicht vollzogen werden.

In den anfänglichen Stadien dieser Ermächtigungen spielen die Zirbeldrüse und die Hypophyse eine entscheidende Rolle. Die Zirbeldrüse war lang das Organ der Intuition und des Wissens in dem abgespaltenen menschlichen Körper.

Durch die Zirbeldrüse entstand die Verbindung mit der ätherischen Welt.

In den Gemeinschaften der 5. und der höheren Dimensionen jedoch spielt die Zirbeldrüse noch eine weitaus größere Rolle und ist in der Tat das Organ für die Kommunikation durch geistige Telepathie, geradeso wie das Halschakra diese Rolle durch die Stimmbänder in den 3-dimensionalen Körpern erfüllt hat.

Es hat in der menschlichen 3. Dimension viele Individuen mit sehr weit entwickelten Zirbeldrüsen gegeben. Manche dieser Individuen befinden sich in den Reihen der Channel und der Übersinnlichen, die in der früheren metaphysischen Literatur und in Mysterienschulen zu finden waren. Und es gibt auch noch andere hellfühlende Rassen auf der Erde, namentlich die Delfine und Wale, die durch diese Drüse kommunizieren.

Die Arbeit, die heute mit der Zirbeldrüse durchgeführt wird, ist global und alle Menschen auf der Erde erfahren eine Steigerung der Intuition und des nonverbalen Kontaktes mit anderen Menschen und anderen Reichen. Für manche erscheint dies verwirrend und für andere wiederum ist es die Antwort auf ihre Gebete. Für alle jedoch ist der wichtigste Aspekt der Fokussierung der nun mögliche Kontakt mit der Gesamtheit des Selbst und den unterschiedlichen Formen der Aufzeichnungen, wie z.B. mit der Akasha-Chronik und den lebendigen Bibliotheken, die in den ätherischen Reichen des Planeten existieren. In Wahrheit werden Begriffe wie „Channel“ oder „Übersinnlichkeit“ in Kürze aufhören zu existieren, da alle die Fähigkeiten haben werden, sich mit allen

Reichen zu verbinden und mit ihnen zu kommunizieren. Wir sind dankbar für jene, die der Menschheit freiwillig als wahre Channels für das Licht gedient haben, denn dieser Dienst hat in großem Ausmaß zu dem spirituellen Erwachen der Menschheit beigetragen.

Dieser Dienst, der in den letzten Jahrzehnten stark zugenommen hat, kann verglichen werden mit einem „Leuchtturm", der den Weg für die schlafende Menschheit erhellt. Trotzdem sehen wir diesen Dienst nur als temporäre Phase im spirituellen Erwachen der Menschheit. Bald kommt die Zeit, in der jeder zur Manifestation seines eigenen „Leuchtturms" werden und sich den Hilfsmitteln und Gaben öffnen muss, die bereits im eigenen Herzen vorhanden sind. In ein paar Jahren werden alle, die auf diesem Planeten inkarniert bleiben, vollständig telepathisch werden und diejenigen, die der Menschheit als Channel gedient haben, werden ihren Dienst auf andere Art fortsetzen.

Die Balance der Steigerung der Zirbeldrüsenfunktion erfolgt durch die Vergrößerung des heiligen Herzens innerhalb des Chakren. Diese beiden zusammenarbeitenden Energiezentren gestatten eine Zunahme der Zirbeldrüsen-Aktivität, um in der Schwingung göttlicher Gnade voranzukommen. Ohne die Ausbalancierung durch die Liebe, das Mitgefühl und die wahre Achtung der Heiligkeit anderer könnte der höhere Informationsgehalt durch das menschliche Ego manipuliert werden und der Evolutionskurs könnte ein weiteres Mal verzögert werden. In allen nonverbal kommunizierenden Zivilisationen muss die höchste Absicht darauf ausgerichtet werden, das höchste Beste des Ganzen zu unterstützen und sich ihm zu überantworten. Es muss dort die höchsten Ebenen des interpersonellen Nährens und des Aussprechens der Wahrheit geben. Ebenso müssen für diese Ebene der wahrhaftigen und effektiven Kommunikation alle die Privatsphäre des individuellen Herzens ehren.

Die von der Zirbeldrüse empfangene Information muss immer von dem Wissen des Herzens auf Gültigkeit geprüft werden. Auf diese Weise ist der wahre Verstand der Diener des wahren Herzens und die Gelegenheit für die Gemeinschaft und die göttliche Gnade auf dem Planeten wird genährt.

Die Hypophyse spielt eine weitere Rolle in der Evolution des menschlichen Körpers. Das menschliche endokrine System ist immer der Speicher für viele der Begrenzungen gewesen, die der Menschheit während der Lektionen der Dualität und Trennung auferlegt waren. In der Tat hat der Anstieg der Autoimmunerkrankungen einen direkten Bezug zu dem langfristigen Kummer, den viele Seelen durch diese Gefühle der Trennung erfahren haben. Aber die Hypophyse wird nun von ihren Begrenzungen befreit und der physische Körper wird erneut in die Lage kommen, sich selbst bis zum höchsten Ausmaß seiner Energien zu regenerieren.

Wiederum ist die Energie der bewussten Absicht die Voraussetzung für den Beginn dieser Veränderungen. Die höherschwingenden Organe des menschlichen Körpers werden weiterhin höchst kraftvoll antworten, wenn sie durch das Bewusstsein des Individuums informiert werden. Das menschliche

System ist komplex und so können an diesem Punkt keine Organe mehr in Trennung von den anderen gehalten werden. Viel Arbeit muss auf individueller Ebene geleistet werden, um alle Organe des Körpers zu nähren und zu entgiften.

Ein empfohlener Schritt ist die Kommunikation mit den Elementarwesen der Organe, um herauszufinden, welche Vorgehensweise für jedes Individuum die beste ist. Wir empfehlen auch sehr die Konsultation eines Energiespezialisten, eines Heilers oder Körpertherapeuten. Es gibt viele neue Energiewerkzeuge, die ihren Weg an die Oberfläche finden und allesamt die Weise ändern werden, in der ihr physische, geistige und emotionale Ungleichgewichte behandelt. Sucht nach ihnen und benutzt sie. Denn jetzt ist die Zeit für alle, um auf tiefsten Ebenen das wahre Geschenk zu erkennen, das der menschliche Körper darstellt. Eure antiken Schriften, die sich auf den Körper als Tempel des Göttlichen beziehen, sind zutreffend. Es ist eure bewusste Heilung und Transformation des Körpers, die euch in die Lage versetzen wird, den Körper zu erschaffen, in dem ihr leben möchtet.

Euren Körper als göttlichen Sitz des Geistes anzusehen, ist ebenso wichtig, wie die Gesamtheit eures Geistes zu lieben.

Nur wenn dies auf globaler Ebene geschieht, werden die von euch allen gewünschten Änderungen hinsichtlich eurer Nahrungsquellen und weltweit verbreiteten Heilungsmethoden stattfinden können. Gerade jetzt dringen Hilfsmittel und Substanzen mit großer Fähigkeit zur Heilung und Regenerierung auf die Märkte und ins Bewusstsein der Menschen. Durch eure fortwährende

Unterstützung und eure Fähigkeit, den euch nun präsentierten neuen Formen von Heilung zu vertrauen, wird diese Art der Anhebung, die sich um den Planeten herum vollzieht, ermöglicht.

Die wundervollen Tempel der Verjüngung und Heilung des Alten, die ihr euch so wünscht und euch für eure Zukunft vorstellt, sind tatsächlich jetzt schon hier. Sie existieren auch noch immer im Bewusstsein derjenigen, die ursprünglich diese Wunder „erbaut" und entworfen haben. Sie existieren in den energetischen Erinnerungen jener unter euch, die sie in anderen Zeiten erfahren haben. Obwohl sie in ihrem 3-dimensionalen Aspekt zerstört worden sein mögen, existieren sie noch immer in den höheren Dimensionen und haben sich in den Potenzialen ihrer ursprünglichen Absichten und Zwecke um ein Vielfaches erhöht, und ihr könnt diese Energien jederzeit anzapfen, ohne große Schwierigkeiten oder finanzielle Kosten. Alles, was ihr tun müsst, ist, euren Verstand zu beruhigen, euer Herz zu öffnen und eure Absicht für die Verbindung und Erfahrung mit diesen Energien kundzutun und dann dem Prozess zu erlauben, sich zu entfalten. So lange ihr euch jeden Tag genügend Zeit nehmt, diese Energien in eure Körper aufzunehmen und sie einzuatmen, wird der Prozess initiiert werden und ihr werdet außergewöhnliche Resultate bezeugen können.

Ihr könnt all diese Energien einfach nur durch die Kraft eurer Absicht und Überantwortung an die göttliche Gnade jederzeit in eurem Aurafeld manifestieren. Die Annehmlichkeiten, die diese Energien mit sich bringen, können jetzt wieder in der Gegenwart erschaffen werden. Die Form mag nicht unbedingt ein Spiegel des

Originals sein, aber die Energie ist die gleiche. Der kristalline Matrix-Computer mag den Kristalltempel ersetzen, aber die Fähigkeit ist dieselbe.

Erkennt diese Hilfsmittel und Heilungsmethoden in eurem Nebel wieder und unterstützt sie in der Form, in der sie heute sind. In den kommenden Zeiten mögt ihr euch wünschen, diese Tempel wieder aufzubauen, doch sie können sich nicht manifestieren, wenn ihr nicht zuerst die antiken Hilfsmittel in ihrer heutigen Form wiedererkennt und ebenso euch selbst im vollen Ausmaß dessen, wer ihr heute seid. Der Himmel existiert jetzt um euch herum auf diesem Planeten. Es mag den Anschein haben, dass er kaum sichtbar ist, doch erweist all denen, die an der Erschaffung dieses Paradieses arbeiten, wahrhaftige Anerkennung und ihr unterstützt das Potenzial für ein globales Paradies. Trauert nicht mehr über Vergangenes, sondern feiert stattdessen das, was wieder zum Vorschein kommt.

Seid sanft mit euch selbst, denn wer könnte besser lieben als ihr?

Celestia und Ahnahmar

15. Kapitel

Der Geist der Gemeinschaft

Celestia

Celestia ist eine der Älteren in Telos und ein Mitglied des Hohen Rates. Sie ist auch die Schwester von Adama. Sie arbeitet viel mit den Kindern von Telos und fungiert dort als Instrument der Interaktion mit den Älteren.

Willkommen zu Hause, ihr Lieben! Ihr habt es alle zurück geschafft. Es ist so wunderbar, euch alle hier versammelt zu sehen; es treibt mir die Tränen in die Augen. Wir nehmen euch in voller Ausstrahlung eurer Lichtkörper wahr und in der physischen Schönheit, die euch in der 3. Dimension zu Eigen ist. Es gibt noch so viel mehr unter euch, die auch sehr bald erwachen und nach Hause finden werden, zu der Wahrheit dessen, wer ihr wirklich seid. Die Zusammenkünfte, die in unserer Energie stattfinden, werden größer und größer werden und zahlreicher und zahlreicher, bis ihr ureigenstes Licht selbst in den dunkelsten Ecken der Oberflächenreiche sichtbar werden wird. Wir haben hier in Mount Shasta den Raum und die Energie für eine sehr lange Zeit gehalten. Eine große Anzahl von euch hat mehrere Lebenszeiten in dieser Gegend verbracht, sowohl in Telos als auch an der Oberfläche und damit auch geholfen, diese Energie zu halten. Und während ich heute Abend in dieser Versammlung spreche, haben die meisten von euch Aspekte ihres gesamten Selbst innerhalb des Berges und in anderen Städten innerhalb der Erde. Und für uns ist es über alle Maßen wundervoll, euch jetzt zu sehen in eurer physischen Inkarnation, weil ihr diejenigen seid, die den großen Wandel vollziehen werden, der auf diesem Planeten so dringend gebraucht wird.

Ich möchte euch jetzt gerne eine Einführung über die Kinder von Telos geben, wie auch über andere in der Erde verteilte lemurianische Städte. Die Kinder konnten die Zeit kaum abwarten, um sich wieder bewusster mit euch zu verbinden, denn sie tragen einen Wunsch in sich, euch mehr über das Spielen beizubringen. Sie wünschen sich wirklich, euch mitzuteilen, wie ihr wieder Spaß haben könnt. So viel von eurer jetzigen Reise hat damit zu tun, wie ihr wieder euer Herz öffnen könnt und die Dinge entdecken könnt, die euch als Kind Freude bereitet haben. Es ist jetzt essenziell, dass ihr eure Vorstellung weitet und vollständig das Paradies visualisiert, das ihr gerne wieder auf der Oberflächenwelt erschaffen und erfahren möchtet. Die Kinder sind hier mit geöffneten Herzen, um euch zu zeigen, wie ihr um euch herum die Welt aus der Vision eurer Vorstellung heraus erschaffen könnt.

Die Kinder von Telos würden sich glücklich schätzen, eure Wegweiser und Helfer beim Erhellen eures Weges sein zu dürfen.

Ihr könnt sie jetzt sofort kontaktieren. Diese Kinder haben aus freiem Willen heraus zugestimmt, eure Sendboten vom „Land des Spiels" zu werden und sie werden so lange bei euch bleiben, wie ihr dies wollt. Alles, was ihr dazu tun müsst, ist, damit anzufangen, mit ihnen aus eurem Herzen heraus zu kommunizieren. Sie mögen zu euch kommen, während ihr träumt und möglicherweise erkennt ihr sie auch gerade jetzt um euch herum. Wie viele von euch mit bereits offener Sicht bald entdecken werden, haben die telosianischen Kinder ganz andere Lebensspannen als diejenigen, die auf der Oberfläche leben. Das Kind, das zu euch kommt, um mit euch zu spielen, könnte euren Begriffen nach 200 Jahre alt sein. Seid also nicht überrascht, wenn die Erscheinung des zu euch kommenden Spielkameraden ganz anders ist als erwartet.

Traut den Bildern, die eure innere Sicht bringt und traut den Botschaften, die ihr von den Kindern aus Telos hört. Sie sind hier, um euch wieder die Teile von euch selbst zugänglich zu machen, die ihr möglicherweise zum Schweigen gebracht habt und auch die Magie der Imagination, die euch ermöglicht, alles zu erschaffen, was ihr möchtet und um euch wissen zu lassen, dass dies absolut real ist. Die Imagination ist unser Mechanismus des Erschaffens und er ist keineswegs „unwirklich", wie viele Sprachen auf der Oberfläche es definieren. Ihr entdeckt jetzt einfach nur erneut, wie wirklich Imagination sein kann und bis zu welchem Ausmaß sie Wunder oder schmerzliche Herausforderungen in eurem Leben erschaffen kann, ganz entsprechend euren Gedanken und Emotionen, die ihr unterhaltet.

In Telos erschaffen wir zuerst in unserer Imagination, was wir möchten und dann setzen wir in energetischer Weise die Potenziale frei, die berührbar manifestieren, was wir uns vorgestellt haben.

Imagination ist unser Schlüssel zur Manifestation und wir vollziehen sie, indem wir die maskuline Inspiration des Göttlichen mit den Energien des Femininen verschmelzen, was dann wiederum die Inspirationen, die Imaginationen, nährt und hält, so lange bis sie sich manifestieren. Da das Bewusstsein der auf der Erdoberfläche inkarnierten Wesen mehr und mehr das göttlich Feminine verinnerlicht, werden diese Manifestationsprinzipien erneut ersichtlich werden. Sowie die nährende Seele der Erde erst einmal wiedererkannt worden ist und ihr gestattet wird, sich selbst wieder in der Natur und in der Gesellschaft zu etablieren, wird sich die wahre Inspiration des göttlichen Willens selbst in eurem täglichen Leben durch das Bilden von Gemeinschaft ausdrücken.

Ihr erwacht nun erneut zu den Konzepten wahrer Gemeinschaft durch eure Ausdehnung und eure Wiederverbindung mit uns, eurer Familie in Telos. Wann immer einige von euch zusammenkommen um zu arbeiten, zu spielen, zu studieren oder zu meditieren, sei es nun in Mount Shasta oder in irgendeiner anderen Gegend des Planeten, formt ihr den Geist der Gemeinschaft. Diese Gemeinschaften mögen als ein temporäres Ereignis erscheinen, aber das sind sie nicht. Die Energie, die bei jeder dieser Zusammenkünfte generiert wird, verbindet sich mit der Energie von anderen ähnlichen Versammlungen und energetisch formt sich daraus eine noch größere Gemeinschaft außerhalb von Zeit und Raum. Diese Verbindungen werden zwischen den Seelen der Teilnehmer geschlossen und diese Energie der Gemeinschaft erleuchtet dann einen Weg, auf dem noch mehr dazukommen können. In Telos ist das Paradigma, in dem wir arbeiten, eines von vollkommener Kooperation und vollständigem Teilen der Ressourcen. Wir kümmern uns um jeden, indem wir Zeit miteinander verbringen und Energien dafür freisetzen. Dies ist ein höchst wichtiges Prinzip, das letztendlich auch von den Gesellschaften und Regierungen auf der Oberfläche angenommen werden wird. Dies ist eine Art und Weise, in der ihr damit beginnen könnt, dieses telosianische Modell der Gemeinschaft als eine harmonische Zusammenkunft von Energie zu demonstrieren und zu leben. Neue soziale Lebensweisen entwickeln sich bereits in diesem Land und viele von euch erwachen nun zu dem wahren Versprechen und Ideal von Gemeinschaft. Weitaus mehr von euch beginnen nun, die ersten Saaten für neue Ideen und neue Lebensweisen in ihrem Bewusstsein zum Keimen zu bringen. Dies ist einer der wichtigsten Schritte, der getan werden muss, um dazu beizutragen, diese Schwingung auf der Oberfläche und für den Planeten auf eine komplett neue Ebene zu bringen.

Die 5-dimensionale Schwingung, in der wir in Telos leben, ist die Energie für eine Gemeinschaft des Herzens.

Wir sind die erforderlichen Schritte zur Manifestation der Welt gegangen, in der wir leben möchten und nun bieten wir uns als eure Führer an, um euch den Weg zu zeigen. Die Gemeinschaft des Herzens ist ein Ort, an dem jeder sich in vollständiger harmonischer Resonanz befindet. Jedes Bedürfnis oder jeder Wunsch wird telepathisch mitgeteilt und dann von der Gemeinschaft als Ganzes erfüllt. Es ist eine Gemeinschaft, in der es

durch die gemeinschaftliche Herzensenergie, durch Mitgefühl und die immer gegenwärtige nährende Schwingung weder Mangel noch Leiden gibt. Dies sind die Konzepte, die wir euch mitteilen möchten. In einem gewissen Maße erfahrt ihr dies schon in Mount Shasta, wo viele Individuen sich selbst auf unterschiedlichen Ebenen mit den anderen austauschen. Wenn eine Situation entsteht, die eine Gemeinschaft erfordert, dann treten viele von euch hervor, um die Last zu teilen.
Wir bitten euch darum, dass ihr in jedem Aspekt eures Selbst und eures Herzens beginnt, euer Bewusstsein in größerem Maße zu den Konzepten wahrer Gemeinschaft hin auszudehnen und zu wissen, dass ihr von Wesenheiten umgeben seid, die euch lieben. Ihr mögt sie noch nicht alle auf bewusster Ebene kennen, aber ihr beginnt, sie wiederzuerkennen. Ihr beginnt jetzt, euch auf dieser Ebene mit jedem Wesen zu verbinden, mit dem ihr in Kontakt kommt und eine Gemeinschaft daraus zu formen.

Ein Teil meines Dienstes in Telos ist die Arbeit mit den Potenzialen; lasst mich jetzt einiges erklären. Um Mount Shasta herum werden sich in den nächsten Jahren Gemeinschaften bilden. Dies werden Gemeinschaften sein, in denen Menschen mit der Absicht zusammenkommen werden, ein Vorbild für andere Gemeinschaften auf dem Planeten zu sein. Sie werden Beispiele dafür sein, wie Menschen ihr Leben im Geist wahrer Brüderlichkeit in Mitgefühl und Zusammenarbeit leben können. Die Öffnungen finden nun auf dem Planeten statt, um den Weg für unser Erscheinen aus den inneren Städten heraus vorzubereiten und ebenso das Harmonisieren unseres Lebens hinsichtlich dem euren. Seit einigen Monaten ist ein Portal im Begriff sich zu öffnen; es umfasst viele der westlichen Staaten der

USA, einschließlich der Gegend von Mount Shasta. Durch dieses Portal sind die ersten Wesenheiten der Inneren Erde bereits hervorgetreten, um durch ihre Schwingung wiederum eine Durchgangspassage zu gestalten, auf der letztendlich andere hervortreten können. Es gibt in Reinigung befindliche Durchgangswege in der Gegend von Mount Shasta, die direkt nach Telos führen. Es gibt Sternentore, die sich in den ersten Stadien der Reaktivierung befinden, wie auch solche, die um den Berg herum bereits in vollem Betrieb sind. Die Torhüter, die auf ätherische Weise die Energien dieser Tore verwalten, beginnen damit, sich ihrer Rollen bewusst zu werden und sie versammeln sich in eurer Dimension in immer größerer Anzahl. Diese Arbeit wurde schon immer multidimensional durchgeführt, doch euer Bewusstsein darüber ist verschleiert gewesen. Bald wird diese Arbeit weltweit wieder ins Bewusstsein treten und viele von euch, die diese Art von spiritueller Arbeit immer abgewertet haben, werden voranschreiten um Rollen zu übernehmen, die ihr euch derzeit noch nicht einmal vorstellen könnt.

Wir teilen euch dies nur mit, um euch zu ermutigen, während ihr voranschreitet; wir wissen, dass es euch Hoffnung gibt, wenn wir von diesen Wundern sprechen. Wir bitten euch, euer Leben in diesem neuen Bewusstsein zu leben und eure Evolution mit eben dieser Hoffnung im Herzen zu erfahren, denn potentielle Wunder existieren überall um euch herum. Es liegt nur an euch, dafür offen zu sein. Wenn jeder von euch zu einer Person sprechen würde, die er noch gar nicht kennt und ihr oder ihm gegenüber sein Herz im selben Ausmaß öffnen würde, in der er es uns gegenüber tut, würde die Oberflächengemeinschaft der Erde sehr schnell geboren werden. Das Teilen aus dem Herzen heraus würde sich mit jedem weiteren Herzkontakt ausdehnen, der zwischen den Bewohnern und Nachbarn um den Planeten herum geschlossen wird. Wie wundervoll könnte das sein!

Wahre Intimität entsteht, wenn zwei Seelen sich gegenseitig mit Authentizität, Spontanität und Wahrhaftigkeit erfüllen können.

Habt keine Angst davor, euch selbst einem anderen gegenüber zu öffnen, denn dies ist während dieser Zeit des großen Erwachens und der Transformation nicht zu vermeiden. Es gibt nichts anderes als Begrenzung, die euch auf eurem Evolutionspfad hindern kann. Zögert nicht, die Tür zu den Tiefen eurer Seele zu öffnen und die Gesamtheit eurer Erfahrungen und Emotionen zu entdecken. Und zögert nicht, auf liebende und unterstützende Weise diesen gleichen Raum auch für andere zu halten. Viel Klärung muss stattfinden, viel Reinigung, bevor ihr in der Lage sein werdet, in die höhere Schwingung einzutreten, die ihr euch so sehr wünscht, um die Gemeinschaften eures Herzens zu bilden.

Beginnt damit Gemeinschaften aus zwei Personen zu bilden. Geht miteinander auf eine Weise um, die ihr euch zuvor noch nicht getraut habt. Seid einander Zeugen für die unglaublichen Seelenwege, die jeder von euch bereits gegangen ist. Nur wenn ihr euch gegenseitig auf diese Weise öffnen könnt, seid ihr fähig, immer stärkere Seelen- und Herzensbande in einer Gemeinschaft zu bilden. Ruft uns jederzeit. Wir werden euch ohne Bewertung oder Bedingung zuhören. Setzt in euren Herzen die Absicht frei, euch vollständig zu öffnen, um mit uns die Schwingung zu teilen, in der wir leben, so dass ihr sie nach und nach auch täglich erfahren könnt. Je mehr ihr diese Schwingung in euren täglichen Aktivitäten wiedererkennt und integriert, desto schneller wird sich die Schwingung auf der Oberfläche erhöhen. Wir sind immer für euch da. Bitte ruft uns, damit wir an eurer Seite sein können; wir können euch gar nicht stark genug dazu ermutigen. Und was am Wichtigsten ist, genießt die neue Energie, die neue Schwingung, die eure ureigenste Seele und euren Planeten Tag um Tag transformiert. Die Freude daran wird diesen Prozess gemeinsam mit einer Magie, beschleunigen, die erst jetzt im Begriff ist, wiederentdeckt zu werden.

Ruft die Kinder von Telos, damit sie kommen und mit euch spielen können. Ruft sie, damit sie sich zu euch gesellen und ihren angeborenen Sinn für Freude und Vergnügen im einfachen Zustand des Seins mit euch teilen können. Wenn ihr euch in euren dunkelsten Stadien befindet und die Last zu schwer erscheint, um sie tragen zu können, ist dies der Zeitpunkt, an dem ihr sie am meisten braucht. Ihre Freude und Verspieltheit, ihre Kreativität und imaginative Wahrnehmung der Welt um sie und euch herum, wird eure Herzen wieder für das magische Kind öffnen, das in euch wohnt. Lacht und kichert und macht Witze mit ihnen. Seht mit ihren Augen und reinigt eure eigenen von den Rückständen der Verzweiflung; sie werden euch aufheitern, wenn nichts anderes mehr zu funktionieren scheint. Sie werden ganze Gruppen von Kindern mitbringen und in eurem Haus Feste feiern. Die Kinder möchten euch auch besuchen, um ein größeres Verständnis dessen zu gewinnen, was ihr auf der Oberfläche auf eurer Reise in der 3-dimensionalen Realität erfahrt. Dies ist ein Teil ihrer Bildung und sie haben bereitwillig zugestimmt, sich als ein Teil notwendiger Schulung mit euch zu treffen. Wir lieben euch mehr, als wir ausdrücken können. Ein weiteres Mal Willkommen zu Hause, meine geliebten Freunde.

Die Liebe unserer Mutter Erde

und die Bereitwilligkeit,

mit der sie anbietet, unseren Schmerz zu übernehmen,

gibt uns an jedem einzelnen Tag die Stärke

unsere Reise fortzusetzen

Angelina

16. Kapitel

Sendboten von Lemuria, erwacht zu euren antiken Erinnerungen

Hyrham, ein Mitglied der wissenschaftlichen Gemeinschaft von Telos

Seid gegrüßt, meine geliebten Freunde, hier ist Hyrham.

Alle von euch, die diese Worte lesen, haben Verbindungen zu Telos. Ihr alle hattet Lebenszeiten in Lemuria und ihr seid jetzt hier unter den Brüdern und Schwestern, die diese Lebenszeiten gemeinsam mit euch verbracht haben. Wir bitten alle von euch zusammenzukommen, wann immer dies möglich ist und nach den Erinnerungen zu streben. Wir laden euch ein, um Information zu bitten und diese zusammenzutragen, damit die daraus entstehenden Wiederansammlungen eurer antiken Vergangenheit erneut erwachen können. Wir bitten euch auch, eure Energien auf

der Suche nach Verbindungen der Vergangenheit und Gegenwart auszusenden, auch untereinander und ebenfalls zu uns. Öffnet euer inneres Bewusstsein und sprecht mit uns auf eurer höheren Verstandesebene; dann hört auf die Antwort in der tiefsten Tiefe eures Herzens.
Jedes Mal, wenn ihr euch öffnet und eurem eigenen Sinn hinsichtlich dessen traut, wer ihr damals gewesen seid und wer ihr jetzt seid, öffnet ihr euch ebenso immer mehr gegenüber den Ebenen eures eigenen multidimensionalen Selbst. Wenn sich dieses Vertrauen aufbaut, bringt uns dies in die Lage, mit euch auf tieferen und vielfältigeren Ebenen zu kommunizieren. Immer mehr Schichten der Erinnerung und des Verständnisses können entdeckt und mit euch geteilt werden. Ihr erwacht alle wieder zu eurem wahren Selbst und zu eurer göttlichen Identität und während ihr erwacht werdet ihr herausfinden, dass es noch viel mehr ins Herz zu schließen gibt.

Alle von euch sind Sendboten.

Ihr seid Sendboten von Lemuria und ihr habt eine Schwingung, die auf diesem Planeten Öffnungen auf eine Weise erschafft, die wir niemals für möglich gehalten haben. Ihr seid Sendboten für Aspekte eurer Gesamtheit, die ihr während Äonen von Inkarnationen auf diesem Planeten entwickelt habt. Und dieses Mal, ihr Lieben, geht es darum, alle diese Aspekte eures Selbst wieder zurück in die Einheit zu bringen, in dieser Lebenszeit, in diesen Körpern. Je mehr ihr euch ihnen öffnen und diese Aspekte von euch wieder annehmen könnt, umso mehr werdet ihr wieder Zugang zu der Erfahrung und Weisheit erlangen, die ihr während jeder einzelnen Inkarnation eurer Seelenevolution gewonnen habt.

Jedes Mal, wenn ihr feststeckende Energien klärt und transformiert, die euch davon abhalten, euch für eure Gesamtheit zu öffnen, werdet ihr mehr und mehr die Freude und das Verständnis eurer Seele hinsichtlich des Paradieses erfahren, in das dieser Planet jetzt zurückkehren kann.

Wenn ihr vorankommt, lasst jeden, dem ihr begegnet, an dieser Schwingung teilhaben. Wenn ihr die Straße entlanggeht, sind die Menschen, die euch zulächeln, ebenso Brüder und Schwestern; ihr kennt sie. In den Lebenszeiten, die wir auf diesem Planeten gemeinsam verbracht haben, existierte eine Einheit, die wir nun alle wieder langsam verstehen und annehmen.

Mount Shasta ist ein gigantisches Herz, das Liebe an jeden und an alles auf diesem Planeten ausstrahlt.

Mount Shasta ist buchstäblich eine physische Inkarnation der Quellenenergien. Unser heiliger Berg repräsentiert das Herz von Mutter Erde und die Liebe, die sie für uns alle empfindet. Wo immer ihr auch seid, ihr könnt euch bei ihr einklinken und diese Liebe fühlen und sie wieder an andere verströmen. Wenn ihr euch in nächster Nähe des Berges befindet, werdet ihr euch selbst durch ihre Energien aktiviert fühlen und dieses Band durch alle eure Inkarnationen hindurch tragen. Alle von euch, die nach Mount Shasta reisen, sind hierher zurückgekehrt, weil ihr dieses Bündnis in vorigen Lebenszeiten erfahren habt. Es ist eben dieses Bündnis, welches die Absicht für die Erschaffung von Telos innerhalb der Energien dieses Berges zur Zeit des Untergangs von Lemuria auslöste. Wir ermutigen euch, hier Zeit zu verbringen und diese Energien dann formiert hinaus zum Rest des Planeten zu tragen.

Ich bin Hyrham, ein Wissenschaftler von Telos. Ich arbeite gegenwärtig als Mitglied einer Gruppe von Wissenschaftlern an einem 3- bis 5-jährigen Programm zur Messung der Energien um Mount Shasta. Wir messen, um es zu ermöglichen, dass wir alle innerhalb des Berges mit euch außerhalb des Berges schwingungsmäßig wieder zusammentreffen können.

Ich bin Teil eines Teams, das seit 2001 diese Schwingungen gemessen hat und wir werden dies weiterhin in immer größerem Umkreis um Mount Shasta herum tun. Der Umkreis liegt derzeitig bei zirka 9 Kilometern und der weitere Kreis darum liegt bei zirka 30 Kilometern. Wir messen die Schwingung von euch als Individuen und die des Planeten als Ganzes. Wir messen auch eure Absicht und die Absicht aller Wesen hinsichtlich des Wiedererkennens der lemurianischen Schwingung und der Bereitschaft, sich wieder in sie zu integrieren. Wir zeichnen diese Schwingung mit etwas flauem Gefühl auf, denn wir sind mindestens ebenso begierig darauf wie ihr, wenn nicht sogar noch begieriger, in eine Schwingung zu gelangen, in der wir wieder alle zusammen sein können.

Unser Verständnis hinsichtlich eurer Energien ist etwas anders als euer Verständnis bezüglich unserer Energien. Wir haben ein größeres Wahrnehmungsspektrum um euch zu verstehen. Wir können euer Energiefeld sehen wie auch eure physischen Körper. Wir sehen eure Lichtkörper, eure multidimensionalen und „zukünftigen" Aspekte. Wir können von euch viel mehr Teile erkennen, als ihr derzeit von uns. Die Leute von Telos, die den Fortschritt dieses Messprogrammes verfolgen und die derart in die Prozesse eingebunden sind, welche zu den letztendlichen

Resultaten dieser Aufzeichnungen führen, möchten euch wissen lassen, wie wichtig eure Absicht und euer Wiedererkennen all der multiplen Zeitlinien für dieses Potenzial ist. Die Arbeit, die ihr geleistet habt, um die alten Traumata aus diesen Zeitlinien zu erkennen und zu klären, ist sehr wichtig gewesen für die Manifestation der Öffnung, nicht nur für Mount Shasta und für den Planeten, sondern auch für euer Höheres Selbst, um dadurch arbeiten zu können. Diese Öffnung wird euch gestatten, alle diese Aspekte zu integrieren und sie wieder anzunehmen, wie wir das tun. Ihr werdet die „zukünftigen" Aspekte eures Selbst wiedererkennen, welche in Wahrheit schon hier sind und sich jetzt zeigen.

All die Dinge, die wir hinsichtlich der Zukunft ansprechen sind bereits geschehen und diese Aspekte eurer Selbst sind bereits tätig. Das Ziel besteht jetzt darin, alle diese Zeitlinien schwingungsmäßig auf einen Nenner zu bringen und die Freude der Wiedervereinigung zu erfahren, die bereits entstanden ist und um uns herum existiert.

Ihr mögt zu Treffen und Versammlungen von Menschen gerufen werden, die sich für Lemuria interessieren und ebenso für andere metaphysische Themen. So, wie jede Gruppe auf dem Planeten zusammenkommt, egal ob groß oder klein, egal, ob es sich um Gruppen handelt, die sich schon früher in Lemuria getroffen haben oder um Gruppen aus der Zeit von Atlantis, die Teilnehmer erkennen die Schwingung wieder, die sie in früherer Zeit und in jenem Raum miteinander geteilt haben und erfahren sie erneut; und wenn dies auch nur für einen Moment lang der Fall ist. Aus diesem Wiedererkennen ziehen sie viel Verständnis. Und bald werden diese Gruppen beginnen, für ein noch größeres Verständnis und noch größere Harmonisierung zusammenzukommen. Die neue Weisheit, für die sich jede dieser Gruppen öffnet wird eine Harmonie der Ausrichtung und der Zusammenarbeit zwischen allen Gruppen erzeugen, und dies ist genau die Art liebender Energie, die das Neue Lemuria, die Neue Erde, zur Geburt bringen wird.

In der Vergangenheit hat es Zeiten gegeben, in denen keine Zusammenarbeit stattfand und wir alle haben aus ihnen schmerzhafte Lektionen gelernt. Wir haben, ebenso wie ihr, all die Irrwege der menschlichen Erfahrungen erlebt, die sich im Begriff der Dualität, der Trennung und Disharmonie nur haben registrieren lassen. Nun ist es Zeit, sich daran zu erinnern und wieder die Schwingung der Harmonie zu erfahren und ein neues Verständnis der Potenziale aus reiner kreativer Energie zu gewinnen, die diese Form von synthetischer Absicht bringen kann. Es ist Zeit für alle Wesen auf diesem Planeten – in allen Dimensionen – sich selbst wieder durch die Energien bedingungsloser Liebe und Harmonie einzubringen und zu entdecken, wie weit sich gerade diese Schwingung auf unserem Planeten noch ausdehnen kann.

Zur Rückkehr in die Harmonie gehört jedoch der organische Prozess der Entgiftung, welcher in euren physischen und emotionalen Körpern stattfinden wird, sobald neue Ebenen der Liebe eröffnet werden. Im Zuge dessen, wie jeder von euch seine göttliche Essenz wieder integriert und seine Verbindung zur göttlichen Quelle wieder herstellt, werdet ihr in euren mentalen, physischen und emotionalen Strukturen große Anhebungen erfahren. Dies ist zu erwarten, wenn ihr viel alte Energie auf Zellebene umändert. Wir werden alles in unserer Macht stehende tun, um euch durch diesen Prozess hindurch zu unterstützen.

Die Einwohner von Telos möchten euch wissen lassen, dass eure Reise jetzt in sehr hohem Maße die Reise widerspiegelt, die sie selbst unternommen haben, als sie ihre Neue Welt innerhalb der Erde nach dem Untergang von Lemuria erschaffen haben. Die Kataklysmen, denen wir ausgesetzt waren, haben uns auf die gleiche Weise angehoben, wie es jetzt für euch erwartet wird. Die Kinder von Telos sehnen sich danach, und das sogar noch mehr wie die Älteren, aus dem Berg hervorzukommen und etwas über ihre Brüder und Schwestern zu lernen und auch über die Welt zu erfahren, von der sie schon so viel gehört haben. Es muss jetzt ein Verschmelzen der Energien geben und wenn die Öffnung vonstatten geht, werden wir in physischer Form in eure Dimension reisen, doch es wird sich nicht exakt um die gleiche physische Form handeln, die ihr gegenwärtig besitzt. Sie wird eine andere Schwingung haben. So, wie wir unsere Schwingung näher an eure heran bringen, müsst ihr ebenfalls eure Schwingung unserer annähern, damit dies geschehen kann.

Bald werden wir unsere Schwingungen gemeinsam in einer neuen Dimension verschmelzen. Alle Energien und Absichten sind von jenseits des Planeten und auch von innen heraus auf dieses Geschehnis ausgerichtet.

Wir bitten euch jetzt, dieselbe Absicht zu signalisieren, damit dies geschehen kann. Jedes Mal, wenn ihr ein Wiedererkennen erlebt oder eine Erinnerung dessen, wer ihr gewesen seid, wer wir gewesen sind und wer wir gemeinsam sein werden, signalisiert ihr eure Absicht. Jedes Mal, wenn ihr euer Herz dem Berg, den Elementarwesen und den Bildern öffnet, die wir am Himmel für euch malen, den Schiffen, die euch besuchen und die euch Liebe und Energie durch die linsenförmigen Wolken schicken, signalisiert ihr eure Absicht. Fasst eure und unsere Ziele in Worte und vertraut ganz einfach darauf!

Die Messperiode wird um das Jahr 2005 ihren Höhepunkt erreichen und zu dieser Zeit werden dann Pläne für die Öffnung der Dimensionen gemacht, für das Hervortreten von einigen von uns und für das Hereinkommen einiger von euch in die Erde. In euren Kalenderjahren 2005-2006 werden viele weitere Portale beginnen, sich zu öffnen und die ersten Besuche werden für diejenigen stattfinden, die am leichtesten zwischen den Dimensionen reisen können. Sie werden die Energiekanäle für diejenigen vorbereiten, die ihnen später folgen werden. Viele von euch sind energetisch in diese Portalaktivitäten involviert. Viele von euch haben multidimensionale Aspekte, die gegenwärtig in Telos oder in anderen lemurianischen Städten ansässig sind und die dynamische Rollen bei diesen Aktivitäten spielen. Öffnet euch selbst für diese Energien; beginnt, sie in den Aspekt von euch hinein zu verkörpern, der auf der Oberflächenwelt inkarniert ist. Ehrt die Botschaften, die ihr empfangt und teilt sie mit anderen, denn auch dies wird eine neue Energie der Hoffnung und des Vertrauens aufbauen in das, was kommen wird. Die planetare Anhebung beschleunigt sich gerade jetzt in einem sehr großen Ausmaß und gegen Ende einer 3-Jahres-Periode wird ein größerer Zugang zu einigen der Städte der Inneren Erde gewährt werden. Ruft uns. Stellt Fragen. Wir sind hier, um euch zu führen.

Fragen aus dem Publikum in Mount Shasta

Die Telosianer sind multidimensional wie es auch die Stadt Telos selbst ist. Haben die Telosianer die gesamte Stadt innerhalb von Mount Shasta zu der Zeit des letzten Vulkanausbruches von Mount Shasta in den Jahren um 1700 zeitweise angehoben?

Die innerhalb des Mount Shasta liegende Stadt ist nicht mehr dieselbe Stadt, die sie vor dem letzten Vulkanausbruch innerhalb von Mount Shasta war. Es gab zu dieser Zeit eine dimensionale Anhebung. Die Energien des Ausbruchs verlagerten Hauptportale und ebenso andere Energieplätze um den Berg herum, die der Kommunikation und dem Reisen dienten. Die ätherischen Energien waren nicht betroffen, wohl aber erforderte die physische Verwerfung der Erde hinsichtlich ihrer Bedürfnisse und Meridiankanäle von den Telosianern einen Wiederaufbau und eine erneute Ausrichtung von diversen Energiekanälen und Portalen durch den Berg hindurch und um ihn herum.

Das Herz der Stadt Telos liegt sehr tief innen im Berg und ist dimensional derart abgeschirmt, dass es von dem Ausbruch nicht betroffen war. Einige der Energiestrukturen um den Berg herum, die den Zutritt ermöglicht hatten, waren in hohem Ausmaß betroffen. Einige der Portale wurden geschlossen und neue wurden in anderen Gegenden errichtet. Einige Portale brauchten energetische Reparaturarbeiten und existieren immer noch an ihrem ursprünglichen Ort. Wir sehen nicht voraus, dass diese Art von Verwerfung in der Zukunft noch einmal geschehen könnte. Wir verstehen die Erdenergien und die Notwendigkeit für den Vulkanausbruch, der stattgefunden hat. Wir hatten hinsichtlich dieser Eruption eine Vorwarnung und waren daher in der Lage, schon vor der Störung Vorkehrungen zu treffen.

Wie können wir dazu beitragen, dass die Öffnungen stattfinden, durch welche die Telosianer aus dem Berg hervortreten können und wir eintreten dürfen?

Es geht hier vorwiegend um die Absicht. Diese Absicht weiß, das es geschehen wird und verankert euch selbst so vollständig in diesen Energien, dass ihr jeden Tag darin lebt und diese Schwingung in euer tägliches Leben und in das Leben der anderen um euch herum einbringt. Es wird auf der Erde ständig zunehmende Veränderungen geben, angesichts derer es euch vorkommen kann, als würdet ihr aus der Schwingung, die ihr gerne halten würdet, herausgeworfen werden oder als wolltet ihr sogar gerne aus euren Energien herausspringen, um auf andere Weise zu antworten. Ihr werdet bald die Auswirkungen von viel Klärung im Emotionalkörper sowohl der Erdmutter als auch der Zivilisationen, die auf ihrer Oberfläche leben, bezeugen und erfahren. Ihr werdet neue Ebenen von Ärger und Gewalt auf der Oberfläche verzeichnen. Erkennt, dass dies ein Teil der Heilungskrise ist, durch die ihr alle hindurch geht. Es gibt viel, was abgezogen und entgiftet werden muss, damit die neue Schwingung hereinkommen kann.

Haltet an den Energien fest, die im Wissen und in eurer Herzensliebe wohnen. Verpflichtet euch diesen neuen Energien des Lichts, die euren Planeten derzeit mit allen Aspekten eures Seins fluten. Versteht, dass, auch wenn euer physischer Körper und eure Emotionen Trauma, Traurigkeit und Überwältigung erfahren, eure Gesamtheit dennoch in der Schwingung von Liebe und Mitgefühl lebt. Wisset in eurem Herzen, dass ihr euch jederzeit wieder mit der Schwingung der Liebe und des Mitgefühls rückverbinden könnt.

Bittet eure geistigen Führer und Engel um Hilfe wie auch eure Familie hier in Telos und eure Sternengeschwister, die auch hier sind, um euch zu unterstützen.

Gestattet uns allen, die wir zu eurer Unterstützung hier sind, euch in unserer Umarmung der Liebe zu halten und erlaubt euren Gefühlen zu fließen, ohne Bedingung und ohne Wertung. Lasst eure Energien zu, erlaubt ihnen, wieder in Bewegung zu kommen und in den Fluss der göttlichen Gnade zu gelangen. Bittet an jedem einzelnen Tag um die Freisetzung aller feststeckenden Energien, die eure Erkenntnis der Gesamtheit dessen blockieren, wer ihr in diesem Moment auf diesem Planeten wirklich seid.

Eure Reise hier in physischer Form, zu einer Zeit, in welcher der Planet von einer 3-dimensionalen in eine 5-dimensionale Existenz übergeht, verlangt von euch, dass ihr euer Leben vollständig als der physische und emotionale Mensch lebt, der ihr seid. Das Ziel liegt im Lernen dessen, wie man jederzeit bewusst in einem sich ständig erhöhenden Schwingungslevel leben kann, als wäre euer Leben eine fortwährende Meditation. Bekundet eure Absicht, die vollständige Gesamtheit dessen, was ihr seid, wiederzuerkennen und euch ständig darüber bewusst zu bleiben und ebenso auch der Schwingung, in der ihr euch entscheidet zu leben.

Wenn ihr einfach damit beginnen könnt, durch uns die Gesamtheit dessen zu hören und/oder zu sehen, wer ihr wirklich seid, durch den Spiegel, den wir euch zur Verfügung stellen, werdet ihr immer einen Zufluchtsort haben, wenn ihr euch desillusioniert fühlt, abgespalten oder verwirrt. Nutzt uns vertrauensvoll als Spiegel, bis zu der Zeit, zu der ihr selbst klarer sehen könnt. Wisset, dass wir euch auf eurer Reise helfen können; dass wir für euch die Schwingung halten und auch wieder an euch zurückgeben können, wenn ihr uns ruft und eure Absicht dazu ausdrückt.

Adama, Ahnahmar und viele andere halten jede Nacht in Telos Unterricht ab. Bevor ihr ins Bett geht, könnt ihr darum bitten, in euren Träumen hierher kommen zu dürfen, um Lehren und Heilung zu empfangen und um euch mit euren eigenen Erinnerungen zu verbinden. Bekundet auch eure Absicht, euch nach eurer Rückkehr ins normale Bewusstsein an alles erinnern zu können, was ihr erfahren habt, damit ihr das, was euch in Telos offenbart worden ist, auch in euren Wachstunden zur Verfügung habt.

Es ist sehr wichtig, dass ihr euch selbst ohne Bewertung und ohne kritische Analyse gestattet zu erfahren, euch zu erinnern und zu lernen.

Ihr bewegt euch in eine höhere Schwingung, wenn ihr diese Reisen nach Telos unternehmt, in eine Schwingung von Vertrauen und Harmonie. Die Information, die ihr euch wünscht, kann nur durch dieses Energiefeld mitgeteilt werden. Es muss ein Kanal von euren zu unseren Herzen geöffnet werden und dies kann nur in einer Schwingung von Vertrauen und bedingungsloser Liebe stattfinden. Wir müssen unsere Schwingung dazu bringen, sich auf eure einzustellen und wir werden dies nur an einem Ort der Liebe und der Offenheit tun. Ihr könnt nicht im Voraus bewerten oder Erwartungen setzen, was dann in diesen Treffen zu geschehen hat. Ihr müsst euch selbst einfach als Kanal öffnen, um gnadenvoll alles zu empfangen, was wir euch zu geben haben.

Ihr könnt jederzeit mit allen von uns sprechen. Stellt eure Fragen und lauscht. Die Antwort kann als Ton oder Musik oder als Stimme zu euch kommen oder ganz einfach als Wissen. Lasst nicht zu, dass euer Verstand die Antwort analysiert. Erkennt sie ganz einfach und erweitert euer Bewusstsein. Lasst die Erkenntnis wachsen, bis die Gespräche, die ihr mit uns führt, ebenso gemeinschaftlich werden, wie die, die ihr mit euren Brüdern und Schwestern um euch herum habt. Erlaubt euch selbst, dies jetzt zu tun.

Was für Hilfsmittel oder Heilmethoden werdet ihr aus Telos in Zukunft mit uns teilen?

Es wird Tempel der Verjüngung und Heilung in der Gegend von Mount Shasta geben, die zu diesem Zweck wieder reaktiviert und aufgebaut werden und die Energien werden aus der Erde selbst und von den Elementarwesen zu ihnen fließen.

Es werden neue Heilungs- und Verjüngungstechniken hervorkommen, die zwei Bereiche umfassen. Erstens, wird es einleitende Rituale der Absicht geben, um die Energie des Individuums vollkommen für den Prozess der Selbstheilung zu verpflichten. Zweitens, wird es Hilfsmittel geben, die mit Licht und Klang arbeiten. Diese Instrumente werden kristalliner Natur sein, da die menschliche Form jetzt wieder zu ihrer wahren kristallinen Matrix zurückkehrt. Einige dieser Hilfsmittel werden die Form von Helmen haben, wie auch die Gestalt von Gesamtkörperkammern, ähnlich der Sarkophage, die ihr noch von den Altägyptischen Zeiten her kennt. Sie werden aus einem hochprismatischen kristallinen Material bestehen.

Klang ist der Dirigent der Energien von Heilung und Erneuerung. Licht repräsentiert all die vielfältigen Frequenzen, mit denen wir in Resonanz gehen können. Klang durchdringt dimensionale Schichten und trägt das Licht oder die benötigte Frequenz für die Heilung durch die verschiedenen Körper, wie den physischen, den emotionalen, den ätherischen und den mentalen Körper.

Die Kristalle haben eine sehr verfeinerte Fähigkeit, sowohl Klang wie auch Licht zu übermitteln. Der Heiler, und manchmal auch das Individuum, das geheilt wird, werden mit multidimensionalem Tönen arbeiten, durch eine Kombination aus Stimme, Musikinstrumenten, wie zum Beispiel Kristallflöten oder Kristallklangschalen, und Energien aus dem Reich der Engel und der Elementarwesen. Alle diese Töne werden dann durch einen „Magnetisierer für kristallinen Klang" transferiert, der die Multi-Töne in einen vielfachen Klang umsetzt, welcher simultan auf das gesamte Spektrum von Klang als „bewussten Klang" zugreift. Der bewusste Klang wird dann den Raum um sich herum erfüllen, um als Kanal für die heilenden Lichtfrequenzen zu agieren, die sich selbst durch Farben ausdrücken und die jenseits des gegenwärtigen Spektrums der menschlichen Sicht liegen. Auf diese Weise wird die Heilung gleichzeitig in allen Körpern stattfinden.

Es wird auch kleinere Hilfsmittel geben. Einige werden am Körper getragen und andere kann man bei sich tragen. Einige werden in der täglichen Meditation verwendet oder einfach in der Heimstätte des Individuums platziert. Viele von euch nutzen diese Art Hilfsmittel schon heute. Diese neuen Methoden werden im Vergleich zu denen, die ihr heute habt, in ihrem Gebrauch noch mehr verfeinert werden. Manche Hilfsmittel werden speziell für ein Individuum für die Zeit der Inkarnation erschaffen und über die gesamte Lebensspanne hinweg bei ihm bleiben. Andere werden gemeinsam von Familienmitgliedern benutzt, um die Harmonie einer Familiengruppe zu erhalten.

Das Verständnis über die Kristalle und die Beziehung zu ihnen und zum Gesamtspektrum der Klang- und Lichtfrequenzen wird den Kindern schon von den ersten Schulklassen an vermittelt. Die meisten Konstruktionen von Gebäuden, Heimstätten und Tempeln bestehen aus reinem kristallinem Material, das durch heilige Töne geweiht ist, um eine beständige Schwingung der Heilung und Harmonie in der Struktur selbst aufrechtzuerhalten.

***Was kann ich als Individuum tun,
um meine Schwingung
zu erhöhen?***

Jeder von euch, der dies möchte, kann einen Führer aus Telos zugewiesen bekommen. Stellt einfach die Bitte darum und verbindet euch durch das Herz. Bittet darum, euren Führer zu treffen und kommuniziert regelmäßig mit ihm oder mit ihr. Wendet euren Führer als Stimmgabel für die Schwingung an, mit der ihr euch zu harmonisieren versucht.

Jeder von euch trägt auch individuelle Verantwortung hinsichtlich seiner eigenen Klärung. Ihr alle seid in dieser Inkarnation hierher gekommen, um Energien zu klären, die euch vom Erreichen einer Schwingung und von einer Ebene der Freude, die neu für euch ist, abhalten. Jedes Mal, wenn ihr alte Energie klärt oder ein altes emotionales Muster heilt, erschafft ihr Öffnungen für den Zustrom neuer und weitläufigerer Energien. Außerdem bewirkt diese Klärung eine Freisetzung für alle auf dem Planeten. Jeder von euch hält ein anderes Stück des Gruppenbewusstseins, das ihr freiwillig übernommen habt, um es für die Menschheit und den Planeten zu klären. Das ist eine wichtige Aufgabe und es ist Zeit, sie zu erkennen und das Vertrauen zu bestätigen, das wir hinsichtlich der Erfüllung in euch setzen. Ihr befindet euch momentan nicht in Telos und dafür gibt es einen guten Grund.

Ihr seid alle freiwillig hier, in der physischen Inkarnation, um bei der Heilung des Planeten zu helfen und bei der Befreiung der Menschheit aus dem Bewusstsein des Schmerzes und der Trennung. Eure Arbeit ist hier und die Schwingung, die diesem Planeten gebracht werden soll, wozu ihr eure Zustimmung erteilt habt, muss hier erfahren werden.

Jene, die nach euch kommen, werden auf euch schauen, damit sie den Weg für sich klären können. Jedes Mal, wenn ihr den Kummer und das Trauma von vergangenen Äonen aus eurem Emotionalkörper in der Klärung angeht, klärt ihr dies auch im Emotionalkörper von Mutter Erde. Wir alle aus unterschiedlichen Dimensionen sind hier, um euch auf dieser Reise zu unterstützen und wir ehren die Zeit und die Energie, die diese Reise erfordert. Es ist uns ein großes Vergnügen, euch mit Liebe zu überschütten, während ihr diese wichtige Arbeit tut.

In einer entfernten Vergangenheit gab es ein größeres Verständnis darüber, wie wir innerhalb des Universums existieren. Ihr habt gewusst, wie ihr euch verbinden und innerhalb der Sphäre vorgehen könnt, innerhalb des Flusses aus der göttlichen Quelle. Ihr habt die Energiegitternetze verstanden, an denen wir arbeiten und die Matrix des Körpers selbst und die aller Körper. Dieses Wissen ist nun wieder erforderlich und je mehr ihr euch selbst wieder dem Verständnis und dem Erfahrungsprozess dieses Wissens öffnet und es wieder in eure gegenwärtige Existenz auf der Erdebene einbringt, desto mehr tretet ihr in den Prozess ein, in dieser Zeit und in diesem Körper eure wahre Göttlichkeit zurück zu erlangen. Dies ist in der Tat eine Zeit großen Erwachens und wir feiern mit euch.

Wir lieben euch mit der Gesamtheit unseres Wesens. Wir senden euch unsere Liebe in Harmonie, Kooperation, Farbstrahlen, Klängen und Liedern. Danke für eure liebende Aufmerksamkeit.

All denen, die vor uns kamen

und all denen, die noch kommen

bieten wir unsere Herzen an

und die Liebe des Göttlichen.

Möge eure Reise freudvoll sein!

17. Kapitel

Schlussbotschaft zu Ehren der Telosianer

Meister Saint Germain

Seid gegrüßt, meine lieben Freunde,

ich bin Saint Germain, der Hüter der Violetten Flamme und derjenige, der euren Sieg verfechtet. Es war die sehr kostbare Flamme der violetten Frequenz, die vor langer Zeit die Aufstiegsenergien für diesen Planet eingeleitet und entzündet hat.

Ich bin heute hier mit Adama, dem Lemurianischen Rat von Telos und einer großen Versammlung, die aus eurer lemurianischen Familie und anderen Wesen der lichten Reiche besteht. Es ist an der Zeit, ihr Lieben, eure lemurianischen Brüder und Schwestern von Telos für die wundervolle Arbeit zu ehren und anzuerkennen, die sie so lange für diesen Planeten geleistet haben. Sie sind diejenigen, die gemeinsam mit anderen fleißig den Fokus der

Aufstiegsflamme für den Planeten durch die letzten 12.000 Jahre hindurch aufrechterhielten, während die Oberflächenbevölkerung emsig gegeneinander Krieg führte.

Hätte es nicht eure wundervolle und hingebungsvolle lemurianische Familie am Mount Shasta und in anderen Städten des Agartha-Netzwerkes gegeben, welche statt der Oberflächenbevölkerung die Aufstiegsflamme genährt hat, hätte das Potenzial, das ihr gegenwärtig manifestiert, möglicherweise nicht freigesetzt werden können. Das Gesetz des Ausgleichs zwischen Geben und Nehmen verlangt, dass von einem empfangenden Planeten und seinen Bewohnern eine bestimmte Aussendung von Lichtenergie generiert und an den Schöpfer zurückgespiegelt werden muss, in Erkenntnis und Dankbarkeit für das beträchtliche Maß der Liebes- und Lichtenergie, die von der Quelle ausgesendet wurde. Dies ist ein kosmisches Gesetz. Viele tausende Jahre hat die Oberflächenbevölkerung sehr wenig Licht an Vater-/Mutter-Gott zurückreflektiert, um den Austausch für all das Licht und die Liebe zu geben, die sie unterstützend für das 3-dimensionale Fortbestehen ihres Planeten und ihrer Evolution empfangen haben.

Die Aufstiegsflamme und die Violette Flamme, ihr Geliebten, mögen eine unterschiedliche Frequenz haben, aber beide führen zum Aufstieg und ergänzen sich gegenseitig sehr wirkungsvoll. Sie sind miteinander verbunden und beide sind in der ihnen eigenen Frequenz Flammen der Freiheit. Jegliche Energie, die geringer ist als göttliche Liebe, kann durch die Violette Flamme umgewandelt werden.

An einem gewissen Punkt wird all denjenigen der Menschheit, die für sich als nächsten Schritt den Aufstieg wählen, die Gelegenheit gegeben, sich selbst ihrer Gott-Präsenz und dem Christus vorzustellen; die Vorsitzenden des Christusamtes sind Meister Maitreya und Sananda. Die notwendigen Einweihungen werden euch dann in eurem täglichen Leben zukommen, um euch für dieses heilige Ereignis vorzubereiten. Zur Zeit eures Aufstiegs wird euer gesamtes Bewusstsein und euer Lebensstrom buchstäblich in das Feuer der Aufstiegsflamme eingehen, in dem dann alle Energien, die geringer sind als reine Liebesenergie, vollständig von der Flamme verzehrt werden. Dann wird nur reines Licht bestehen bleiben. Auf diese Weise, meine Freunde, werdet ihr wieder euer ewiges Geburtsrecht annehmen und euer Leben als reine Wesen aus Liebe und Licht leben, ewigen Frieden genießen, Glückseligkeit, Unsterblichkeit und Unbegrenztheit.

Wenn ihr ein angemessenes Maß an Liebe und Licht in eurem Kausalkörper und in eure subtilen Körper integriert habt, werdet ihr durch diesen Prozess vollständig zu einem Aufgestiegenen Meister transformiert werden. Diejenigen unter euch, die diesen Evolutionsstand noch nicht erreicht haben, werden die Gelegenheit für weitere Inkarnationen bekommen, in denen sie dann den Pfad der Liebe gehen und auch den gewünschten Aufstiegsstatus erreichen können.

Was würde einer Seele passieren, die in ihrem Kausalkörper noch nicht genügend Licht und Liebe angesammelt hat, um durch den Prozess der Aufstiegsflamme zu gelangen?

Nun, meine Freunde, wenn eine Seele noch nicht bereit ist, einen solchen Prozess anzunehmen, könnte das Endresultat die Loslösung der Seele bedeuten. Die Aufstiegsflamme verzehrt ihrer Natur nach alles, was nicht Licht und Liebe ist. Alles, was in der Seele enthalten ist, muss angenommen werden und in der Schwingung des Verständnis atmen. Alles muss akzeptiert, erkannt und zugelassen werden, bevor der finale Schritt getan wird. Anderenfalls bliebe dann nichts von dieser Seele übrig, wenn ihr gestattet werden würde, durch diesen Prozess zu gehen, bevor sie die Einweihungen des Pfades der bedingungslosen Liebe und des Lichtes verinnerlicht hat.

Die Gelegenheit für den Aufstieg eines jeden Einzelnen ist niemals zuvor so leicht zugänglich gewesen, wie dies derzeit der Fall ist. Indem die Lemurianer diese „Nachtwache" so lange für euch übernahmen, haben sie für euch alle den Weg gepflastert und komfortabel begehbar gemacht, damit nun alle von euch ihn betreten können.

Es waren unsere lemurianischen Freunde, diese kostbaren Seelen, die täglich zum Wohle der Menschheit über tausende von Jahren hinweg Gott gegenüber das Licht erwidert haben.

Und daher liegt der Sitz der Aufstiegsflamme, das Hauptquartier für den Aufstieg, jetzt in Telos. Die Große Pyramide von Gizeh hat ebenfalls für eine sehr lange Zeit den Fokus der Aufstiegsflamme gehalten. Obwohl Gizeh noch immer einen wichtigen Aufstiegspunkt in Ägypten hält, sind es hauptsächlich die Telosianer, die nun für dieses Herkulesprojekt verantwortlich sind und die sich diesen „Schuh" für den Planeten angezogen haben. Sie arbeiten sehr eng mit Serapis Bey zusammen, dem Chohan der Aufstiegsflamme, und ihre Zusammenarbeit wird zu einer Mitschöpfung im Dienst für die Menschheit. Doch die Lemurianer waren diejenigen, die zahlreich genug vertreten waren, damit die Aufstiegsflamme bis zum heutigen Tage hell zum Wohle der Menschheit brennen konnte.

Vor tausenden von Jahren waren viele von uns noch nicht aufgestiegen. Ich, Saint Germain, war noch nicht aufgestiegen; aber die Lemurianer nahmen sich der Sache als Wegweiser für uns alle an. In den lichten Reichen verbeugen wir uns vor ihnen, vor unseren älteren Brüdern und Schwestern und wir ehren sie zutiefst für ihre Liebe, ihren Mut und für den wundervollen Dienst, den sie für diesen Planeten geleistet haben.

Es ist auch mein Wunsch, im Namen der zahlreichen Bruderschaften der lichten Reiche, Adama und seine göttliche Ergänzung Galatia von Telos zu ehren, die auf der Oberfläche auch als Aurelia inkarniert ist, für ihre langen Dienste für alle und für den Planeten. Sie sind der Ursprung, der Vater und die Mutter der Menschheit, eure biblischen Figuren, die als Adam und Eva bekannt sind. Die Geschichte von Adam und Eva, mit der die meisten von euch sehr vertraut sind, reflektiert nur sehr wenig von der tatsächlichen Wahrheit der wundersamen Geschichte dieses ersten Kapitels der langen lemurianischen Geschichte. Vielleicht wird diese Information in Zukunft veröffentlicht, da die wahre Geschichte von Adam und Eva sicherlich von allen auf eine andere Weise aufgenommen wird, als sie euch von den Geschichtsforschern und Gelehrten dieses Planeten präsentiert wurde.

„Adama und Galatia-Aurelia, wir alle lieben euch sehr und im Namen aller Wesenheiten des Lichtreiches drücken wir unsere tiefe Dankbarkeit aus für die Millionen von Jahren des Dienstes an der Menschheit auf und innerhalb dieses Planeten Erde."

Für die meisten von euch auf der Oberfläche bedeutete Lemuria, die Wiege der erleuchteten Zivilisationen auf diesem Planeten, das Mutterland eurer eigenen Evolution. Für hunderttausende von Jahren habt ihr euch hier in einem paradiesischen Zustand der Glückseligkeit entfalten können, bis ihr als Kollektiv gewählt habt, Trennung und Dualität zu erfahren. Nun öffnet das Bewusstsein von Lemuria euch wieder sein Herz, in seiner vollen Pracht und Glorie, um euch nach „Hause" zu bringen in das Land und in die Liebe eurer Herzen. Die Energien von Lemuria und der Menschen dieses Landes, die eure frühere Familie darstellen, sind in der innersten Zellularstruktur eurer DNS eingeprägt, in eurem Zellgedächtnis. Lemuria in seiner heutigen Existenz ist das Erbe, nach dem ihr Lebenszeit um Lebenszeit gesucht habt.

Ich, Saint Germain, sage euch allen: „Strebt nach der Schwingung von Lemuria und findet das verlorene Paradies in euch selbst. Alle Schlüssel für eure Rückkehr sind immer in euren Herzen geblieben; sie wurden euch niemals weggenommen. Reaktiviert diese Schätze innerhalb des Selbst und ihr werdet eure lemurianische Familie entdecken, die auf eure Rückkehr wartet und die bereit ist, euch auf „halbem Wege zu treffen".

Ich, Saint Germain, bin stets an eurer Seite und ich liebe euch sehr. Ich verfechte euren Sieg bis zur Vollendung eures Aufstiegs. Auch wenn ich meinen Hauptfokus anderswo habe, verbringe ich viel

Zeit in Mount Shasta, in Telos und an dem Ort, den ihr „das Neue Lemuria“ nennt. Dies in voller Unterstützung der lemurianischen Mission für den Aufstieg und für die Wiederherstellung dieses Planeten und der Menschheit in den Zustand der „göttlichen Gnade“. Obwohl ich mehrere führende Inkarnationen in Atlantis hatte, bin auch ich ein Lemurianer! Gesellt euch dort in Liebe und Harmonie zu mir!

Die Telos Weltstiftung

Mission

Wir sind eine nicht profitorientierte Organisation, die sich der Expansion der Information und der Lehren von Telos und der Vorbereitung auf das letztendliche Hervortreten unserer lemurianischen Brüder und Schwestern auf der Erdoberfläche widmet.

Ziele

Die Ziele der Stiftung sind folgende:

- Die Ausdehnung der lemurianischen Mission in Kanada und weltweit.
- Unterstützung der Schriften und Arbeit von Telos.
- Assistenz für andere Gruppen, besonders für internationale Gruppen, um Strukturen bereitzustellen und die Lehren von Telos zu fördern.
- Assistenz bei der Einrichtung von lemurianischen Websites in anderen Sprachen.
- Aufbau eines Zentrums zur Unterrichtung und Brüderlichkeit.
- Bereitstellung von benötigtem Kapital, um unsere Ziele zu erreichen.

Adresse:
Telos World-Wide Foundation, Inc.
Center 7400
7400 St. Laurent, Office 226
Montreal, QU - H2R 2Y1 - CANANDA
Tel: (001 International) 1-514-940-7746

E-Mail:
info@fondationtelosintl.com
info@telosmondiale.com
fondation@lemurianconnection.com

Web Sites:
www.fondationtelosintl.com
www.telosmondiale.com/index.php

Telos Deutschland
www.lemurian-connection.de

Telos Frankreich
Gaston Tempelmann, president
www.telos-france.com

Weitere Bücher im R. Lippert-Verlag:

Bitte fordern Sie die kostenlosen Verlagsinformationen an (s.S. 6)!

....

Die Arcturianer - 4 Bände von David K. Miller,

Band 1: Verbindung mit den Arcturianern

266 S., broschur EUR 19,90/CHF 37,80 ISBN 3-933470-23-4

Band 2: Die Lehren vom Heiligen Dreieck Buch 1

Buch incl. CD

266 S., broschur, EUR 26,90/CHF 49,80 ISBN 3-933470-22-6

Band 3: Die Lehren vom Heiligen Dreieck Buch 2

272 S., br., Vierfarbtafeln, EUR 21,90/CHF 39,80, ISBN 3-933470-24-2

Band 4: Die Lehren vom Heiligen Dreieck Buch 3

....

Bücher von Dr. Joshua David Stone

Die leicht zu lesende Enzyklopädie des spirituellen Pfades

Für diejenigen, die zwar die Absicht haben, die gesamte Geschichte der Spiritualität zu studieren, denen jedoch die Lebenszeit, die es benötigen würde, zu kurz ist, stellt diese Bücherserie ein großes Geschenk dar. Dr. Stone hat das Essentielle seiner ausgedehnten Forschungen und intuitiven Informationen zusammengetragen und beides zu einer einfachen und fesselnden Erforschung der Selbstverwirklichung verknüpft.

1. Band: Das komplette Aufstiegs-Handbuch

- Wie man den Aufstieg in diesem Leben erreicht

416 S., gebunden, EUR 29,90 / CHF 54,80 ISBN 3-933470-60-9

2. Band: Seelenpsychologie

- Psychologie der Seele
- Die spirituellen Schlüssel zum Aufstieg
- 448 S., gebunden, EUR 32,90 / CHF 59,80 ISBN 3-933470-61-7

3. Band: Der Pfad des Aufstiegs

- Ein Wegbegleiter

288 S., broschur, EUR 22,90 / CHF 39,80 ISBN 3-933470-63-3

4. Band: Aufgestiegene Meister weisen den Weg

- Leuchtfeuer des Aufstiegs

320 S., gebunden, EUR 26,90 / CHF 49,80 ISBN 3-933470-64-1

5. Band: Integrierter Aufstieg

- Offenbarungen für das neue Jahrtausend

448 S., gebunden, EUR 31,90/ CHF 56,80 ISBN 3-933470-65-X

6. Band: Aufstiegskurse

224 S., broschur, EUR 21,90/ CHF 37,80 ISBN 3-933470-66-8

7. Band: Spirituelle Achtsamkeit

im Angesicht des Terrorismus

- Enthüllte Wahrheit und Weisheit Gottes!

176 S., broschur, EUR 16,90/ CHF 29,80 ISBN 3-933470-67-6

8. Band: Verborgene Mysterien

448 S., gebunden, EUR 31,90/ CHF 56,80 ISBN 3-933470-68-4

9. Band: Wie man sich vom negativen Ego befreit

320 S., gebunden, EUR 25,90/ CHF 49,80 ISBN 3-933470-69-2

10. Band: Der Integrierte Lichtkörper

288 S., broschur, EUR 23,90/ CHF 39,80 ISBN 3-933470-70-6

11. Band: Goldene Schlüssel für Aufstieg und Heilung

248 S., broschur, EUR 23,90/ CHF 39,90 ISBN 3-933470-71-4

12. Band: Quan Yins Meisterprinzipien für Gesundheit, Kraft und Fülle

224 S., broschur, EUR 17,90/CHF29,80 ISBN 3-933470-72-2

13. Band: Sanandas Aufstiegslehren für das Neue Zeitalter -Ein Wegweiser für Suchende

2 40 S., broschur, EUR19,90/CHF 35,80 ISBN 978-3-933470-73-7

....

Renate Lippert - Das Geheimnis der Bejahungen - ein täglicher Begleiter für das spirituelle Wachstum

96 S., broschur, EUR 12,90/CHF 21,90 ISBN 3-933470-12-9

Eine umfassende Auflistung sehr wirkungsvoller Bejahungen für die verschiedenen Bereiche des Lebens wie Gesundheit, Erfolg, Wohlstand, Glück, spirituelles Wachstum etc. läßt dieses Buch zu einem unverzichtbaren täglichen Begleiter werden.

....

Kiara Windrider - Das Portal zur Ewigkeit

Brosch. 400S., 13farbig, ISBN 3-933470-20-X EUR 24,90/CHF 49,90

"...Das Portal zur Ewigkeit ist genau das, was der Titel verspricht und bringt den Leser punktgenau in das Herz, die Gedanken und den Geist dessen, was IN EWIGKEIT EXISTIERT. Eine der intensivsten Beschreibungen einer Reise durch die großen Mysterien des Lebens, gleichzeitig jedoch auch eine der liebevollsten und sanftesten. Ein Muß für alle, welche die wahre Natur der Realität, des Aufstiegs, des Wachstums und des Seins erforschen wollen." *Rev. Janna S. Parker, Channel für Quan Yin*

CD 1 zum Buch "Das Portal zur Ewigkeit"

Geführte Meditationen:

Die Vipassana Meditation / Die Zeitlinien-Heilung.
In Deutsch gesprochen von Rudolf Lippert/ Musik Paul Armitage.
Preis: EUR 19,90/CHF 32,90 ISBN CD1: 3-933470-42-0

Saint Germain *Crea und Sananta*

broschur 128 S., EUR 15,90/ CHF 29,80 ISBN 3-933470-08-0
Durchgaben, Anrufungen und Meditationsübungen von SAINT GERMAIN. Eine Beschreibung des Wirkens dieses großen Meisters. Reinigung und Umwandlung mit der Violetten Flamme.

Sananda *Crea*

broschur 152 S., EUR 16,90/ CHF 29,80 ISBN 3-933470-02-1
Eine Zusammenfassung wertvoller Durchgaben und Meditationsübungen von SANANDA, die das Wirken dieses großen Meisters beschreibt.

LICHT - MEDITATIONEN Bd. 1+2 *Sananta*

mit Engeln und Aufgestiegenen Meistern, brosch.128 S., EUR 15,90/ CHF 29,80, ISBN Band 1: 3-933470-09-9 / ISBN Band 2: 3-933470-11-0

Meditationen auch geführt auf CD erhältlich.

Die regelmäßige Anwendung dieser Meditationen bewirkt eine Erhöhung der persönlichen Schwingung und unterstützt die eigene geistige Entwicklung. Diese Meditationen umfassen unter anderem Themen wie: Geistigen Schutz, Heilung, Reinigung, Erdung, Licht, Vergebung, Loslassen, Freude, Liebe, Frieden...

El Morya *Crea*

broschur 96 S., EUR 8,90/ CHF 16,80 ISBN 3-933470-01-3

Eine Zusammenfassung wertvoller Durchgaben und Meditationsübungen von EL MORYA, die das Wirken dieses großen Meisters beschreibt.

Maria - Die Ankunft des Lichtkindes *Sananta*

broschur 72 S., EUR 8,90/ CHF 16,80 ISBN 3-933470-00-5

Empfängnis, Schwangerschaft, Geburt
und Kindheit aus geistiger Sicht.

Bitte fordern Sie unser kostenloses Verlagsprogramm an!

Lippert-Verlag, Hartgass 9
D-88639 Wald
Tel. 07578-2229, Fax -/933194
service@lippert-verlag.de